JN294214

大学力を高める
eポートフォリオ

エビデンスに基づく教育の質保証をめざして

小川賀代・小村道昭 編著

東京電機大学出版局

刊行によせて

　本書を手にされた方は，本当にラッキーだと思う。
　これまでは，eポートフォリオに関する情報を日本語で入手しようとしたら，散在している論文や資料を探し求めなければならなかったし，体系的に理解するためには多くの時間を必要とした。本書はこの問題をみごとに解決してくれた。
　また，21世紀型スキル，教育の質の向上，学びのイノベーション，ICT活用教育，キャリア教育など，より良い学びを求めている方にとっても，本書は確かで具体的な手がかりを与えてくれる。この二つの意味で読者は幸運な方だと思う。
　これまでの日本の教育は今日の日本の繁栄をもたらしたが，一方で，画一的，正解を求める教育，学習者の主体性が問題など，その在り方が問われてきた。教え学ぶ内容より，教え方，学び方の革命が求められていると言えよう。本書を読み進めると，eポートフォリオがこの問題を解決に導いてくれる重要な教育方法であることに読者は気づかれるであろう。
　eポートフォリオの厳密な定義等は本文に譲るが，学びのエビデンスが自己評価とともに構造的にデジタルデータとして蓄積され，ネットワークを介してそれらが共有され，相互評価が行われる仕組みは，学びのプロセスに注目することの重要性を再認識させる。学びのプロセスの共有と俯瞰は，協働学習の場を提供し，学習者には学び方の指針を与え，授業者には授業改善の方向を気づかせ，そして組織にはカリキュラムの再構成までを迫ることになる。
　本書は主に高等教育を対象としている。そのため，初等中等教育におけるeポートフォリオについては少し触れているだけである。しかし，日本ではeポートフォリオが初等中等教育で早くから活用されていたことも指摘しておきたい。MS-DOSの時代の1992年に開発されたスタディノートが最初のシステムで，アイコンはポートフォリオを想定したフォルダの形をしていた。中学校の美術科のデザインの授業で，サーバに保存された作品の制作過程を生徒が相互に参照して

参考とし，教師が制作過程を把握したうえで個別の指導にあたるといった実践が1994年にすでに実施されていた．現在では約8,000校の小中学校に本システムが導入されている．

　2006年の5月末に私はSakaiの会議に参加するため一人でバンクーバーに向かった．本書の編著者の小川賀代・小村道昭両氏，翻訳・著者の梶田将司氏，カーネギー財団（現在は京都大学）の飯吉透氏らとのそこでの出会いが本書へとつながった．その後，情報処理学会と電子情報通信学会のFIT 2007，2008年からの日本教育工学会全国大会の課題研究などによりeポートフォリオ研究は加速された．実践の一例を挙げれば，2010年から教員養成の必須科目となった「教職実践演習」のためのeポートフォリオが開発・実践され，教員養成カリキュラムの改善が始まっている．

　本書の著者はこれらの研究・実践を先導してくださっている方々である．

　日本では初等中等教育からスタートしたeポートフォリオが，高等教育まで拡大してきた．今後は，これらが接続し，さらに「生涯eポートフォリオ」へと向かうであろう．

　このような意味で，本書が，大学教育に携わる方だけでなく，初等中等教育関係者にも，企業関係者にも，お読みいただけることを願っている．

信州大学教育学部　教授
東原義訓

先駆者からのメッセージ

　本書の出版に際し，日本においても，教育学習活動の支援を目的とするポートフォリオ利用への関心が高まっていることをお祝いしたい。ポートフォリオは，専門家の間で長く使われてきた歴史があり，今では，世界中の教育機関のさまざまな専門分野で導入されつつある。もともとポートフォリオは，芸術家，作家，建築家の作品を本としてまとめるために開発され，個人の資産運用記録を提供するためにも使われてきた。21世紀におけるポートフォリオは，定量的な学習に代わるものとして，個人が自分自身の学びを見つめ，その進捗を確認し，振り返りのためのエビデンスを共有することを支援するために用いられる。

　ポートフォリオは，紙ベースのものであれ，オンラインのものであれ，学習やスキル，能力，業績のエビデンスを集積・管理するための方法を個人に提供する。そして，そのコレクションは，次のようなある特定の目的のために用いられる：(1) 自己啓発や職能開発，(2) 就職活動や昇進，学術機関への入学の際の面接，(3) 教育や学習，指導，(4) スタンダードや期待，学習アウトカムに関連づけられたプログラムや機関レベルでの改善のための学習評価。

　ポートフォリオプロセスでは，ポートフォリオの目的に応じたエビデンスが生成されるようにポートフォリオ所有者を導く。ポートフォリオ所有者は，(1) いつ，どこで，どのように学習や成果を達成したかをドキュメント化したり，(2) 各エビデンスの意味を詳細に記述したり，(3) 専門課程や大学において所望の学習成果に対応した能力を示すエビデンスを内省したり，または，(4) 将来，能力を伸ばすための次のステップが何であるかを提案したりすることが必要に応じて求められる。そして，ポートフォリオプロセスでは，フィードバックや評価，認定，あるいは目標の達成評価（卒業のような）を行う人たちに，エビデンスやドキュメント，振り返りを提示するための仕組みを，ポートフォリオ所有者に提供する。

「ポートフォリオとは，個人に関する情報を集めたもので，その人がその情報を振り返ることを可能にしたり，ある目的のためにその一部を選んで，他の人たちとの間でその情報や振り返りを共有したりするためのものである」というのが，ポートフォリオの基本的な考え方である。生涯にわたるポートフォリオもあるし，1学期内に収まるものもある。ポートフォリオ所有者の業績をエレガントで魅力的な方法で表示し，閲覧者を驚かせるポートフォリオもある。ポートフォリオ所有者がすべて作成するポートフォリオもあれば，教育用ソフトウェアにより取りまとめられるものもある。入学試験結果や専門家としての評価，就職内定，あるいは昇進を引き出すことを目的として，閲覧者の興味を引くように設計されたポートフォリオもある。教育学習目的に使われるポートフォリオもあり，ライティングプロジェクトにおいて学生を指導したり，学生実験の各ステップを実行したりするために使用される。ポートフォリオ所有者の目的に応じて，情報を集め，蓄積し，まとめ，提示するポートフォリオもある。級友や寄付提供者，認証評価者，あるいは監督者とともに分析・共有することを目的として，コースや学科，大学に所属する学生の学習に関するデータをまとめ上げるポートフォリオもある。

　本書の各章では，新しい教育手法をポートフォリオがどのように提供できるかについて述べられている。ポートフォリオは，学生に焦点を合わせ，評価に重点を置き，内省を促し，統合的で，社会とのやりとりを増やすための機会を，学生，学科，大学それぞれにもたらすことになる。ポートフォリオは，何を学んでいるのか，一番良い学び方は何かをより意識するようになることにより，これまで以上に自分らしい学び方を支援することができる。ポートフォリオを用いて学習過程を振り返ることがうまくできるようになる学生は，「自分とは何か」や「生涯を通じて何をしようとしているのか」を語ることがこれまで以上にできるようになる。コースや専門分野をまたがって自分の学習をまとめ上げるためにポートフォリオを使ったことがある学生は，ある状況で学んだことを使って，別の状況で直面する問題を解決することがこれまで以上にできるようになる。自己評価がうまくできる学生は，より適切な人生選択をするようになり，その結果，仕事上の満足感やより良い経歴を持つようになる可能性がずっと高まる。学生のポートフォリオにある学習エビデンスを慎重に吟味したことがある教員は，学習活動について適切なコメントを行う傾向がより高まる。カリキュラムをこなした結果，所

望の学習レベルに達しているかどうかを認定する学科や大学は，学生や保護者に約束してきたこれまで以上の教育体験を提供できるようになる。

　ポートフォリオは，うまく使えば，学生に直接焦点を当てることができ，学習プロセスを質的に転換することができる。学びに対する自身の特質を正直に見つめられる学生は，「何を学びたいのか，どこから学べばよいのか，一番効率的に学ぶにはどうすればよいのか」という疑問に答えることができるようになる。このような学びの発見プロセスにおいて，教員が学生に連れ添うことができれば，学びを広げ深めることができる。例えば，教員が，学生が学びを振り返ったり，カリキュラムをまたがって学びを結び付ける方法を指導することができれば，学生は学びを自分のものとしはじめ，人生を通じて自分自身の成長のための計画づくりができるようになる。学生が学びを共有し，友人や保護者，メンター，就職予定先からフィードバックを求めることができれば，そのような人たちが自分のことをどのように見ているかや，自分がその人たちをどのように見ているかをもっと気づくようになる。

　ポートフォリオは，自分自身を自分で見つめる「メタ認知」を促進することになる。よく設計されたポートフォリオプロセスに参加すると，学生は，学習コンテンツや教員により設定された学習目標に関連する能力に対して，理解をより深めることができる。ポートフォリオプロセスを構築する教員についても，学習時に学生に対して何を求めるかや，ポートフォリオプロセスによって提供されるエビデンスを通じて適切に学習できているかどうかを，より良く認識することができる。ある学習コンテキストでのエビデンスを別の目的で用いたり，他の学習コンテキストで使えるようにより良くすることを教員が学生に勧めれば，学生・教員双方とも，知識が互いに関連付けられていることを学び，また，それに感謝するようになる。

　ポートフォリオプロセスに全面的に参加する学生は，仮想世界における自身のアイデンティティを構築するとともに，自分の学習プロセスをコントロールし，社会に対して自分の価値やスキルを問い，自分の学びの深みや幅を示すことになる。自分自身の学びに明確な責任を持つ学生のポートフォリオを見ることは，とても元気づけられる体験になる。自分自身のことをよくわかっている人とはどのような人物か，継続的かつ情熱を持って将来の可能性や目標に向かっている人と

はどういう人物かを知ることができる。学習者たちを，潜在的な成長や変化のチャンスがある世界へと導くことができる，とてもすばらしい方法になる。

　ポートフォリオを学生に提供しようとする大学は，その選択肢の多さに驚くことになる。eポートフォリオにはさまざまなものがある。例えば，学生に自分のウェブサイトを作らせて構築されるものもあるし，一般的な有償ソフトウェアで構築されるものもあるし，オープンソースコミュニティによって開発・共有されているものもある。全学的に利用されるポートフォリオシステムを選択する際に成功の鍵を握る大切なことは，教育面での要求への配慮や，ポートフォリオシステムを利用することによって影響を受けるすべてのステークホルダーの期待に対して慎重に対応することである。さらに大切なことは，そのプロジェクトに対する継続的なリーダーシップを教育面・技術面双方において提供することである。教育改革は，やる気にさせる継続的なリーダーシップや，慎重な戦略立案，リソースの効果的な選択，トップからの継続的な財政的・精神的なサポートがあってこそはじめてなし得るものである。

　ポートフォリオに関する課題は数多くある。現在，たくさんのすばらしい大学において，ポートフォリオの実験が行われており，かなり良い成果が出されている。その一方で，失敗するケースもあり，その多くは，ポートフォリオ推進者が，学習体験の質的変化を生み出すための道具としての役割を，ポートフォリオに期待する場合である。学習体験の質的変化のためには，むしろ，継続的な努力や忍耐，変化の定着が求められることを理解する必要がある。

　私は，ポートフォリオが提供する価値やチャンスに確信を持っている。これまで，学生や教員が学習を真剣に考えることにより生ずるものを見てきた。学びを自分のものにしている学生は，自分のことは自分で決めたり，自分をしっかり管理できるスキルを活用することができる。ガイド役やファシリテータ役をうまくこなせる教員は，学ぶことの大切さを学生の心に呼び起こすことができるものである。学生や教員をサポートしエンパワーしようとする教育プログラムや機関は，この世界を繁栄させより良くすることができる卒業生からの恩恵を受けることになる。ポートフォリオは，教育をより良くすることができる単なるツールではなく，うまく用いることにより，より良き者のために変革をもたらすことになる。

本書で記されているポートフォリオに関する情報が，読者の皆さんにとって刺激的で有用なものであると期待している。学生や教職員の学習経験を高めることを目的にポートフォリオを試そうとされている皆さんの努力に対して，賞賛と尊敬の念を禁じ得ません。

スリー・カヌーズ LLC
ジャニス・A・スミス
（翻訳：梶田将司）

はじめに

本書を出版するにあたって

　1991年の大学設置基準等の大綱化・簡素化により，基準の要件が緩和された一方で，教育研究の質の保証を大学自身に求める方針が出され，大学による自己点検・評価が努力義務と定められました。2002年に，中央教育審議会（中教審）は「大学の質の保証に係わる新たなシステムの構築について」を答申し，2003年には，文部科学省による教育改革の財政的なサポートとして，大学教育改革プログラム（GP）も開始されました。2004年には，国立大学が大学法人となり，さらに，2008年には，中教審が答申『学士課程教育の構築に向けて』を発表し，「学士課程教育の充実のための具体的取り組みとして，学位授与の方針，教育課程編成・実施の方針，入学者受け入れの方針の三点」の明確化を求め，大学における教育の「見える化」が義務付けられました。

　このような背景をうけ，教育改革として求められている「質の保証」，教育の「見える化」を実現するために注目を集めているのがeポートフォリオです。

　本書の執筆者の一人である梶田将司先生から「北米でeポートフォリオの導入が始まっている」という話が出たのは，2005年4月のことでした。北米では，2000年頃からeポートフォリオの導入・システム開発が本格的に始まり，その成果が報告され始めた時期でした。

　この頃，日本における高等教育機関をとりまく情報基盤は，eラーニングという学習スタイルが定着し，ICTを活用した教育改善（教授法やコンテンツの共有・公開，教材のマルチメディア化，リメディアル教育への活用など）の取り組みが少しずつ成果となって現れ始まった時期でもありました。また，ICTを活用した教育を，より効果的に，かつ各大学の性格やニーズにあうように工夫を要する時期にも入ってきていました。現在もその要求は継続されており，さまざまな機関が独自の取り組みを行っています。

教育改革を支えるeポートフォリオ

　eラーニングを実現するための基盤システムとして，CMS/LMS が挙げられます。これらは科目や教科が基準となった縦割のシステムであり，個人の学習履歴や成果を教科・科目ごとにしか見ることができません。また，蓄積された学習履歴などを可視化する機能は有していますが，蓄積データを再利用するための仕組みは有していません。

　教育改善として質の保証を実現させるとき，「質を向上させるための教育」や「質を保証するエビデンス」が必要となります。この両者を同時に実現できるのがeポートフォリオです。ポートフォリオは「紙ばさみ」と訳されるように，証券や株の分野，建築・芸術の分野においては，履歴や作品を蓄積するものとして活用されています。しかし教育分野においては，単に記録するための学習ファイルを指すのではありません。詳細は本書第Ⅰ部に示すとおり，eポートフォリオは，電子的に蓄積された履歴，成果物などを評価（自己評価・他己評価）や共有を通して俯瞰することで，学びのプロセスを振り返り，次の課題へつなげていくことを支援するツールです。このサイクルを繰り返すことで学びの質を向上させ，このサイクルを記録することで学びの質のエビデンスを示すことを可能としていきます。

　CMS/LMS との決定的な相違点を挙げれば，eポートフォリオは，個人を基準に教科や科目，学校生活すべてにわたって横断的に活用する（活用できる）システムであるということです。教科・科目を超えたあらゆる場面で上述のサイクルを繰り返すことにより，人材育成にも活用できると期待されています。

　しかし，eポートフォリオは多様な機能（評価，プレゼンテーションなど）を有し，各機関において必要な機能を組み合わせて使用している場合が多いため，eポートフォリオとは何かを理解しようと思ったとき，すでに導入済みの機関の実践例を聴いただけではその全体像が見え難いという声が聞かれます。また，eポートフォリオに対する理解が曖昧なために「とりあえずシステムは導入してみたけれど，活用方法がわからない，効果が上がらない」，または「効果は期待できそうだけど，自分の大学では，どのように導入をすればよいかわからない」などの声も聞かれます。

　本書は，まさに，これからeポートフォリオを活用して教育改革を図りたいと

思っている種々の教育機関や，システムは導入したものの十分な効果が得られずに困っている方々のために企画した本です。本書はまた，教育を改善したいという熱意のある教育関係者（教員，職員，経営者）や，人材育成に関わっている企業関係者などあらゆる立場の人に対してはもちろんのこと，個人や全学的といったあらゆる規模での導入に対しても参考になるように工夫しました。

本書の構成

本書は，Ⅳ部14章で構成されています。

第Ⅰ部では，eポートフォリオとは何か，eポートフォリオで何ができるのか，eポートフォリオをどのように構築・活用していけばよいのかについて説明しています。第Ⅰ部を読んでいただければ，eポートフォリオの概念を理解できる内容になっています。eポートフォリオの全体像を把握することにより，所属機関独自のシステムの開発や改良に役立てることができます。

第Ⅱ部は，eポートフォリオの国内の実践例を紹介しています。日本において，先駆的に導入を行っている高等教育機関の例を，導入規模（授業単位，学部・専攻単位，大学単位）で分類し紹介しています。実際の導入に中心的に関わっておられる先生方にご執筆いただいており，導入の経緯，システムの紹介，今後の課題・展開についても盛り込まれています。これから導入予定の人や機関，または導入したものの思ったような効果が上げられていないと感じている人や機関は必見です。きっと導入・改善のヒントが得られることと思います。

第Ⅲ部は，代表的なオープンソースのeポートフォリオシステムについて紹介しています。eポートフォリオを導入したい！と思ったとき，資金獲得が先だと後回しにせず，思い立ったが吉日，すぐにでも始められるように，オープンソースとウェブアクセスのeポートフォリオシステムを紹介しています。資金調達ができて独自開発でシステムを構築するのもひとつの方法ですが，まずはオープンソースをお試しで活用してみて，各機関に適したシステム設計を行っていくのも選択肢のひとつだと思います。

第Ⅳ部は，eポートフォリオの今後の展開について述べています。今後，教育改善に向けてどのように活用していけばよいかにとどまらず，広い観点でのeポートフォリオ活用の可能性や期待について述べています。

大学は，国際競争力を強化するための教育改革だけでなく，産業構造，就業構造の変化によるキャリア教育，生涯にわたるキャリア支援も大学にとって今後ますます重要度を増していくと思われます。そして変化の大きいこの時代に，柔軟に適応していくことができる大学力の向上も必須となってきています。これらを実現させる手段のひとつとして，eポートフォリオは，その活躍の場を広げていくと確信します。

　しかし，日本の高等教育機関におけるeポートフォリオ活用は始まったばかりであり，まだ発展途上の段階であります。さらなるeポートフォリオの可能性を引き出し，活用の範囲を広げていくためにも，現在ある課題を直視し，効果あるシステム構築・運用方法のノウハウを共有していくことが大事だと考えております。日本全体でeポートフォリオサイクルを実施していきましょう。そして，本書を足がかりに，よりよいeポートフォリオ活用が生まれることを期待しています。

　最後に，ご多忙の中，快くご執筆いただきました先生方には心より感謝申し上げます。各機関において，先導的に導入・運用に携わっている先生方にご執筆いただけたことは，読者を勇気づけ，後押ししてくれるものと確信しております。また，本書の編集において，企画段階から出版に至るまで，東京電機大学出版局の坂元真理氏には本当に辛抱強く支えていただきました。厚くお礼申し上げます。

日本女子大学理学部
小川賀代

目次

第 I 部　ポートフォリオから e ポートフォリオへ

第 1 章　ポートフォリオ総論——海外の活用から
………………………………………………ジャニス・A・スミス／翻訳：森本康彦　2

1.1　ポートフォリオ入門　2
1.2　真正な学習　4
1.3　フォリオシンキング　5
1.4　学習のアセスメント　8
1.5　教育プログラムと機関のアセスメント，アクレディテーション　12
1.6　大学教員の昇進とテニュア　12
1.7　生涯学習　13
1.8　e ポートフォリオ活用の目的　13
1.9　ポートフォリオプロセス　15
1.10　ポートフォリオカルチャーを構築する　16
1.11　e ポートフォリオの導入　18
1.12　チャレンジと利点　20
参考文献　22
参考 URL　23

第 2 章　e ポートフォリオの普及 ……………………………………森本康彦　24

2.1　普及の難しさ——懸念される結末　24
2.2　今なぜ e ポートフォリオなのか再確認しよう　25
2.3　教員の視点からの普及——ボトムアップ・アプローチ　33
2.4　e ポートフォリオ普及のための Q&A　38
注　41
参考文献　41

第 II 部　e ポートフォリオ国内実践例

第 3 章　日本における e ポートフォリオ活用 ……………………小川賀代　44
　3.1　e ポートフォリオ導入の背景　44
　3.2　高等教育機関での導入背景　45
　3.3　高等教育機関での活用状況　46
　3.4　e ポートフォリオ活用の発展に向けて　48
　参考文献　50

第 4 章　PBL 学習におけるポートフォリオ活用——名城大学の事例
　………………………………………………………………中島英博　51
　4.1　はじめに　51
　4.2　実践の背景　54
　4.3　授業実践　58
　4.4　おわりに　65
　参考文献　66

第 5 章　教職大学院における e ポートフォリオシステムの開発と活用
　——兵庫教育大学教職大学院の事例 …永田智子・森山　潤・吉水裕也　67
　5.1　はじめに　67
　5.2　システムの概要　68
　5.3　活用状況　74
　5.4　今後の課題　78

第 6 章　Sakai CLE/OSP を利用した学習ポートフォリオシステム
　——熊本大学大学院教授システム学専攻における活用実践
　……………………………………………松葉龍一・宮崎　誠・中野裕司　79
　6.1　序　79
　6.2　Sakai CLE/OSP をカスタマイズした学習ポートフォリオシステムの
　　　　構築　80
　6.3　学修成果物と専攻コンピテンシーの対応表示　83
　6.4　学習管理システムと学習ポートフォリオのシステム連携　85
　6.5　新着情報ツール——OSP への機能追加　88

  6.6　教授システム学専攻　最終試験ポートフォリオ　89
  6.7　まとめ　92
  注　93
  参考文献　94

第 7 章　キャリア支援のための e ポートフォリオ活用
――日本女子大学の事例 ……………………………小川賀代・柳 綾香　95

  7.1　はじめに　95
  7.2　ロールモデル型 e ポートフォリオ　96
  7.3　RMP システムを活用したキャリア支援システムの運用　102
  7.4　まとめ　107
  参考文献　108

第 8 章　KIT ポートフォリオシステムと修学履歴情報システム
――金沢工業大学のポートフォリオ活用について ………藤本元啓　110

  8.1　はじめに　110
  8.2　KIT ポートフォリオシステム　111
  8.3　ポートフォリオに対する学生の評価と教育効果　122
  8.4　修学履歴情報システム　129
  8.5　おわりに　130
  注　133

補足事例　e ポートフォリオ活用促進のための提出物管理システム
――飛ぶノート……………………………………………遠藤大二　134

  飛ぶノートとは　134
  開発の経緯　134
  Mahara 活用の展開　136

第 III 部　e ポートフォリオシステム

第 9 章　Sakai Open Source Portfolio（OSP）ツール
………………………ジャニス・A・スミス／翻訳：梶田将司・足立 昇　140

  9.1　はじめに　140

9.2　OSPの起源　141

9.3　Sakai OSPツールスイート　142

9.4　Sakaiのポートフォリオサイト　145

9.5　マイワークサイト　147

9.6　リソースツール　149

9.7　グループ　152

9.8　ポートフォリオ管理ワークサイト　152

9.9　OSPコミュニティリソース　153

9.10　まとめ　154

第10章　Open Source Portfolio（OSP）の利用シナリオ
　　　　　………………………ジャニス・A・スミス／翻訳：梶田将司・足立　昇　155

10.1　はじめに　155

10.2　ポートフォリオシナリオ　155

10.3　教室における教育学習を促進するためにポートフォリオを利用　156

10.4　個人到達ショーケースのためにポートフォリオを利用　158

10.5　教育プログラムにおける学習を評価するためにポートフォリオを利用　159

10.6　学生・教員のためのOSP体験　160

10.7　管理職のためのOSP体験　169

10.8　ITスタッフのためのOSP体験　170

10.9　まとめ　180

第11章　オープンソースeポートフォリオシステムMaharaの概要
　　　　　………………………………………………………………………吉田光宏　181

11.1　Maharaとは？　181

11.2　Maharaプロジェクト　182

11.3　Maharaの開発およびローカライゼーション（L10N）　183

11.4　eポートフォリオシステムMaharaを形作る3つの場　184

11.5　Maharaに入ってみる　185

11.6　Maharaプロファイルを編集する　186

11.7　Mahara ビューを作成する　187
11.8　Mahara ビューを評価のために送信する　188
11.9　Mahara ビューを評価する　188
11.10　Mahara グループを作成する　189
11.11　e ポートフォリオ Mahara の導入　190
11.12　Mahara コンテンツのエクスポートおよびインポート　191
11.13　Mahara および Moodle の相互運用　192
11.14　Mahara コミュニティ　193
11.15　オープンソースとしての Mahara に　193
注・参考 URL　194

第12章　KEEP Toolkit　　　　　　　　　　　　　　　　　酒井博之　195

12.1　はじめに　195
12.2　KEEP Toolkit のシステムについて　197
12.3　KEEP Toolkit の機能　199
12.4　導入事例と関連情報　204
注　207
参考文献・URL　207

第IV部　e ポートフォリオの今後の展開

第13章　e ポートフォリオを活用した教育改善の可能性　　　　　　　　　　　　　　　　　岩井洋　210

13.1　はじめに　210
13.2　e ポートフォリオの多様性　210
13.3　e ポートフォリオ導入の意義　211
13.4　e ポートフォリオの活用方法　215
13.5　e ポートフォリオ活用の課題　222
13.6　むすび　224

第14章 ライフロングなeポートフォリオの実現に向けて
....梶田将司 226
 14.1 はじめに 226
 14.2 大学における教育学習支援情報環境の現状 227
 14.3 ライフロングなeポートフォリオとしてのパーソナルラーニングレコード 231
 14.4 まとめ 236
 参考文献 237

結びにかえて ···238
索引 ··243
執筆者紹介 ··249

第Ⅰ部

ポートフォリオから
eポートフォリオへ

第1章

ポートフォリオ総論
――海外の活用から

ジャニス・A・スミス／翻訳：森本康彦

1.1 ポートフォリオ入門

　この章では，教育におけるポートフォリオとは何かについて説明する。まず，ポートフォリオの成り立ち，なぜポートフォリオを教育の中に取り入れるのか，その背景となる新しい教育観とはどのようなものか，について述べた後，大学においてポートフォリオを効果的に活用できる教育環境（以下，ポートフォリオカルチャー：portfolio culture）を構築する取り組みとその利点について言及する。

　"ポートフォリオ"という言葉は，いろいろな意味で使われている。例えば，特定の学生の学習成果や達成について示すものだったり，それらを生産物（以下，アーティファクト：artifact）として集めた収集物だったり，ポートフォリオ構築のためのソフトウェアそのもののことをポートフォリオと言ったりする。また，教育分野以外では，個人の金融資産投資のことを指したり，芸術家やエンジニアなどが専門的な技術やスキルを証明するために作成する紙ベースの作品集のことを指したりする。

　教育分野では，電子的に扱うポートフォリオ（以下，eポートフォリオ：electronic portfolios, ePortfolios）以前の紙ベースのポートフォリオが，学生の学習活動，キャリア開発，就職活動，教員養成を支援する一般的なツールとして利用されるようになった。

　今，eポートフォリオが，ものすごい勢いで世界中に浸透してきている。少なくとも，いくつかの欧州の国々やアメリカのミネソタ州では，すべての市民が

eポートフォリオを自由に使えるようにしている。また，多くの大学では，eポートフォリオをさまざまな目的で利用できる仕組みを構築している。例えば，大学の授業（コース：course）や学習を支援するeラーニングシステム（Blackbord や Sakai など）と連携したり，専用の商用システムを導入したりしている。一方，独自のシステムを開発している大学も多くあり，ウェブサイト等を作成するための一般的なソフト（Adobe Dreamweaver など）の活用を求めている大学もある。

英語圏では，多くのeポートフォリオに関する書籍等が出版されている（本章末尾の参考文献参照）。eポートフォリオの国際的な実践・研究機関としては，AAEEBL（The Association for Authentic, Experiential, and Evidence-Based Learning）と Inter/National Coalition For Electronic Portfolio Research がある（本章末尾の参考 URL 参照）。

eポートフォリオに関する主な関心事のひとつとしては相互運用性（interoperability）が挙げられる。IMS Global Learning Consortium は，eポートフォリオを異なるシステム間でやりとりするための規格として IMS ePortfolio の策定を行った（Best Practice and Implementation Guide 参照）。これは同時に，多言語に翻訳されているが，まだ国際的な普及にまでは至っていない。

しかし現在，すべての機関に適応する唯一のeポートフォリオシステムは存在しない。eポートフォリオとなる教育コンテンツは，各々固有の要件を満たすが，それは必ずしも他の教育コンテンツと同じではない。つまり，eポートフォリオを導入する際には，大学は独自に，必要なシステムの機能や，カスタマイズの有無など，想定するeポートフォリオ活用を考慮することが必要となる。また，ユーザ認証方法や学生数，扱う情報量などの規模，授業支援との連携について最適なものを想定し，いかにベストなeポートフォリオシステムを実現するかを考えながら詳細計画を立てられなければならない。

どのようなeポートフォリオシステムがよいのかを考えるときは，eポートフォリオが活用されることで，既存の教育に変化をもたらすことができるかを念頭におくとよい。eポートフォリオシステムを構築することは，大学において学びを変質させる第一歩となるが，ただ単にシステムを導入するだけでは何も変わらない。大学機関および専門分野のリーダーが旗振り役となり，学生と大学教員の

生活の中にeポートフォリオシステムが組み込まれることにより，教授・学習活動が統合され，教育プロセス全体をぐんと高めることができようになる。特に，eポートフォリオの導入計画に際しては，いかにeポートフォリオが機能することで教育活動に変化が起こるか，それは誰が先導し行うのか，継続的な資金的な支援は得られるかについて，十分配慮することが必要になってくる。

大学におけるeポートフォリオ構築の成功例をよく見てみると，大学は，eポートフォリオを導入する目的の裏側にある潜在的なさまざまな可能性について十分把握していないとだめだということがわかる。それは，真正な学習（authentic learning）を記録し促進することであり，「フォリオシンキング（folio thinking）」を実現するように学習パラダイムを変換することである。また，授業における学習のアセスメント（評価：assessment）を支援すること，機関や教育プログラムの認証評価，大学教員の昇進やテニュア（終身雇用権：tenure）獲得のための情報提供，生涯学習（life-long learning）のための支援などが挙げられる。これらすべての目的を満足するまでeポートフォリオを活用できている大学はほとんど見当たらないのが現状である。その多くは，1つか2つの目的だけに的を絞り，eポートフォリオを導入し，その後，時間をかけて徐々にその幅を広げていくのが一般的である。

1.2　真正な学習

ポートフォリオの活用は，真正な学習を促進させる画期的な方法である。真正な学習とは，学生が現実世界の問題に対応できる考えや関係性の探究と育成を促すリアルな学習である（Donovan, Bransford, and Pellegrino, 1999）。Lombardi（2007）は，いかに新しい技術が真正な学習を生起させることができるかについて著述している。

> 「為すことによって学ぶ（learning-by-doing）」は，一般的に，学習の最も効果的な方法であると考えられている。今や，インターネット関連技術や可視化，シミュレーション技術が，実験室での実験から現実社会の問題解決に至るまでの幅広い真正な学習の実現を可能にしている。

ポートフォリオは，真正な学習のプロセスを通して学習を支援するための足場かけ（scaffolding），ツール，共有等の手段を提供する。足場かけとは，指示や論拠，見本，望まれる学習結果の明確な説明を行いながら学生の各学習段階での支援を行うことである。ツールとしては，学生の学習の証拠（以下，エビデンス：evidence）を記述，収集し，自身の学習の振り返り（以下，リフレクション）を促すことを支援する。そして，自身の強みや弱みについて学習成果を通して評価したり，仲間や大学教員からフィードバックや評価を受けたりする。これらプロセスのどの時点においても，学生は，家族，友達，相談員（以下，メンター：mentor），将来の就職先になり得る雇用者に学習成果を提供し共有することができる。ポートフォリオを用いた真正な学習の例としては，ライティングの学習指導，科学などの実験，共同体におけるグループ活動，インターンシップや海外研修などの引証付けとそのリフレクション活動が挙げられる。

1.3 フォリオシンキング

ポートフォリオを活用して学習を効果的に支援するためには，授業者（以下，インストラクター：instructor）や運営側の者（以下，アドミニストレーター：administrator）が学習の本質について新しい認識を持つことが必要である。それは，深い学習（deep learning）によってのみ，学習者は，学びを心の内に留め，自分の知識にまで高めることができるということである。このポートフォリオの有効活用によって起こる深い学習を「フォリオシンキング（folio thinking）」と呼ぶ。この言葉はスタンフォード大学の Helen Chen によって名づけられ，ジョージ・メイソン大学の Darren Cambridge を含む多くの思想家によって広められた。

フォリオシンキングは，測定可能な学習成果とその学習成果をもたらした学習プロセスを確認することで，深い学習について理解することから始まる。学習科学の分野では，深い学習の次元について議論されているが，フォリオシンキングでは，その各次元に対応した行動が定義されている。ポートフォリオ活動のプロセス（以下，ポートフォリオプロセス）は，その行動を促進させるため，参加学生に，深い学習を生起させることができる。

フォリオシンキングとしての深い学習の各次元は，内省的学習（リフレクティブラーニング：reflective learning）と，統合的学習（インテグレイティブラーニング：integrative learning），社会的学習（ソーシャルラーニング：social learning）に対応している。それら学習では，ポートフォリオを効果的に活用することによって学習を豊かにし，仕事場（以下，ワークプレイス：workplace）において，専門家としての技能習得や実践についてのリフレクションの誘発が期待させる。

　リフレクションは，深い学習の1つめの次元として不可欠なものであり，ワークプレイスでの生産的なツールとしてとらえることができる。Schön（1984）は，専門家養成における学習と実践を，リフレクションとアクションのサイクルとしてみている。まず，実行したアクションについてリフレクションを行い，それに続く各アクションとリフレクションを繰り返すことが，さらなる次のアクションの改善につながる。また，Brown and Duguid（2002）は，情報は学習者によってアクションとリフレクションのサイクルから成る状況下に置かれたときにはじめて知識になると主張している。Zull（2002）ら生物学者は，アクション—リフレクション—学習の一連のサイクルが脳内にあらかじめ組み込まれたものであるとしている。

　しかし，リフレクションは生産的な方法で行うものではない。インストラクターは，教師が求める内容を学生が推測してリフレクションを行うべきであると間違えてとらえたり，学生が終始同じような考えや観点に固執し，ただ繰り返しリフレクションを行うという状況にならぬよう配慮しなければならない。もし，インストラクター自身がリフレクションという行為に熟達していないのならば，近年，リフレクションについての書籍等が多く出版されているので参考にするとよい。例えば，"Reflection in the Writing Classroom"（Yancy 1998）では，リフレクションの方略について言及しており，その中では，アクション中のリフレクション（reflection in action）や建設的なリフレクション（constructive reflection），対話としてのリフレクション（reflection as conversation），発表の中のリフレクション（reflection in presentation）を挙げている。

　深い学習の2つめの次元として，統合（以下，インテグレーション）が挙げられる。これは，あらゆる分野における専門家にとって極めて重要なスキルとして

知られている。例えば，Donovan, Bransford, and Pellegrino（1999）は，専門家は，ある情報に関する認識可能な特徴やパターンについて注意深く観察したり，新しい状況を深く理解し適用するための知識を構築するための概念的枠組みを必要とすることを指摘している。つまり，専門家は，コンセプトを修正し，情報のギャップを認知しながら学習をコントロールすることにより，自身を絶えず監視（モニター：monitor）するのである。

Boyer（1990）は，大学教員（faculty）の仕事は4つの重なり合う領域を持っているとし，「発見の学識」（scholarship of discover），「応用の学識」（scholarship of application），「教育の学識」（scholarship of teaching），「統合（インテグレーション）の学識」（scholarship of integration）を挙げている。インテグレーションは，大学教員が，専門領域のばらばらに孤立したり断片化した諸々の事実に意味を与え，それらの事実を関連付けるよう仕向ける（Glassick, Huber and Maeroff 1997）。学生も，インテグレーションのスキルが欠けていると，専門分野の範疇の中だけに閉じこもり，多くの学んだことについての関連性などを全く考えることなく卒業を迎えることになるだろう。今日，インテグレーションのスキルは，専門家としての力を獲得するために必須のものとなっており，専門家は，今後ますます継続した学習を通して，さまざまな経験を積むことが求められる。

深い学習の3つめの次元として，ソーシャルラーニングが挙げられる。しかし，ポートフォリオを用いてこれを達成するのは簡単なことではない。Wenger（2000）は，人々のアイデンティティは，共同体に参加することによって形成されるものであると述べている。また，Brown and Duguid（1999）は，「専門分野の共同体のメンバーになるために学ぶ」は，「その共同体に関連したコンテンツを学ぶ」よりも，より重要であると付け加えている。今日の社会においては，我々は，さまざまな共同体という文脈の中で多様なアイデンティティを形成し，その形成されたアイデンティティは，いろいろな形で各人のキャリアとして統合されていく。リアルまたはバーチャルな状況の中，これらアイデンティティをマネジメントしていくことが，専門家として成功するための必須のスキルになったと言える。

学究的な世界は，知識の創造，組織，洗練が重んじられている。フォリオシンキングは，学習プロセスを通して求められる知識の関係性を学生らに示し洗練さ

せることで，これら学究的な価値の核心に迫りうるものである。

　フォリオシンキングは，学習におけるリフレクション，インテグレーション，他者との共有を通して，深い学習を促進し，学習者としての成長を説明・予見させる学習成果を導き出す。その結果，学習の評価（アセスメントとエバリュエーション：assessment and evaluation）を可能にする。

　効果的に e ポートフォリオを活用することによって，学生は，自身の学習についてリフレクションを行い，継続的に学び方の改善を行うことが可能になる。この学習のリフレクションと改善のプロセスを通して，分野を超えた学習や正課授業と正課外活動をつなぐ学習のインテグレーションが促進される。効果的な e ポートフォリオ活用は，学生が他者と学習とそのリフレクションを共有し，継続的にフィードバックを与えることができる。フォリオシンキングにより学生らは，自分が何者で，どのように学び，どの共同体に参加したいのか，人生においてどのような道に進みたいか，について深く考えるためのメタ認知的方略を見つけだすことができる。

1.4　学習のアセスメント

　学習をアセスメントする最もシンプルな方法は，「教えたかったことを学生がちゃんと学べたかどうかは，どんなエビデンスがあればわかるだろうか？」を自身にたずねることである。新しい教育の考え方においては，大学がしっかりとした教育を実施できる能力を有しているという信頼を，保護者や関係者から継続的に勝ち取る手段として，学生，教員，教育プログラム，教育機関は，学習のエビデンスを直接的に提供することが求められている。

　アセスメントの実施は，意図した教育による学習成果（ラーニングアウトカム：learning outcomes）はどのようなものがあるかを明らかにすることから始まる。学習成果は，目標（goal），スタンダード（評価規準：standard），期待されるもの（expectation），コンピテンシー（competency），目的（objective）などが挙げられる。米国では，米国大学協会（AAC&U）バリュープロジェクト（章末の参考 URL 参照）が，学部生の教育に適用される 15 の不可欠な学習成果について明らかにしている（表 1-1 参照）。

表1-1 AAC&U 学習成果

カテゴリー	学習成果
知的／実践スキル (Intellectual and Practical Skills)	・探求と分析（inquiry and analysis） ・クリティカルシンキング（critical thinking） ・クリエイティブシンキング（creative thinking） ・書面によるコミュニケーション（written communication） ・口頭によるコミュニケーション（oral communication） ・リーディング（reading） ・量的リテラシー（quantitative literacy） ・情報リテラシー（information literacy） ・チームワーク（teamwork） ・問題解決（problem solving）
個人的／社会的責任 (Personal and Social Responsibility)	・市民としての知識と関与―地域および世界（civic knowledge and engagement―local and global） ・異文化知識とコンピテンシー（intercultural knowledge and competence） ・倫理的理由付け（ethical reasoning） ・生涯学習のための基盤とスキル（foundations and skills for lifelong learning）
統合的／応用学習 (Integrative and Applied Learning)	・統合的／応用学習（integrative and applied learning）

　各学習成果の評価についての評価基準となるルーブリック（rubrics）が，複数の専門分野と教育機関の教員チームによって開発された。そのルーブリックは，学習成果のレベルを規定する基準（criteria）と，4つの各習熟レベルを示した記述語（descriptors）から成る評価基準表である。表1-2は，バリュールーブリックのクリティカルシンキングのスキルを評価するためのルーブリックで，標準レベル（以下，ベンチマーク：benchmark）―低い習熟度，2つの上達段階を示すレベル（以下，マイルストーン：milestone），最高レベル（以下，キャプストーン：capstone）―米国における四年制大学で期待される習熟度，から成る。

　学習成果が決まり，その学習成果を評価するためのルーブリックを作成したら，教師は，いつどのように学習成果を上げるかについてのカリキュラムマップ（curriculum map）を作成する。カリキュラムマップとは，学習成果の達成に向

表 1-2　クリティカルシンキングのスキルを評価するための AAC&U バリュールーブリック

定義：クリティカルシンキングとは，課題，アイディア，アーティファクト，イベントに関する包括的な探究により特徴付けられる思考である。

下表のルーブリックを用い学習成果を評価する際，ベンチマーク（レベル1）に対応する能力を満たさないと判断した場合は，レベル0を割り当てる。

	キャプストーン 4	マイルストーン 3	マイルストーン 2	ベンチマーク 1
課題説明	クリティカルに考えるべき課題や問題が，完全に理解するために必要となる重要な情報を伴って，明確に記述され，包括的に説明されている。	クリティカルに考えるべき課題や問題が明確に記述・説明されており，無用な省略が理解を妨げることがない。	クリティカルに考えるべき課題や問題についての記述・説明が，未定義の用語を用いていたり，あいまいさが残っていたり，議論の境界が不定であったり，背景が不明だったりする。	クリティカルに考えるべき課題や問題が，明確に記述・説明されていない。
エビデンス 視点や結論を検討するための情報選択・利用	包括的な分析や統合を行うための情報を，十分な解釈や評価を伴い取得している。専門家の視点を完全に批判的にとらえている。	首尾一貫した分析や統合を行うための情報を，十分な解釈や評価を伴い取得している。専門家の視点を批判的にとらえることができる。	ある程度の解釈や評価を伴い情報を取得しているが，首尾一貫した分析・統合を行うには不十分である。専門家の視点を，批判することなく，ほとんど事実として取り上げている。	解釈や評価なしに情報を取得している。専門家の視点を，批判することなく事実として取り上げている。
文脈や仮定の影響	自己や他者の仮定を徹底的（体系的・方法論的）に分析し，見解を示す際，文脈の重要性を慎重に評価している。	見解を示す際，自己または他者の仮定や重要な文脈を確認している。	仮定のいくつかを批判的にとらえている。見解を示す際，重要ないくつかの関係ある文脈を確認している。自分自身の仮定よりも他者の仮定に対する（あるいはその逆）さらなる配慮が必要である。	現在の仮定に気づきつつあることが見て取れる（主張を仮定とみなしているときもある）。見解を示す際，文脈のいくつかを確認し始めている。

学生の見解（展望，主張または仮説）	想像力に富み課題の複雑さを考慮した具体的な見解（展望，主張または仮説）が示されている。見解（展望，主張または仮説）の限界を認めており，他の視点と統合されている。	課題の複雑さを考慮した具体的な見解（展望，主張または仮説）が示されている。他の視点が，見解（展望，主張または仮説）の内に認められる。	具体的な見解（展望，主張または仮説）が，課題の違う側面を認めている。	具体的な見解（展望，主張または仮説）が示されているが，それは，簡素で自明である。
結論と関連する成果	結論や関連する成果が論理的で，学生の知識に基づいた評価や，優先順位を付けて議論されたエビデンスや展望を提示する能力を反映している。	結論が，反対の視点を含め，さまざまな情報に論理的に結び付けられている。関連する成果が明確に確認できる。	結論が情報に論理的に結び付けられている（望ましい結論に合うように情報が選ばれている）。関連する成果がいくつか明確に確認できる。	結論が議論された情報のいくつかに矛盾して関連付けられている。関連する成果を簡略化しすぎている。

けた成長のエビデンスを蓄積する授業等の教育活動（正課外活動も含む）についてまとめたものである。

　学期ごとに，学生と教師は，学習のエビデンスを収集するためのeポートフォリオシステムを利用する。それらエビデンスには，マルチメディア形式の成果物や学生のリフレクション，大学教員や仲間からのフィードバックがあり，それらは各学習成果に対するルーブリックを用いた学習の評価とともに収集される。これら蓄積されたデータが，カリキュラムマップに関連付けられ収集・分析されることで，教育プログラムや大学機関の有効性を示す貴重な情報となる。

　学習のエビデンスを収集しeポートフォリオとして活用する方法は，客観的な学習評価である標準テストの代替え評価法となる。eポートフォリオを積極的に活用することによって，学生と教師は，何をどのように学ぶべきか，学生のスキルや知識を高める学びとはどのようなものか，教員は将来に向けて授業をいかに改善すべきか，について考える機会を得ることができる。

1.5 教育プログラムと機関のアセスメント,アクレディテーション

　米国では,高等教育の教育プログラムは,規程委員会によって認証され,大学機関は,地域または国の認定団体によって認証される。認証評価(以下,アクレディテーション:accreditation)は,教育を提供する大学の教育プログラムと機関としての価値を認証するためのものである。米国連邦政府はアクレディテーションについて次のように述べている。

> 米国では,基本的な一定レベルの教育の質保証のため,非政府による教育機関と教育プログラムの評価の手段として,アクレディテーションが実施されるようになった。地域や国の方針に沿った私的教育機関が,健全な教育プログラムの質を反映し得る評価基準を採用し,機関やプログラムが基本的な質のレベルを担保できているかを評価するための手順を確立した。
> (http://www2.ed.gov/admins/finaid/accred/accreditation_pg2.html,アクセス日:2010. 9.30)

　米国の多くの認証機関は,認証プロセスにおいて学生の学習のエビデンスを提供するよう求めている。それらエビデンスとしては,学習成果が明示されること,カリキュラム計画(curricular planning)が学習成果を反映し促進されること,教師は学生が学習成果を達成する方法を絶えず改善し教育プログラムを改良すること,学生は学習成果に対応するスキルと知識を獲得した後に卒業すること,が要件として盛り込まれている。さまざまなeポートフォリオシステムを含めた多くの技術的なツールは,データ収集や分析,配布を支援する機能を有している。eポートフォリオは,教育プログラムや大学機関の改善のため,教育プロセス全体を通し,データを収集し効果的に活用する手段を提供する唯一のものであろう。

1.6 大学教員の昇進とテニュア

　米国の大学教員は,昇進とテニュア獲得のため,キャリアを通して身につけたスキルや成果を文書化することが求められている。紙の書類でこれらを作成し配

布することは困難が伴うため，しばしば，eポートフォリオがその代替えとして認められている。しかしながら，教員と大学本部との政策的な違いから，時々，昇進とテニュア獲得のプロセスにeポートフォリオがうまく活用されないことがある。なぜなら，大学本部は，教員の活動や仕事の成果の記録を文書化し評価することは大歓迎で，ぜひeポートフォリオを活用したいと考えているが，教員は，自身の記録が大学本部の管理化に置かれ，公になることに慎重になる傾向があるからである。

1.7 生涯学習

　学生から「卒業したら自分のeポートフォリオは持って行けるの？」という質問を受けることがある。答えは，少し複雑である。なぜなら，eポートフォリオシステムは，いつでも利用可能であるけれども，卒業生がアクセスできるように設定されているとは限らないからである。しかし，いろいろな解決策が考えられる。一部の機関では，学生が将来的にeポートフォリオを利用できるように，ダウンロードしたり，一部をコピーできるようサポートしていたり，卒業後も有償で引き続き利用を許している。むしろ，「卒業後は，どうやって自分の学習について文書化したり，リフレクションを行ったらいいのだろう」と，考える方がより的を射ているもしれない。専門性の育成に関わる学びに終わりはなく，事実，専門家は，生涯にわたり専門知識やスキルを獲得し維持するために学び続けなければならない。生涯学習は，継続的に学びを追求し，絶えずリフレクションを行うというメタ認知的活動のプロセスを通してさらに高まっていくのである。つまり，専門性の育成に関わる学びや継続的な教育プログラムは，eポートフォリオを活用することが成功の鍵といえよう。

1.8　eポートフォリオ活用の目的

Stefani, Mason, and Pegler（2007）はeポートフォリオを6つに分類している。
- アセスメント・ポートフォリオ（assessment portfolio）：スタンダードや期待，成果，目的との関係により，その達成具合を評価するためのeポートフ

ォリオ。
- プレゼンテーション・ポートフォリオ（presentation portfolio）：専門性の育成や個人的な学習成果や達成について表明するためのeポートフォリオ。
- ラーニング・ポートフォリオ（learning portfolio）：学習プロセスにおいて，学習者が文書化したり，学習を振り返ったり，学習を誘導するためのeポートフォリオ。
- PDP（personal development portfolio）：専門性の育成や自己成長，就職活動に関連するeポートフォリオ。
- 共有ポートフォリオ（multiple owner portfolio）：複数の所有者によって共有されるeポートフォリオ。
- ワーキング・ポートフォリオ（working portfolio）：個人による学習と成長に関する複数のタイプのeポートフォリオを組み合わせたもの。

eポートフォリオは，ほかにもさまざまな分類がされている。例えば，プレゼンテーション・ポートフォリオは，継続的なスキル獲得や成果物について証明するためのショーケースとして，PDPとあわせて用いられることがある。また，ある共有ポートフォリオは，大学が機関として，これらeポートフォリオを活用したり，グループによる学習の文書化を支援するために活用されたりしている。

システムがアセスメント・ポートフォリオを提供することは，eポートフォリオの所有者が，学習成果に関する自身の成長や達成を証明するための活動が示されたカリキュラムマップを用いて，学習成果と教授・学習活動を結び付ける際に最も有効な手段となる。ラーニング・ポートフォリオは，学習プロセス全体を通して，eポートフォリオの所有者にリフレクションの機会や足場かけを提供するので，学習支援ツールとして有効である。

プレゼンテーション・ポートフォリオを扱うシステムは，eポートフォリオの所有者が希望に応じて成果物を選択することができ，それらを適切にレイアウトして魅力的にディプレイできることが求められる。PDPは，eポートフォリオの所有者の専門分野での価値観や信条，スタイルだけでなく，eポートフォリオを閲覧する者の価値観や信条，スタイルについても反映させたいときに最も効果を発揮する。ワーキング・ポートフォリオは，eポートフォリオの所有者らの目的に合ったいくつかの使い方を提供するため，協調的な学習のプロセスを促進す

るためのeポートフォリオとして用いることができる。

1.9　ポートフォリオプロセス

　eポートフォリオプロセスは，その所有者の学習，スキル，能力，業績を表すアーティファクトを収集することから始める。これらアーティファクトは，ふつう所有者によりさまざまな方法で保存されている。eポートフォリオの所有者は，文書化されたアーティファクトにより，どのようにそのアーティファクトが作成されたかを説明したり，その学習について振り返ったり，スタンダードに対応させて学生成果やコンピテンシー（competencies）について自己評価したりすることができるようになる。

　ポートフォリオプロセスは，eポートフォリオの活用目的によって大きく変わる。例えば，アセスメントのためにeポートフォリオを活用するならば，eポートフォリオの所有者は，アーティファクトやリフレクションの記録等を，大学教員や許可された他者がアクセス可能なスペースに置くように指示される。また，もしプレゼンテーションのためならば，eポートフォリオの所有者は，他者と情報を共有するために，アーティファクトを精選し，目的に合うよう魅力的にレイアウトすることで，自身のベストワークを集めたショーケースとして使用する。

　eポートフォリオは，共有されることが前提であるが，想定する読み手（viewers）は，eポートフォリオの利用目的によって変わる。例えば，eポートフォリオにアクセスできる読み手があらかじめ特定の大学教員や管理者に制限され，eポートフォリオの所有者自らが，アクセス制御を行うことはできないかもしれない。また，eポートフォリオがプレゼンテーション用であれば，eポートフォリオの所有者は，eメールや一般的なウェブサイトを通して，他のユーザと共有可能であろう。

　もしポートフォリオプロセス内において，形成的フィードバック（formative feedback：支援のためのガイダンスの提供）か，総括的評価（summative evaluation：課業の質の判断を提供）を行うなら，読み手や評価者は，ルーブリックかスケール（scale）を用いてコメントや評定を行うことで，eポートフォリオ所有者の課業を評価することができる。また，eポートフォリオが教育プログラム

や大学機関の認証評価に用いられるのならば，収集されたデータを統合・エクスポートして分析や可視化などを行う方法が必要となる。

1.10 ポートフォリオカルチャーを構築する

　1989年の映画『フィールド・オブ・ドリームス』のワンシーンに，「それをつくれば，やつらはやってくる」をいう言葉がある。しかし残念ながら，大学におけるeポートフォリオシステムは，事前に十分な検討を行い，慎重に導入しなければうまくいかないだろう。単に，新しい技術を取り入れたシステムを導入すれば，うまく使われるに違いないと思いがちだが，それは間違いである。eポートフォリオは，新しい学習観に基づいているので，新しい学習観を無視して利用者のサポートを行ったり，技術的な作業と位置づけ，単にeポートフォリオシステムをセットアップしたりするだけでは時間と労力の無駄である。大学のeポートフォリオの導入の目的を達成させるためには，大学教員と大学本部のリーダーシップが必要とされるのである。ミネソタ・ダルース大学のShelley Smithは，教育改革のための複雑な大学の取り組みを例証するために，教育機関でのポートフォリオカルチャー構築に至るまでの専門的な知識や経験をまとめている。

　どの教育機関も独自で唯一の文化を持っている。文化とは，機関の特徴を組織する共有されたプロセスそのものである。教育機関は，特定のグループの持つ文化であるサブカルチャーの集合体であると言ってよい。各々のサブカルチャーは，ある価値と信念を共有しており，あるものはサブカルチャー独特のものであり，またあるものは全体の文化の内にあるすべてのグループと共通するものである。

　自身の教育機関の文化を理解しておくことはとても重要である。なぜなら，学生，大学教員，大学本部が，eポートフォリオシステムの主体的な利用者となるため，どのように動機付けをし，普及していくかを考えるのに役立つからである。教育機関の文化を理解することで，ステークホルダー（利害関係者：stakeholder）が誰であるかを把握し，各人やグループに対するeポートフォリオシステムの動機付けのための戦略や導入計画を立てることができるであろう。

　学生，大学教員，大学本部の各々のサブカルチャーは，高等教育についての独自の信念や価値観を持っている。これら信念は個人的なものや社会的なもの，精

神的なもの，政治的なものが考えられる。信念とはサブカルチャーが要求するものであり，学究的・研究的なパラダイム，知識の本質や人々はどのように学ぶのかについての考え方，教育の目的，に密に関係している。しかし，個の学生や大学教員のメンバー，大学本部は，これら信念について，すべての人が同じように考え共有していることを前提にしているかもしれないが，実際は，ステークホルダー間においても大きな違いが存在する。

　価値観においても，ステークホルダー内のグループでの違いが露呈している。価値観は，個人的な日常生活やキャリア形成，共同体内において，何が正しく何が間違っているのかについての判断基準を与えてくれる。「いい教育とはどのようなものか？」「何が倫理的な教育であり，何が学術的な実践といえるのか？」「学びの共同体の意義は何なのか？」について，価値観は答えを与えてくれるに違いない。

　学生のステークホルダー内のグループを分析すると，学業成績の重要性，キャリアの位置づけ，自尊心の改善，よい教育，現実社会における仕事や目標と今学んでいることとの関連性，についての信念や価値観が大きな影響を与えていることに気づく。学生の信念と価値観を理解することによって，実際に学生がeポートフォリオを活用する際の動機付けの要素を見つけだすことができる。これら動機付けには，学習成果の改善，創造と調整による学習の喜び，キャリアの位置づけ，学習と現実社会の関心事や目標との関係性，学生の資質の改善，自尊心と自信の向上，課外活動のための信用と評価の獲得，が挙げられる。

　学生は，その信念と価値観に基づき，教員の学習指導について評価することが求められ，教員や教育プログラム，機関に対し，自分の思いや考えについて意思表示することができる。また，そこでの学習経験に不満があるならば授業料を払わないようにすることもできるし，苦情を訴えたり，逆に称賛を与えたりする権利を持つ。学生は大学の教育改善のために多くの行動を起こすことが可能なのである。

　大学教員のステークホルダー内のグループの文化を分析すると，教授・学習についての価値観と信念は，学生とは異なっていることに気づく。大学教員は，授業等で教えるということが主たる役割と認識している者もいればそうでない者もいるし，学ぶということについて，学生とは全く違った見解をもっている者もい

る。大学教員は，彼らの研究活動や教授活動，サービス活動の成果がどのように評価され，報われるかについての，価値観と信念を強く持ち合わせているのである。

　大学教員も自身の価値観と信念のもと行動することが求められる。その原動力となるものには，個人の知識，カリスマ性，研究業績，教育への批判，教員としての地位，専門家としての地位，が考えられる。大学教員は，仲間同士のレビュー（peer review）や学部・学科のマネジメント，授業での役割を通して，変化をもたらすだけでなく，他者に報いたり，制裁措置を取ることさえもできる。学生と同じように，大学教員も，不満や苦情を訴える権利を持っているのである。

　大学教員が変化を喜んで受け入れられるように動機付けるためには，仕事量を減らし，新しい目標を追求することから解放し，研究費や新しい機器を与え，彼らの業績の結果が，テニュア獲得や昇進に反映されるよう保証することである。さらに，少なくとも学生の学習についての説明責任や，どのように学生が学ぶのかについての好奇心，教育や学識に関する個人的な目標，によって動機付けられる大学教員もいるであろう。

　e ポートフォリオの導入を成功させるためには，学生と大学教員とが違う"時間"を使うことが必要である。学生は，インストラクターからの指示をただ待つのではなく，自律的かつ内省的に学習に取り組むことが求められる。また，大学教員は，自身の学問分野における専門家としての役割だけでなく，学習結果に関して学生と教員が相互の責任を強め，学生にガイダンスやフィードバック与えるための時間を確保することが求められる。

1.11　e ポートフォリオの導入

　まず，e ポートフォリオシステムを選択するにあたり，ステークホルダーの要求を集約することから始めるとよい。関連するステークホルダーは，大学教員，大学本部，事務職員，学生，行政機関の代表，保護者，そして就職先に想定される雇用者が挙げられる。そして，e ポートフォリオシステム導入のニーズについて考えるためのミーティングを，関係者の代表を招いて開催していくことが求められる。

次に，自身の機関の教育プロセスを支援することができるeポートフォリオシステムとはどのようなものであるべきか，そこにはどのようなニーズが存在するのか，について，ステークホルダー内のグループと一緒に共通認識が持てるまで議論する必要がある。また，忘れてはならないこととして，学生たちは学部・学科を越えて活動を行うということ，eポートフォリオシステムを導入し維持することは，eポートフォリオシステム自体の価格に比べて莫大な費用がかかること，技術スタッフらにとって大変な労力がかかること，が挙げられる。そして，どの人が，eポートフォリオを最もよく活用し，eポートフォリオの利点を他の人たちに広めてくれるかについても知る必要がある。

　eポートフォリオシステムを選定したら，eポートフォリオの利点について大学教員，大学本部，学生の間で多いに話題を盛り上げ，普及のための活動を行う。問題等が発生したときは，速やかにその解決に当たることが必要である。また，大学教員と学生のオリエンテーション等での研修，入学生対象のセミナー，学生への学習支援や大学教員に対するFD活動などの機会に，eポートフォリオの体験的学習を実施するとよい。また，試験的に運用するグループに対し集中的に支援を行うことで，徐々にeポートフォリオ活用の輪を広げていくものよい方法である。

　志を同じくするeポートフォリオ利用者を巻き込んで，大学教員全体に対しeポートフォリオを活用するよう仕向けていってもよい。また，大学教員は，eポートフォリオが自尊心の向上，創造性と現実社会との関係性を豊かにすること，どれだけ多くそして深く学んだかについて気づかせること，の手段として利用されていることに焦点を当て，学生に対しeポートフォリオを活用したいと思わせるような働きかけをする。eポートフォリオ活用を始めた大学教員に対しては，自由な時間や休養，補助金の配布，または，彼らのeポートフォリオを他者に対し紹介することによって報いることが重要である。つまり，大学教員に仕事の負担をかけるよりむしろ違った方法で普及につとめることが必要であり，可能ならば，eポートフォリオ活用の成功事例を集めて，大学教員や学生に対し発信することが有効である。

1.12 チャレンジと利点

　大学にeポートフォリオシステムを導入することで得られる利点は，導入時の苦労よりもはるかに大きいことは明らかである。ここで重要なことは，直面するであろうさまざまな障害を想定しておくことである。最初の大きな障害として考えらえるのは，学生と大学教員とも，時間と労力には限りがあるということである。両者とも教授・学習活動は日々の積み重ねで常に発展してきているため，わざわざ特別な時間を割き関心を持って取り組んでいくためには，各人の教育活動全般に渡る見直しが必要となる。

　eポートフォリオ活用を浸透させ実施していくためには，その目的を遂行していくための資金とリソースが必要となる。そのリソースとは，単にeポートフォリオシステムそのものを構築するためのリソースだけでなく，継続的な運用と拡張のために，eポートフォリオに精通した人材，技術的に優れた人材までもが含まれる。

　eポートフォリオを成功裡に推進するには，学習やスキル習得に関する新しい教育観について浸透させる取り組みを行う必要がある。教育観が変わることに対する抵抗は予想されるが，注意深く配慮しながら働きかけをしたり，仲間たちの取り組み事例を共有したりすることで克服するとよい。

　技術的なことに関する心配についても，多くの大学で問題に上がってくるだろう。しかし，技術的な心配はむしろ学生ではなく大学教員の方である。大学教員らには，必要資料の配布，専任のスタッフによるヘルプデスクの設置などのかたちで十分な支援を行う必要があるだろう。また，新入生や編入生，新任の大学教員に対しては，特別に時間をかけた対応が必要となる。

　最後に，eポートフォリオの利用者となる，大学教員，大学本部，家族，他機関のアドミッションオフィス（office of admission），就職先となり得る雇用者が，eポートフォリオを閲覧・活用することの利点がどこにあるのかを理解しておかなければならない。そこで，eポートフォリオを取り入れるニーズと利用したいという意欲を引き出し，効果的なeポートフォリオの作成法や共有方法について十分に検討しなければならない。

　これら問題を克服することができれば，eポートフォリオにより学生，大学教

員，大学本部，その他関係者を取り巻く共同体に大きなメリットが与えられる。eポートフォリオを活用する学生は，自分自身や学習プロセスについて振り返ることで，より多くの学習が生起され，リフレクションのためのスキルや学習について記述する能力の獲得が見込まれる。こうして学生は，キャリアや自身の人生を通して継続的に成長することの必要性を理解し始める。さらに学生は，専門分野での学習経験を積み重ねることで，その分野を超えた本質的な原理や技術，経験について発見することができるようになるだろう。eポートフォリオを用いることで，学生は学習や専門性の育成に関する教育の記録や成果の蓄積，活用が可能になり，キャリア開発や就職活動に生かすことができるようになる。最も重要なことは，eポートフォリオを経験した学生は，自分自身について，また，学んだことについて誠実に自尊心と確信を持ちながら語ることができるようになるということである。

大学教員は，eポートフォリオを用いた教授・学習活動を取り入れた授業を設計することができるようになり，さらに，eポートフォリオを活用することで，学生とのやりとりや学生同士の連携，授業に関する効果的な情報提供などがやりやすくなるだろう。また，eポートフォリオシステムが，大学教員のFD活動や昇進，テニュア獲得のために利用されるかもしれない。eポートフォリオは，大学教員の仕事量を増やすというよりも，今ある仕事をeポートフォリオを活用したものに置き換えるという方法がうまくいくだろう。

大学本部としては，授業レベルの評価プロセスが，カリキュラム改善のための教育プログラムレベルの評価プロセスの中に組み込まれたときに，eポートフォリオの恩恵を受けることになる。専門分野または大学機関としてのアクレディテーションのプロセスでは，eポートフォリオシステムは必須のものとなってきている。例えば，eポートフォリオシステムを用いることで，カリキュラムと学習活動との対応を明らかにしたり，学習成果に関する学生の評価を行ったり，各学習成果に対応したさまざまな達成レベルの成果物であるアーティファクトを探し提示することができるようになる。

eポートフォリオは，保護者に対し，学生の学習成果を閲覧する機会を与えることにより，教育に関与する窓口を提供する。さらに，保護者らは，eポートフォリオを用いることで，海外研修や体験学習などの正課外での学習に直接参加す

ることができるようになる。また，e ポートフォリオシステムは，就職先に想定される雇用者に対し，就職希望の学生のスキルや学習成果についての情報を提供することができるだけでなく，仲間同士で，研究や授業，または，学生生活に関する情報について交換する手段を提供できる。

　e ポートフォリオの要件や，継続的なサポートや研修，普及のための活動の取り組みについて注意深く検討することで，教育機関は，e ポートフォリオを導入，運用することにより，大きな成果を上げることができるのである。

参考文献

Angelo, T. A., and Cross, K. P. (1993). *Classroom Assessment Techniques: A Handbook for College Teachers*. San Francisco, CA, USA: Jossey Bass Higher and Adult Education.

Boyer, E. L., (1990). *Scholarship Reconsidered: Priorities of the Professoriate*. San Francisco, CA, USA: Jossey Bass Publishers.

Brown, J. S., and Duguid, P. (2002). *The Social Life of Information*. Cambridge, MA, USA: Harvard Business School Publishing.

Cambridge, B. L., Ed. (2001). *Electronic Portfolios: Emerging Practices in Student, Faculty, and Institutional Learning*. Washington, DC, USA: AAHEA.

Cambridge, B. L., and Williams, C. (1998). *Portfolio Learning*. Upper Saddle River, NJ, USA: Prentice-Hall.

Cambridge, D., Cambridge, B. L., and Yancy. K., Eds. (2009). *Electronic Portfolios 2.0: Emergent Research on Implementation and Impact*. Sterling, VA, USA: Stylus Publishing.

Campbell, D. M., Cignetti, P. B., Melenyzer, B. J., Nettles, D. H., and Wyman, R. M. (1997). *How to Develop a Professional Portfolio: A Manual for Teachers*. Boston, MA, USA: Allyn and Bacon.

Donovan, M. S., Bransford, J. D., and Pellegrino, J. W., Eds. (1999). *How People Learn: Bridging Research and Practice*. Washington, DC, USA: National Academy Press.

Glassick, C. E., Huber, M. T., and Maeroff, G. I. (1997). *Scholarship Assessed: Evaluation of the Professoriate*. San Francisco, California, USA: Jossey-Bass Publishers.

Lombari, M. M. (2007). Authentic Learning for the 21st Century: An Overview. Educause Learning Initiative. Retrieved from the internet on 9-30-10 at http://net.educause.edu/ir/library/pdf/ELI3009.pdf.

Maki, P. L. (2004). *Assessing for Learning*. Sterling, Virginia, USA: Stylus Publishing.

Michelson, E., Mandell, A., and contributors. (2004). *Portfolio Development and the Assessment of Prior Learning*. Sterling, VA, USA: Stylus Publishing.

Schön, D. A. (1984). *The Reflective Practitioner: How Professionals Think in Action*. New York, New York, USA: Basic Books.

Seldin, P., and Miller, J. E. (2008). *The Academic Portfolio: A Practical Guide to Documenting*

Teaching, Research, and Service. San Francisco, CA, USA: Jossey Bass Higher and Adult Education.

Seldin, P., Miller, J. E., and Seldin, C. A. (2010). *The Teaching Portfolio: A Practical Guide to Improved Performance and Promotion/Tenure Decisions.* San Francisco, CA, USA: Jossey Bass Higher and Adult Education.

Seldin, P., and Higgerson, M. L. (2002). *The Administrative Portfolio: A Practical Guide to Improved Administrative Performance and Personnel Decisions.* Bolton, MA, USA: Anker Publishing.

Stefani, L., Mason, R., and Pegler, C. (2007). *The Educational Potential of Portfolios: Supporting Personal Develoment and Reflective Learning.* Oxon, UK: Routledge.

Wenger, E. (2000). Communities of Practice and Social Learning Systems. Organization, 7.

Yancy, K. B. (1998). *Reflection in the Writing Classroom.* Logan, Utah, USA: Utah State University Press.

Zubizarreta, J., and Millis, B. J. (2009). *The Learning Portfolio: Reflective Practice for Improving Student Learning.* San Francisco, CA, USA: Jossey Bass Higher and Adult Education.

Zull, J. E. (2002). *The Art of Changing the Brain: Enriching the Practice of Teaching by Exploring the Biology of Learning.* Sterling, Virginia, USA: Stylus Publishing.

参考 URL

Association of American Colleges and Universities VALUE Rubrics, http://www.aacu.org/value/

AAEEBL The Association for Authentic, Experiential, and Evidence-Based Learning, http://www.aaeebl.org/

Dr. Helen Barrett's Electronic Portfolios, http://electronicportfolios.com/

Electronic Portfolios: Students, Teachers, and Life Long Learners, http://eduscapes.com/tap/topic82.htm

IMS ePortfolio Best Practice and Implementation Guide, http://www.imsglobal.org/ep/epv1p0/imsep_bestv1p0.html

Inter/National Coalition For Electronic Portfolio Research, http://ncepr.org/

第2章 eポートフォリオの普及

森本康彦

2.1 普及の難しさ——懸念される結末

　eポートフォリオを教育に活用するためには，越えなければいけない2つの壁があると言われている。そのひとつは，「導入」であり，もうひとつは「普及」である。

　「導入」についての方法論は，本書が果たすべき自明の課題であると言えるように，前章の議論から，読者の方にもイメージはつかんでいただけたのではないだろうか。つまり導入は，どのような"eポートフォリオシステム"を導入するかに依存している。これは，コストの高低はあるが，設置場所や管理母体などを考えると，大学などの機関や学部・学科などの組織が中心となり進める方法が一般的である。しかし，この「導入」になんとかこぎつけた後に待ちかまえている壁「普及」は，予想以上に大きなものであると言える。

　eポートフォリオを導入した機関等からは，次のような声が聞こえてくる。

【eポートフォリオを導入した機関で懸念される結末】
- 集めてはみたけれど……ためるだけ！
- コメント書きはしてみたけれど……コメントするだけ！
- 必要最小限のものだけが対象で，本当に意味があるのかが疑問
- 教員も学生も消極的（受け身）で，そもそも動いてくれない

　つまり，eポートフォリオは単に導入しただけではダメなのである。eポート

フォリオシステムは決して万能なマシンではなく，e ポートフォリオを効率よく管理し，使いやすくするためのツールでしかないからである．そして，e ポートフォリオも実態は単なるデジタルファイルでしかないので，"e ポートフォリオを導入したら e ポートフォリオがなんとかしてくれる"などのうまい話はあり得ないのである．

これら結末の背景には 2 つの要因が考えられる．ひとつは，そもそも利用者が e ポートフォリオの役割や良さを知らない，e ポートフォリオを継続的にどのように活用すべきかがわからない，などの e ポートフォリオに関する理解不足による問題である（本章 2.2 節に対応）．そしてもうひとつは，トップダウンによる導入アプローチの限界の問題である（本章 2.3 節に対応）．本章では，これら要因を取り除くためのヒントを読者に対して与えるべく，e ポートフォリオの普及について言及する．

2.2 今なぜ e ポートフォリオなのか再確認しよう

本節では，e ポートフォリオの役割や良さを再確認し，e ポートフォリオの何に焦点を当て，どのように活用したらいいかについて説明する．

2.2.1 教育の質向上・質保証の"エビデンス"としての役割

近年，大学教育がグローバル競争にさらされるなか，教育の質向上・質保証の必要性が叫ばれるようになった．それは，各大学が学生にどのような力量を身につけさせ，そのためにどのようなカリキュラムを用意し，それらをどのような方法で保証すべきかについての議論であった．しかし，ここにきて教育の質保証をめぐる動きは，先の「インプット」から，学生の学習成果である「アウトカム（または，ラーニングアウトカム）」へと焦点が移りつつあるといってよい[1]．

このように，学習成果に基づく教育の質向上・質保証が重要視されるなか，そのアカウンタビリティ（説明責任）をいかに果たすかが求められようになったが，その際に，その"証拠（以下，エビデンス）"の提示が不可欠になるのは当然のことであり，このエビデンスにあたるものが"e ポートフォリオ"である．つまり，今後，e ポートフォリオシステムは，まさに教育を司るシステムの中核のひ

とつになっていくと考えられる。

> 【eポートフォリオの役割①】
> eポートフォリオは，学習や成長の"エビデンス"としての役割を担う

2.2.2 学習を促進するためのツールとしての役割

〔1〕教育のパラダイム変換

近年，eポートフォリオが注目を集めるようになった背景には，学習・評価理論のパラダイム変換が大きく関係している。学習理論が，1960年代に全盛を誇った行動主義から，認知主義，構成主義，社会的構成主義へとパラダイムが変換し現在に至るなか，表2-1に示すように学習と評価に関する考え方や方法等も変化してきた[2]。

表中の行動主義，認知主義の時代においては，学校という閉じた小社会における学習指導のためにつくられた課題（学校化された課題）を用い，教師が学習者に対して絶対的な知識を伝達するための学習指導（学校化された学習）が求められていた。また，評価方法としては主に客観的能力測定法であるテストが用いられ，その結果のみが重視された。

しかし，構成主義の台頭とともに絶対的な知識観が崩壊し，学習活動や課題，評価方法等が現実的なものでなくてはならないという「真正性（authenticity）」が強調され，学習者による自律的な学習である「真正な学習」

アカウンタビリティ（説明責任）

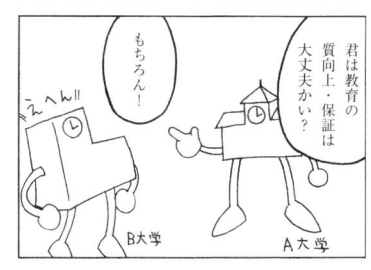

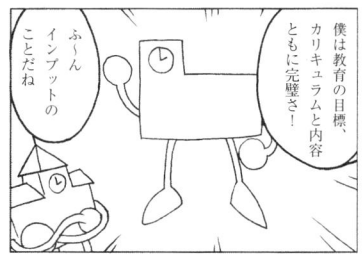

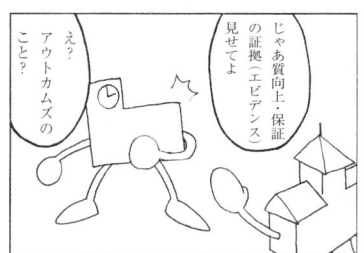

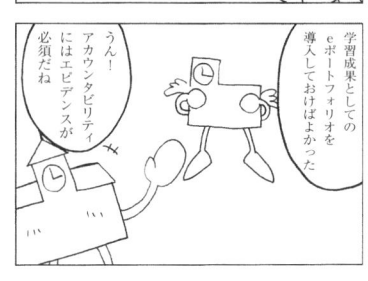

図2-1 アカウンタビリティ（説明責任）

表2-1 教育のパラダイム変換[2]

		行動主義	認知主義(情報処理的アプローチ)	構成主義	社会的構成主義
	主な理論家	スキナー	ガニエ	ピアジェ	ヴィゴツキー レイブとウェンガー
学習	特徴	学校化された学習		真正な学習	
学習	知識観	知識は普遍的に真なもの		知識はひとりひとりが自ら構成するもの	知識は社会的な営みの中で構成するもの
学習	学習観	知識伝達		学習者の事前知識から事後知識への質的な変化	学習者の事前知識から事後知識への質的な変化（共同体の社会的な営みを通した内化）
学習	主体	教師中心		学習者中心	
学習	学習者の態度	受動的		能動的・自律的	
学習	学習課題	学校化された課題		真正な課題	
学習	情報システムへの適用	CAI ティーチング・マシン	知的CAI 知的チュータリング・システム エキスパート・システム	LOGO マインドストーム	CSCL eラーニング
評価	特徴	学校化された評価		真正な評価	
評価	評価期間	ある時点		継続的	
評価	評価形態	テストの客観的な評価		学習者のパフォーマンスの主観的な評価	
評価	評価される対象	テストの点数を重視		学習活動のプロセスを通した学習成果物や記録を重視	
評価	評価のあり方	学習と切り離された評価		学習に埋め込まれた評価	
評価	評価方法	テスト		ポートフォリオ	
評価		能力測定	学習プロセス同定と診断的評価	自己評価	相互評価 他者評価

が求められるようになった[3]。

真正な学習では，必要な知識を収集・統合し適切な判断を下しながら課題解決を図る力が必要とされるが，この能力はテストだけで評価することは不可能であり，継続的に学習者の学習を多面的に評価すること（真正な評価）が求められる。また，真正な学習・評価においては，学習の中に評価が埋め込まれていることが特徴である[4]。つまり，学習者の学習のプロセスにおいて評価が学習の一部として組み込まれており，学習と評価は一体化され切り離すことはできない。

真正な評価においては，例えば学習活動のプロセスを通した継続的な学習成果物や学習履歴データ等のエビデンスを重視し，これらを用いて学習者の活動的知性としてのパフォーマンスを評価する。この際に，エビデンスとなるものがポートフォリオである。従来は，紙ベースのものが用いられていたが，1990年頃に電子化された"eポートフォリオ"が使われ始め，現在は主流となった。

【要点：教育のパラダイム変換】
- 学校化された学習 ⇒ 真正な学習
- 暗記中心の学習 ⇒ 経験による学習
- 教師中心 ⇒ 学習者（学生）中心
- 知識は与えられるもの ⇒ 知識は自ら構成するもの
- ある時点でのテストによる客観的な評価
　　　　　　　　　　　⇒ 継続的なパフォーマンスの評価

---

〔2〕eポートフォリオを活用した学習・評価とは

eポートフォリオの活用が求められる真正な学習・評価では，学習プロセスにおいて継続的に，学習者の学習の成果や成長等を引証付けるとともに，eポートフォリオを効果的に活用するための活動（以下，eポートフォリオ活動）を通していかにリフレクションを行うかが重要である[5]。

eポートフォリオ活動は，eポートフォリオを作成し収集する活動（eポートフォリオ開発）のほかに，ゴール設定（目標設定：goal setting），ルーブリック（評価基準：rubric）の作成・確認，eポートフォリオのセレクション（精選：selection），評価活動（アセスメント：assessment）から成り，その評価活動は，

表2-2 eポートフォリオ活動

活動名		説明
ゴール設定		自らの学習を見通し，ゴールを設定する。学習者は，ゴール設定を受け，学習の方略を計画したり（planning），学習プロセスの途中では，その計画を修正（revision）したりする。
ルーブリック作成・確認		学習に際してルーブリックの作成または確認を行う。ルーブリックとはパフォーマンスに基づく評価において用いられる採点指標となる評価基準表であり，学習者が作成する場合と教師など学習を誘導する者が作成する場合，共同で作成する場合がある。
セレクション		学習プロセスにおいて作成されたeポートフォリオ群の中から，学習の証拠（エビデンス）として有意味なeポートフォリオを自らが吟味し精選することによって，自らの学習プロセスおよび学習成果等を振り返り，引証付けを行う。
評価活動	自己評価	学習者自らが学習の状態を評価し，それによって得た情報によって自己を内省し，自身の学習を調整する[6]。
	相互評価	学習者同士が相互に学習プロセスや成果について評価し合う。相互評価は，学習者をより自律的にさせ，学習動機を高めたり，仲間同士が評価し合うことにより，相手の成果から学んだり自己の内省を促すことができるなど，多くの優位性が指摘されている[3]。
	教師評価他者評価	教師が評価を行う教師評価や，専門家や保護者らによる他者評価により，学習者へのフィードバックが起こり，学習者の自己評価が促される。

自己評価（セルフ・アセスメント：self-assessment），相互評価（ピア・アセスメント：peer assessment），教師評価・他者評価に分けられる（表2-2）。

　学習者は，まずゴールを設定し，ルーブリックを作成または確認する。そして，そのゴールに向かった学習成果物を作成・蓄積していく。そのプロセス内で学習者は，蓄積した学習の証拠（エビデンス）を直接用いて自己評価を行うことにより学習を振り返り，自身の学習を調整しながら学習を深めていく。また，相互評価を行うことで相手の学習成果から学んだり，教師評価・他者評価を通して学習者へのフィードバックが起こり，学習者の自己評価がさらに促される。このように，これらeポートフォリオ活動が活発に行われることに伴い，学習者自ら学習活動を振り返る機会が増加し，より多くのリフレクションが誘発される（図2-2）。

　このように，eポートフォリオを活用した学習では，学習プロセスにおいて評

図2-2 eポートフォリオ活動とリフレクションの誘発

価が学習の一部として組み込まれ一体化しており,切り離すことができない[4]。これは,評価すること自体が学習そのものであるという考え方に基づいている。

【学習と評価の一体化】
　評価(アセスメント)が学習の一部として埋め込まれており,それらは一体化され切り離すことはできない。「評価」自体が「学習」そのものである。

この学習は,従来の単なる教師主導ではなく学習者中心の学習である。つまり,教師は,専門家としての知識を提供する以外に,学習者の学習・評価活動を刺激,組織し,さらには支援を行う「支援者」,「よき相談役」としてのファシリテーターの役目を担うことが求められる。

【教師の役割】
- 専門家として知識を提供する
- ファシリテーターとして,『学習+評価』を支援する
- ファシリテーターとして,コミュニティ(学びの共同体)を構築・促進する

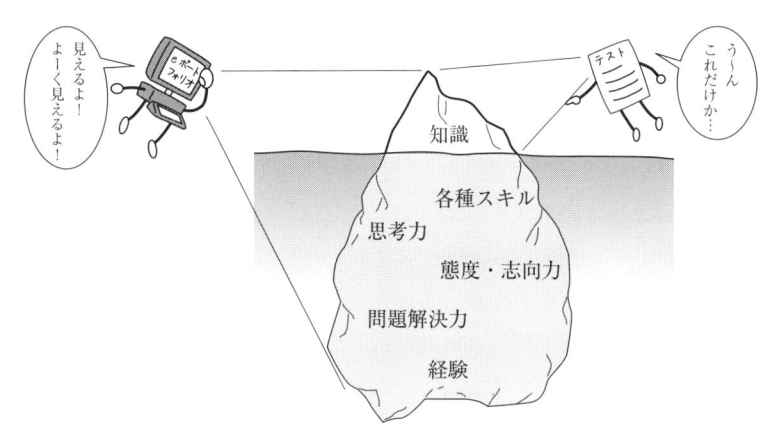

図 2-3 学習評価の氷山モデル

　また，ここで注目すべきは，自己評価，相互評価，教師評価・他者評価などの評価活動においては，客観テストにより学習者の単なる知識の測定を行うのではなく，学習者の学習プロセスを通したパフォーマンスを評価（アセスメント）することである（図 2-3，文献[7]を筆者が追記）。e ポートフォリオを活用することにより，客観テストだけでは見えにくい各種スキルや経験等を見ることができるため，学習者の学習プロセスを通した学習成果や長期的な成長の評価を可能とする。

〔3〕紙ベースのポートフォリオの限界
　紙ベースのポートフォリオは，ポートフォリオを用いた学習に不慣れな子どもたちでも比較的容易に取り組めるという利点がある。しかしながら，より深い学習へと展開しようとすると以下の問題点がネックとなる[2]。
　問題点①：一度作成したポートフォリオは編集，統合がしにくい。
　問題点②：音声や動画に対応できない。
　問題点③：量が多くなるとかさばる。保管場所のスペースが馬鹿にならない。
　問題点④：欲しいポートフォリオを探すのが一苦労。
　問題点⑤：年とともに風化する。
　問題点⑥：いちいち保管場所まで赴く必要があるため評価活動がやりにくい。
　特に，問題点⑥は，他者の目に触れる機会を極端に限定的にするため，相互評

価や他者評価の頻度が低迷することは必至となり致命的な問題点である。なぜなら，学習の振り返りの機会が制限されるため，その結果としてリフレクションの促進は期待できずに学習は停滞していくことが予想されるからである。

〔4〕eポートフォリオの最大の利点

　eポートフォリオは，電子的に扱うことが可能なため，紙ベースのポートフォリオと比較して以下の利点が存在する[2]。

　利点①：内容の再配列や編集，統合が容易に行える。
　利点②：テキストデータだけでなく，画像，音声，動画などのマルチメディアデータを扱うことができる。
　利点③：HTML形式やPDF形式，ワープロやプレゼンテーション用ソフトウェアのファイルなど，必要に応じたファイル形式への変換が容易に行える。
　利点④：多量なデータをさまざまな記憶媒体へ保存可能で，保存されたデータは劣化せず，複製も容易に行える。
　利点⑤：コンピュータネットワークを通してのアクセスが可能なため，学校内（機関内）だけでなく遠隔地の人々との相互作用が期待できる。

　ここで，利点⑤は最大の利点と言ってよい。コンピュータネットワークを介し，相互評価，他者評価などの相互作用を生かした評価活動だけでなく，自己評価までもが場所や時間帯に制限されずに容易に行うことができるため，学習の振り返りの機会が大きく増える。その結果，紙ベースのポートフォリオを用いた学習のときと比べて，爆発的に多くのリフレクションの誘発が期待できるといっても過言ではない。

　以上の議論から，eポートフォリオは，eポートフォリオ活動を通し，学習者の自律的な学習を生起させるツールとしての役割を担うことが確かめられる。

【eポートフォリオの役割②】
　eポートフォリオは，学習を促進するためのツールとしての役割を担う

2.3 教員の視点からの普及——ボトムアップ・アプローチ

2.3.1 授業等でのeポートフォリオ活用のすすめ

　eポートフォリオを単に導入しただけでは，その良さが発揮されないだけでなく，うまく機能することさえ難しい。現在，日本だけでなく欧米においても機関や組織がトップダウンでeポートフォリオシステムを導入し，その普及に努めている大学が多いが，十分に全学的に普及し活用されている大学は少ない。

　前節で述べたように，eポートフォリオには2つの大きな役割が存在する。

　役割①：eポートフォリオは，学習や成長のエビデンスとしての役割を担う。

　役割②：eポートフォリオは，学習を促進するツールとしての役割を担う。

これらの役割を認識し，効果的にeポートフォリオを活用するためには，学生と教員自身が普段の教育活動の中で主体的にeポートフォリオを学習のツールとして活用し，学習プロセスを通して継続的にそのエビデンスを蓄積しながら，さらにそれらを次の学習に生かす工夫が必要であろう。つまり，eポートフォリオは，上から使えと言われたからたまに使うというような受け身的な活用方法では全く意味がなく，学生と教員が自らeポートフォリオを活用する仕組みを構築し，そのコミュニティ（学びの共同体）を育てることが求められる。この実現のヒントは，小・中・高等学校のポートフォリオを活用した実践の中にあり，日々の授業や課外活動などの教育活動において当たり前にeポートフォリオを継続的に活用し続けることである。

　ここでは，授業等の普段の教育活動の中でeポートフォリオを使い始めることから普及を図ろうとするボトムアップ・アプローチについて紹介する（図2-4）。

　ボトムアップ・アプローチは，正課活動（授業，実習，演習，ゼミなど）と正課外活動（ボランティア，クラブ活動，インターンシップ，就職活動など）の各活動の中でeポートフォリオを活用することで，学習が促進されるだけでなく，各活動を横断した継続的な学生の学習と成長のエビデンスとして蓄積することができ，それらを全学的なさらなる活動に生かすことが可能となる。また，在学期間を通し，学生と教員同士がeポートフォリオを介してコミュニケーションを取り続けることでコミュニティが育つと期待できる。

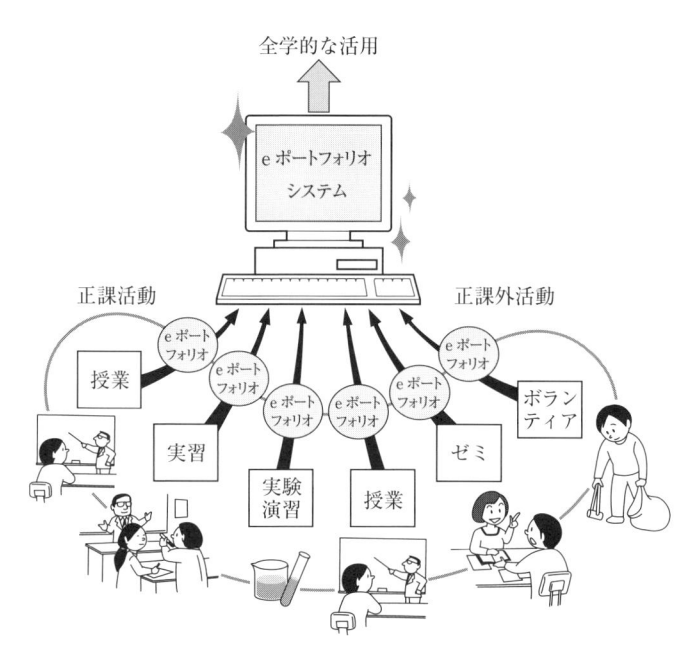

図2-4 ボトムアップ・アプローチのイメージ

2.3.2 初等中等教育の成果から学ぶ

　現在のポートフォリオの実践につながる取り組みは，1970年代にアメリカでライティングの授業において始まり[8]，最初は，小・中学校における生徒の自学自習を促す目的で使用され，草の根的に広まっていった。日本には1990年代の後半に，主に総合的な学習の時間における評価方法として紹介され知られるようになった[9]。ポートフォリオ評価に関する書籍は2000年頃を中心に多く見られ，現在では，ポートフォリオを活用した授業実践が日常的に行われている。

　小・中学校では，ポートフォリオを学習のための評価に生かし活用することで，総合的な学習の時間だけなく各教科において，単なる詰め込みではない子どもたちの主体的な経験による学習を展開している。これらはポートフォリオ評価法（portfolio assessment）と呼ばれ，その方法の原則は以下に集約される（例えば，[10][11]）。

　(1)　単元で目指そうとする目的やねらい（ゴール）のもとに収集される

　　　ポートフォリオは，ただの雑多な収集物ではなく，ゴールを見据えた子ど

も自身の学びに関するさまざまな学習成果が継続的に綴じられ収集されたものである。
(2) 評価の目安となる評価基準（ルーブリック）を用いる
　　子どもたちの発達段階や実態に応じた，かつ，学習しようとする実際の単元の内容に即した評価基準として，具体的状況に応じたルーブリックを作成し，教師の支援の方向や子ども自身の振り返りや学びの指標を明確化する。
(3) 子ども自身の振り返りに活用していく
　　子どもが自らの学びを振り返り自己評価活動を行うことで，自分の学びを"次へと進めていく"契機とする。自己評価の活動を通して，自分の学びや成長を大きくとらえることができる。
(4) 友だち同士や教師との（時には保護者も含んでの）話し合いに活用する
　　友だち同士による相互評価や，教師や保護者による対話や話し合いの場を持ち，他者の視点やコメントを取り入れることによって，自分だけではなかなか見えてこない部分についての振り返りのきっかけを与える。

ここで指摘されていることは，<u>本章前節で議論したポートフォリオのよさを生かしたオーソドックスな取り組みとも言える</u>。ここでは紙ベースのポートフォリオが主であるが，これら実践は，大学教育において，「日々のひとつひとつの活動の中でeポートフォリオを活用することで，自身の学習や成長の促進につなげる教育活動」を実現させるためのヒントになるであろう。

2.3.3　eポートフォリオ・チェックリスト

　今一度大学教育でのeポートフォリオの現状に目を向けたいと思う。現在，日本の大学教育において，eポートフォリオはまだ黎明期と言ってもいい。それゆえに，さまざまな解釈のもといろいろな姿形で利用されている。例えば，

- 学習成果物
- テスト結果のデータ
- 自己評価（セルフ・アセスメント）や相互評価（ピア・アセスメント）の記録
- 単なる学習ログ
- 履修履歴や成績，指導記録

- 資格・学歴等の履歴書
- ブログ・会議室などコミュニケーションそのもの
- コンピュータシステム，ツール

など

では，これらはすべてeポートフォリオと呼ぶことができるであろうか。eポートフォリオの要件とはなんだろうか。これまでの議論を受け，eポートフォリオの本質的な要件を満たしているかどうかのチェックリストを次に挙げてみたい。

【eポートフォリオ・チェックリスト】
□学習の証拠（エビデンス）としての役割を担う。
□学習者の客観的能力を測定するのではなく，学習者のパフォーマンスを評価する。
□評価活動（自己評価，相互評価など）を通して，次のことが促進される。
- リフレクションの誘発
- 自律的な学習の生起
- 能力開発・成長

□相互作用を促進する橋渡し役となり，コミュニティ（学びの共同体）の構築が期待できる。

2.3.4 eポートフォリオ活動モデル

ここでは，eポートフォリオシステムを使ってeポートフォリオを活用するための活動モデルを紹介する[1]。本モデルは，eポートフォリオ学習モデル（図2-5）とeポートフォリオ公開モデル（図2-6）から成る。

eポートフォリオ学習モデルは，授業等の継続する一連の学習活動内において有限回繰り返されることにより，eポートフォリオを活用した自律的な学習が生起される。学習者は，ゴール・ルーブリックの設定・確認を行った後，学習プロセスにおいて学習成果物を作成し，システムに蓄積する。その後，自己評価，相互評価，教師評価・他者評価を行い，その評価結果に応じて学習成果物の修正を行う。この際，各評価の順や行うか否かは状況に応じて変わってよい。この工程がスパイラル的に繰り返されることで，前節で説明したように，学習と評価が一

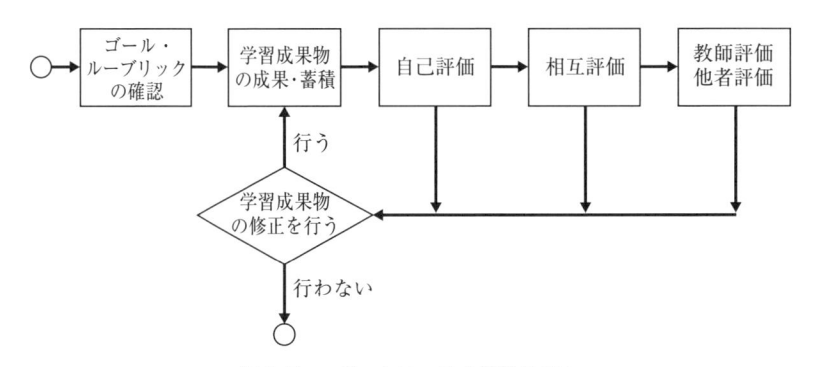

図2-5 eポートフォリオ学習モデル

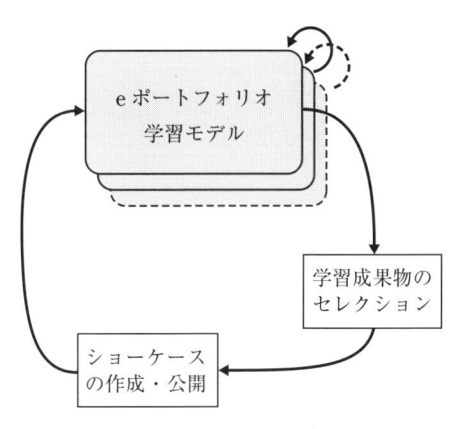

図2-6 eポートフォリオ公開モデル

体化され,学習者のリフレクションを誘発する自律的な学習の生起が期待できる。このモデル内の1サイクルの期間は不定であるが,筆者は,例えば,学習成果物としてのレポートを完成させるまで,2〜3サイクルを1〜3週間をかけて実践している。これは言うまでもなく,"レポートを作成し評価すること,さらに修正することを繰り返すこと"自体が学習そのものだという考え方に基づいている。

　eポートフォリオ学習モデルに従い学習成果物がある程度蓄積されたら,適切な時期に学習成果物のセレクションを行う。自身の学習成果物を見ながら最良な学習成果物のセレクションを行うことで,それまでの自身の学習を振り返るきっかけとなる。次に,セレクションされた学習成果物をショーケース・ポートフォ

リオとしてまとめ，必要に応じて公開する。ショーケースとは，自身でセレクションした最良の学習成果物をまとめたものであり，これをショーケース・ポートフォリオと呼ぶ。現在はウェブページの形式をとるものが多い。このショーケースポートフォリオにより，自身がいつでも学習成果や成長について振り返ることができるだけでなく，より多くの人に見て（評価して）もらうことで，相互的なコミュニケーションが促進されコミュニティが構築される。さらに，これがスパイラル的に繰り返されることでコミュニティ同士の相互作用を生かした教育ネットワークの発展につながることが期待できる。

2.4 eポートフォリオ普及のための Q&A

ここでは，eポートフォリオ普及におけるボトムアップ・アプローチの5つの代表的な事例を取り上げ，どのようにeポートフォリオを活用すべきか等について Q&A の形で解説する。

Q1） 授業の課題でシステムから提出させるレポートはeポートフォリオと言えますか？	
×	✓ 学期末などに単にテストの代わりに提出させるレポートはeポートフォリオとは言えません。 ✓ 提出しっぱなしのレポートはeポートフォリオとは言えません。 ✓ 自己評価，相互評価，教師評価などの評価活動を通した学習の振り返りや学び合いによるリフレクションの誘発が期待できないものはeポートフォリオとは言えません。
○	✓ レポートを書きながら修正していくプロセス自体が学習そのものであるという考えのもと作成されるレポートはeポートフォリオと言えます。 ✓ レポートを計画し作成・修正していくそれぞれの段階において，自己評価，相互評価，教師評価などの評価活動を介して学習者のリフレクションが誘発されるよう活用されるレポートはeポートフォリオと言えます。図2-5のeポートフォリオ学習モデルに従いeポートフォリオを活用するといいでしょう。

Q2)	ある授業後に各自の感想を会議室に書き込ませています。これは，eポートフォリオと言えますか。	
×	✓	授業後のただの感想ならeポートフォリオとは言えません。
	✓	感想が自己評価としての役割を担うか，その感想に対して教員や仲間などから何らかのフィードバックがあり，感想を書いた本人にリフレクションが誘発されなければeポートフォリオとは言えません。
○	✓	感想を書くこと自体が学習そのものである（感想を書くことが学習として組み込まれている）ならeポートフォリオと言えます。
	✓	感想を書くことにより，自身の学習の振り返りの機会が増しリフレクションが誘発される工夫があるならeポートフォリオと言えます。
	✓	この感想を書くこと，または感想の内容が，次のさらなる学習の生起につながる工夫があるならeポートフォリオと言えます。
Q3)	自分が良いと思う学習成果物をウェブページにまとめて公開しています。これは，eポートフォリオと言えますか？	
×	✓	教員側が（勝手に）良い学習成果物を選んだものはeポートフォリオとは言えません。
	✓	自分で良いと思う学習成果物を選ぼう（セレクションしよう）にもそもそも蓄積されている学習成果物の数が極端に少ないなら，あまり意味のないことだと言えます。
	✓	単なるテスト代わりの最終課題としての（作りっぱなしの）ウェブページではeポートフォリオとは言えません。
○	✓	数ある自分の学習成果物から一番良いと思うものを選ぶ（セレクションする）こと自体が振り返りの機会となりリフレクションの誘発が期待されます。これは<u>ショーケース・ポートフォリオと呼ばれるeポートフォリオです</u>。
	✓	最良の学習成果物をウェブページ等にまとめて公開することで，相互評価や他者評価の機会が提供され，eポートフォリオとしての効果的な活用の可能性が広がります。
	✓	進学や就職活動などのアピールの材料として学習成果のエビデンスを示したいときに，このeポートフォリオを活用することができます。

Q4)	日常的にSNSのブログなどを用いて仲間と交流しています。これは，eポートフォリオと言えますか？	
×	✓	"楽しい"，"仲良し"，だけのただのおしゃべりサイトではeポートフォリオとは言えません。
	✓	ただの日記を書くだけのサイトではeポートフォリオとは言えません。
	✓	ただの出会い系サイトをまねたものはeポートフォリオではありません。
	注意：ただし，意図的または偶発的なインフォーマルラーニングを想定した場合はその限りではありません。	
○	✓	例えばブログが自己評価を，仲間との交流が相互評価を想定しており，これらの活動を通して学習者のリフレクションが誘発され自律的な学習の生起がなされるならばeポートフォリオと言うことができます。
	✓	このSNS自体が，学習の履歴やエビデンスを蓄積し図2-6のeポートフォリオ公開モデルに基づく活動を支援するものならばeポートフォリオと言うことができます。
	✓	上記の2つを満たすことで，このSNSがコミュニティを構築し，教育ネットワークの起点になることが期待できます。
Q5)	ボランティアやインターンシップ，クラブ活動などの正課外での活動記録を残しています。これは，eポートフォリオと言えますか？	
×	✓	ただ何を行ったかの記録を残しているだけではeポートフォリオとは言えません。
	✓	正課外のそれぞれの活動を通して，長期的にその学生が成長／学習したプロセスが見えなければ（把握できなければ）eポートフォリオとは言えません。
○	✓	蓄積された活動記録が活用されることによって学生自身や他者の成長／学習が促進される工夫があるならばeポートフォリオと言うことができます。
	✓	正課カリキュラム内の授業等だけでなく，<u>正課外カリキュラムでの活動は，学生の成長に大きく関係する</u>とされ注目されています。正課外活動でのeポートフォリオ活用はとても重要です。

注

1) 一般的に e ポートフォリオシステムと呼ばれていないようなシステム（例えば，LMS，e ラーニングシステム，SNS，ファイル管理アプリケーションなど）でも，機能的に上記モデルに基づいた活動を行えるシステムでは同様の取り組みが可能である．

参考文献

[1] 斎藤里美・杉山憲司，"大学教育と質保証"，明石書店，2009.
[2] 森本康彦，"e ポートフォリオの理論と実際"，教育システム情報学会誌，Vol. 25，No. 2，pp. 245-263，2008.
[3] 植野真臣，"知識社会における e ラーニング"，培風館，2007.
[4] Puckett, M. B. and Black, J. K., "Authentic Assessment of the Young Child: Celebrating Development and Learning", Prince-Hall, Inc., 2000.
[5] Stefani, L., Mason, R. and Pegler, C., "The Educational Potential of e-Portfolio", Routledge, 2007.
[6] 梶田叡一，"教育評価［第 2 版］"，有斐閣双書，1993.
[7] 梶田叡一・加藤明，"実践教育評価事典"，文溪堂，2004.
[8] Hamp-Lyons, L. and Condon, W., "Assessing the PORTFOLIO", Hampton Press, Inc., 2000.
[9] 加藤幸次・安藤輝次，"総合学習のためのポートフォリオ評価"，黎明書房，1999.
[10] 寺西和子，"確かな力を育てるポートフォリオ評価の方法と実践"，黎明書房，2003.
[11] 村川雅弘，"「生きる力」を育む"ポートフォリオ評価"，ぎょうせい，2001.

第II部

eポートフォリオ
国内実践例

第3章 日本におけるeポートフォリオ活用

小川賀代

3.1 eポートフォリオ導入の背景

　初等・中等教育への「総合的な学習の時間」の導入が，中央教育審議会（文部科学省の諮問機関）に提言されたのは1996年（平成8年）であり，その後，2000年より段階的に始められ，2002年（平成14年）に学習指導要領に適用された。この「総合的な学習の時間」の評価方法としてポートフォリオが注目され，これをきっかけに，日本におけるポートフォリオの導入が本格的に始まった。初期は，紙媒体のポートフォリオを中心に広がっていったが，音声，動画などのマルチメディアで記録できるデジタル・ポートフォリオも順次進んでいった。

　しかし，日本におけるeポートフォリオ活用は，2000年以前から始まっている。名称は異なるが，ポートフォリオの機能を持った「スタディノート」は1991年より開発が進められ，1996年頃から多くの小・中学校で導入され，さまざまな教科および総合的な学習の時間において活用されている[1]。

　また，文部科学省の生涯学習分科会においても生涯学習の記録として「生涯学習パスポート」の提案が1999年（平成11年）に行われている[2]。これは，学習成果の記録を積み重ねて，キャリアを開発していくのに用いられる。さらに，学習成果の認証にも活用できるように，自己評価，第三者評価も記録できるシステムを考えており，就職の採用時に活用することを目的としている。日本生涯学習総合研究所が試験的に2002年（平成14年）に運用を開始し，現在も「生涯学習パスポート」として，地方自治の教育委員会などから手帳として配布または販

売されている．

3.2　高等教育機関での導入背景

　日本の高等教育機関において，ポートフォリオが活用され始めたのは2001年頃からである．紙媒体のポートフォリオは，関西国際大学において，学習到達度の管理と評価・エビデンスを目的として始まり，医学教育の現場においても2003年ぐらいから注目を集めてきた[3]．「e」ポートフォリオも，2001年に信州大学で，教職志望学生用としてシステム開発・活用が始まった．また，2004年には，金沢工業大学で，学ぶ意欲を引き出すための支援システムとして，eポートフォリオシステムの開発が始まった．

　高等教育機関は，初等・中等教育機関と異なり，規模，目指す方向性など多様であるため，画一的に1つのシステムを導入するのではなく，各機関にカスタマイズした形でeポートフォリオシステムの開発・運用が進んでいる．

　特に，日本の高等教育機関においてeポートフォリオの普及が促進されたのは，文部科学省が2003年（平成15年）から始めた「大学教育の充実―Good Practice―（GP）」プログラムがきっかけとなっている．これを機に，多くの高等教育機関が教育改革に乗り出し，学習到達度の的確な把握・測定のツールとして，eポートフォリオに注目し，開発，運用が進められた．

　また，教員の専門性の向上を目指した教職大学院の設置（2008年）や「教職実践演習」の導入（2008年，教育職員免許法施行規則の改正）により，教員として必要な知識技能を修得したことのエビデンスを示す必要性が出てきた．これにより，教職大学院や教育学部を中心に，教職志望学生を対象としたティーチング・ポートフォリオの導入が急速に進んだ．

　さらに，2008年（平成20年）には，中央教育審議会が「学士課程教育の構築に向けて」[4]にまとめた答申が出され，大学においては，この『学士課程答申』を指針として，教育内容の改善を図る取り組みが積極的に行われはじめた．この答申の中では，学士課程教育の維持・質の向上に向けた改革として，「学位授与の方針」（ディプロマ・ポリシー），「教育課程編成・実施の方針」（カリキュラム・ポリシー），そして「入学者受入れの方針」（アドミッション・ポリシー）

の3つの方針を明確に示すことが挙げられている。これを受け，2011年4月1日をもって「学校教育法施行規則」等が改正され，「3つの方針」の公表の義務化にまで至った。この改革の中枢といえる「3つの方針」に沿った改善・取り組みの中で，特に「ディプロマ・ポリシー」と「カリキュラム・ポリシー」を支援するツールとしてeポートフォリオが注目され，導入に拍車がかかっている。

3.3 高等教育機関での活用状況

前節までで述べてきたように，社会的な要請を受け，eポートフォリオがツールの1つとして注目され，導入が進んでいることがうかがえる。すでに，各機関の特徴を生かし，効果的なeポートフォリオ活用を進めている高等教育機関がある。ポートフォリオの活用の分類は第I部第1章にもあるように，対象や目的に応じて分類することができる。しかし，1つのeポートフォリオシステムで複数の目的に対応していることが多いため，容易に分類できない。そこで，本書では，すでに導入されている日本のeポートフォリオ活用を，導入規模の切り口で3つに分類することとする。2011年10月現在，筆者が確認できている導入・実施機関を表3-1にまとめる。

「授業」単位での導入は，意欲ある教員が個人の授業において積極的に行っており，システム開発も教員自身が行っているケースが多い。小・中学校の総合的

表3-1 eポートフォリオ導入事例

授業単位		名城大学，電気通信大学，東京学芸大学，富士常葉大学，Fレックス　他
学部・専攻単位	教育・保育	信州大学，兵庫教育大学，奈良教育大学，金沢大学，秋田大学，慶應義塾大学，愛媛大学，中部学院大学，奈良佐保短期大学，北海道教育大学，東京学芸大学，岡山大学，鳴海教育大学　他
	医療	島根県立大学，大阪医科大学，東京大学医学部付属病院，名古屋大学医学部付属病院　他
	学部・専攻	熊本大学，日本女子大学，鎌倉女子大学，青山学院大学，法政大学　他
大学単位		関西国際大学，金沢工業大学，帝塚山大学，大手前大学，山形大学，東洋大学，三重大学，弘前大学，熊本大学　他

＊下線は本書で活用事例を紹介している大学

な学習の時間での使用例は，このケースに分類できる。第Ⅰ部第 1 章の「ポートフォリオ活用の目的」の分類では，ラーニング・ポートフォリオが中心である。アセスメント・ポートフォリオも取り入れている機関もある。

「学部・専攻」単位での導入は，日本の高等教育機関において，一番多い事例である。細分類の「教育・保育」「医療」からもわかるように，専門職養成系に e ポートフォリオが活用されている。「学部・専攻」に分類されている熊本大学，青山学院大学は，e ラーニング人材養成コース内で活用されており，専門職養成といえる。これらは，比較的最近設立された大学院やコースであり，カリキュラムと到達目標の対応は明確となっている。このため，ルーブリックの作成も容易で，学習到達度の把握や次の目標設定がしやすいケースであるといえる。専門職養成においては，修得能力の可視化が求められ，e ポートフォリオは，エビデンスとしての役割も果たす。また，必要とされる能力の修得過程および評価においても，e ポートフォリオは必要不可欠であるといえる。

「学部・専攻」の他の事例は，キャリア形成支援目的に導入されている。昨今の産業構造・就業構造の変化に伴う，厳しい雇用状況の背景を受け，2011 年（平成 23 年）4 月より大学において「社会的・職業的自立に向けた指導など（キャリアガイダンス）」の実施が義務化された。この中で，「社会的・職業的自立，社会・職業への円滑な移行に必要な力」の育成が求められている。このような能力は，これまでのテストでは評価することは不可能であり，能力育成および評価に e ポートフォリオが注目されている。今後，活用事例が増えていくと予想される。e ポートフォリオのキャリア支援への活用は，「学部・専攻」の事例以外に，「大学単位」の事例である金沢工業大学でも行われている。

これらの活用事例を第Ⅰ部第 1 章の「ポートフォリオ活用の目的」の分類で示すと，アセスメント・ポートフォリオに該当する。各機関が，それぞれの特徴を生かしているため，1 つの目的ではなく，アセスメント・ポートフォリオを中核に，ラーニング・ポートフォリオ，プレゼンテーション・ポートフォリオ，部分的に共有ポートフォリオを組み込んだ複合的な機能を有した e ポートフォリオシステムを構築している。

「大学」単位での導入は，評価項目（学習達成度）と全カリキュラムが対応づけできている機関が多い。『学士課程答申』の内容を先取りして実施している機

関といえる．また，すでに紙媒体で実施していた大学や，単科大学，新設大学，全学的に組織編成をした大学なども，導入が進んでいる．北米や欧州などの代表的な事例は，この種類に多く分類される．第Ⅰ部第1章の「ポートフォリオ活用の目的」の分類で示すと，アセスメント・ポートフォリオ，プレゼンテーション・ポートフォリオ，ラーニング・ポートフォリオを融合したシステムが主流であるといえる．各機関が，それぞれの特徴を生かしており，PDP（personal development portfolio）の一部，部分的な共有ポートフォリオを含んだシステムも構築されている．

いずれの場合も，強いリーダーシップ（トップダウンやプロジェクトの採択など）のもと，各機関の特徴を生かし，明確な方向性を持って進めている機関が運用実績を積み上げている．

本書では，これらの分類にそって，先駆的に運用を始めている，特徴のある取り組みについて紹介する．

3.4 eポートフォリオ活用の発展に向けて

3.3節では，児童・生徒・学生の利用が中心のポートフォリオ活用について述べてきたが，第Ⅰ部第1章にもあるように，eポートフォリオの利用者はこれらに限らない．

文部科学省の指導により，2007年には大学院，2008年より大学・短期大学・高等専門学校においてもファカルティ・ディベロップメント（FD）が義務化された．これを受け，教職員を対象としたティーチング・ポートフォリオの開発，活用が始まっている．実施するにあたり，授業内容・方法を改善し向上させるためのツールとしてeポートフォリオの活用が注目されており，ティーチング・ポートフォリオ用のシステム開発も京都大学を中心に進められている（第Ⅲ部第12章参照）．

さらに，最近では，LMSと統合されたeポートフォリオシステム，SNSと一体化させたeポートフォリオシステムも開発され[5]，さまざまな高等教育機関において，個性的な活用方法の導入も始まっている．

日本におけるeポートフォリオは，黎明期を卒業し発展期に入ろうとしている．

表3-2　日本におけるeポートフォリオの活用

年	eポートフォリオの導入動向	社会動向
1991	スタディノートの開発開始	
1996	初等教育機関においてスタディノートの導入開始	
1999	生涯学習パスポートの提案	
2000		総合的な学習の時間が段階的に開始
2001	高等教育機関においてポートフォリオ，eポートフォリオの導入開始　　　　　〔信州大学〕	
2002	生涯学習パスポート試験運用開始	初等・中等教育において「総合的な学習の時間」開始
2003	医学分野においてポートフォリオの導入開始	「大学教育の充実―Good Practice―（GP）」プログラム開始
2004	〔金沢工業大学〕	
2006	〔日本女子大学〕	
2007		大学院のFD義務化
2008	〔名城大学〕〔兵庫教育大学〕〔帝塚山大学〕	教職大学院の設置「教育実習演習」の導入決定 大学・短期大学・高等専門学校のFD義務化
2009	〔熊本大学〕〔京都大学〕	
2011		「3つの方針」（ディプロマ・ポリシー，カリキュラム・ポリシー，アドミッション・ポリシー）公表の義務化

＊表中の大学名は本書で活用事例を紹介しているシステムの導入開始年を表す

　社会の動向に背中を押される形で導入が広がっていき，万能ツールのようにもとらえられている。しかし，一時のはやりで終わらず，本当に日本の教育分野においてeポートフォリオが根づくためには，改めてeポートフォリオによって得られる効果，eポートフォリオで何ができるのかを問い直す時期にきているのではないだろうか。日本におけるeポートフォリオ活用は，始まったばかりであり，これからさらなる教育効果を発揮していくことが期待される。次章以降で取り上

げる活用事例は，eポートフォリオの導入経緯の背景を含めて紹介されている．今後の新規導入，システム改良，運用にあたっての参考になれば幸いである．

参考文献
[1] 余田義彦，"生きる力を育てるデジタルポートフォリオ学習と評価"，高陵社書店，2001.
[2] 文部科学省，"学習の成果を幅広く生かす―生涯学習の成果を生かすための方策について―（答申）"，生涯学習審議会，1999. http://www.mext.go.jp/b_menu/shingi/12/shougai/toushin/990601.htm
[3] "〔特集〕ポートフォリオで変わる医学教育"，週刊医学界新聞，第2544号，医学書院，2003. http://www.igaku-shoin.co.jp/nwsppr/n2003dir/n2544dir/n2544_01.htm
[4] 文部科学省，"学士課程教育の構築に向けて（答申）"，中央教育審議会，2008. http://www.mext.go.jp/component/b_menu/shingi/toushin/__icsFiles/afieldfile/2008/12/26/1217067_001.pdf
[5] Fレックス（文部科学省戦略的大学連携支援事業），http://f-leccs.jp/

第4章

PBL学習におけるポートフォリオ活用
――名城大学の事例

中島英博

4.1 はじめに

4.1.1 本章の位置づけ

　近年，日本においても，eポートフォリオを大学教育において活用する事例が，多数見られるようになった。Lorenzo and Ittelson[1] によれば，eポートフォリオは，個人，グループ，組織の単位で，特定の活動に関する成果や資料を，電子的な複合媒体（マルチメディア）で収集し記録したものであり，個人による活動の振り返りとともに，他者との情報交換やフィードバックを促すものである。米国の大学教育の文脈では，学生相談や就職準備に活用する学生ポートフォリオがよく活用されているようだが，教員の教育理念と授業実践を教員間で共有するための授業ポートフォリオ，大学全体や教育プログラム単位での自己点検や認証評価に活用する機関ポートフォリオを活用する事例も多い。さらには，こうした異なる目的で作成されたポートフォリオを，電子媒体で収集し，学生ポートフォリオや授業ポートフォリオを個人や授業単位で閉じたものとせず，組織的な活用が可能となるeポートフォリオに関する事例が増えている。

　本章では，個別授業内において，学生が自らの学習過程と成果を記録し，振り返るために作成した学習ポートフォリオ活用の実践事例について示す。今日のeポートフォリオ活用の関心は，機関単位や学部・学科単位等の組織的活用にあるが，本章では1人の教員が1科目の授業の中で実践できる範囲に注目する。本章で示す事例は，上述の分類における学生ポートフォリオに近く，表4-1の左上

表4-1 作成主体別にみたポートフォリオで収集される情報

活動の範囲 \ 作成の主体	学生	教員	機関・組織
授業	学習過程，学習成果，個人の成績など（本章の位置）	シラバス，教材，成績，アンケート結果など	単位取得者数，学業成績，授業満足度など
教育課程単位	上に加えて，履修歴，成績など	—	カリキュラム点検記録，FD記録など
教育課程外	上に加えて，資格，課外活動，就職実績など	上に加えて研究業績，社会貢献実績，学内業務実績など	機関・組織の基礎情報一般

欄，個別授業内の学生の活動を対象としたものである。すなわち，ポートフォリオの利用としては，もっともミクロな領域における活用と言える。また，本章で示す実践は，特別なポートフォリオ作成用のソフトウェア等を使用したものではなく，汎用のコース管理システムであるMoodleを利用したものである。ただし，後に示すようにポートフォリオ作成に求められる機能はきわめて単純なものであり，Moodle以外にも同様の機能を備えたコース管理システムは多数ある。多くの大学にコース管理システムが用意されている今日では，どのシステムを利用するかは本質的な問題ではない。以下では，Moodleを利用する中で学生が授業の進行に従って蓄積した，学習に関するさまざまな成果と省察をポートフォリオとして活用する事例を紹介する。

4.1.2 個別授業でポートフォリオを活用する理由

　大学教育の中で早い段階からポートフォリオを活用した分野のひとつは，医学教育である。医師という専門職の養成を使命とする教育機関では，国家試験等に合格できる知識や技能を備えた人材育成のみならず，職業に就いた後も，生涯を通じて省察的に自己学習できる専門職（Reflective Practitioner）の育成が求められている。そのため，臨床実習などを中心に，実習内容を省察し，そこから自ら今後の学習課題を見出して，具体的な学習計画の設定や学習行動を起こすための工夫がされてきた。図4-1は，三重大学医学部において5年生の実習参加者向けに用意された，実習日誌記録用の様式（Daily Log）である。ここでは，(1)

図4-1 三重大学医学部で使用された Daily Log

今日新しく経験したこと・気づいたこと，(2) 今日うまくいかなかったこと・失敗したこと，(3) 今の気持ち・感想，(4) 今後学びたい内容・願望，という4点を記入することを促している。

実際のDaily Logには，呼吸器をつけた患者と出会い筆談をしたこと，往診に行く患者の病気の名称を聞くことを忘れたこと，実習指導医師の熱意や表情を見たり，患者さんと楽しそうに会話する指導医師を見て目標とする医師像を確認することなど，さまざまなことが記録される。日誌であるDaily Logには，学生の学習内容，獲得した手技などの学習成果と，継続的な省察が時系列で組織化・構造化されることになり，ポートフォリオとして活用することが可能になる。

この例では，臨床実習という職業上の現実課題に直面する授業であるため，Daily Logがポートフォリオとして活用される場面が容易に理解できるだろう。本章の試みは，これを教室での学習に拡張することを意図したものである。個別授業でポートフォリオを活用する理由は，授業に参加する学生の学習観を，知識は教師から伝達されるものという認知主義的な学習観から，知識はひとりひとり

が自ら構成するものという構成主義的な学習観へ転換させたいという意図にある。医学部の臨床実習は「Authentic Learning」という特徴を元来的に備えているが，教室における授業においては，教員の意図的な設計がなければ，そこでの学習活動はいわゆる「学校化された学習」に陥りやすい。授業におけるポートフォリオ活用とは，学生の学習観の転換のためであり，学習観転換への挑戦を抜きにしたポートフォリオ活用はあり得ない。本章の実践も，そうした意図の下に取り組まれたものである。

4.2 実践の背景

4.2.1 実践授業の概要

　本章で紹介する授業の概要は，次のとおりである。授業名は名城大学で開講された「情報活用リテラシー」であり，大学1年次を対象とした情報処理の入門科目である。参加する学生は，全員が文系の同一学部の学生であり，1クラス35名が割り当てられた。教室は情報演習室を配当され，学生個人が占有して使用できるデスクトップPCを備えた教室である。対象学生は，高等学校において情報の教科を必修で履修しているため，PCの電源投入やキーボード・マウスを用いた基本的なPC操作については，習得済みである。

　本授業の学部カリキュラム上の位置づけは，大学における学習・研究活動の基礎となる情報処理能力を獲得することにある。しかし，従来の同名科目では，ワープロや表計算などのソフトウェアの操作方法を習得する内容を扱うにとどまっていた。こうした単純な技能を獲得するだけの授業では，専門教育へ進んだ後の学習・研究活動との接続が弱く，情報リテラシー教育において十分とは言い難い。英国では，国立大学図書館協会（SCONUL）[2]が，情報リテラシーの7領域（Seven Pillars of Information Literacy）を示し，学士課程教育の中で卒業研究を遂行するうえで必要不可欠なスキルのセットを指導することを各大学に要請している。このスキルセットには，情報の収集・アクセス，情報の比較・検討・評価，情報の整理・保存・加工，情報の活用・発信と，それらを支える図書館活用スキルとITスキルが含まれる。こうした将来の卒業研究の遂行に資する能力の獲得が，今日の大学初年次における情報リテラシー教育に求められている。

本実践では授業のカリキュラム上の位置づけに従い，従来の授業内容との整合性を保ちながら，2年次以降の教育との接続を考慮し，コンピュータを活用した問題解決に取り組めるよう授業の設計を工夫した。具体的な授業目標は，(1) 問題解決に必要な学習資源を自ら探索・収集し，適切な学習資源を選択して学習することができる，(2) 既存の知への敬意を払ったうえで，自分の主張の論理的な展開に必要な，客観的な根拠を作成・提示することができる，(3) 表計算ソフトを用いて，数値データの集計・加工と，効果的なグラフ作成を行うことができる，(4) 文章やデータから必要な情報を取り出し，論拠として活用することができる，(5) プレゼンテーションソフトを用いて，視覚効果が高く，聴衆の参加を促す発表を行うことができる，(6) 上の5点について，仲間と協力し，仲間の意見を聞き，チームで高い成果へ到達することに貢献できる，という6点を設定した。

4.2.2　PBL授業におけるポートフォリオ活用

　このような授業の前提条件があるため，本実践では，授業の目標到達に必要な技能を直接指導せず，簡単な問題に取り組む中で学生が自ら必要な技能を選択して習得するという，問題中心型の学習（Problem-based Learning，以下PBL）ができるよう授業の設計を工夫した。PBLは，実際の職業上の課題に近い問題に取り組むことを通じて，問題の解決に必要な知識を自ら探して学習し，問題の解決を試みる学習方法である。学生中心の学習方法であるため，能動的な学習を促し，生涯学習の技能・態度を形成するという長所がある。

　PBLは，Barrows[3]に代表されるように，医学教育において症例学習や模擬診断を学生中心型の授業として行う方法論として提案され，現在多くの国の医学教育で取り入られている。工学教育ではこれを応用して，製品の設計や開発に従事する具体的なプロジェクトに学生が参加し，その過程で直面する問題の解決に必要な内容を学習する教授法として，プロジェクト型の学習（Project-based Learning）が取り入れられている。こうしたプロジェクト型の学習は，現在ほとんどの専門分野で取り入れられていると言ってもよいだろう。実際に，プロジェクト型の学習を教育上の特色と位置づける大学は着実に増えている[4][5]。これは，学生がプロジェクトを経験することで，専門分野の知識に加えて，自ら学習課題を設定する力や他者と協働する力の獲得が期待でき，いわゆる「学士力」

や「社会人基礎力」の育成につながると考えられるためであろう。

　ただし，このような PBL 授業の成否は，(1) 学生が既知の情報を持ち寄り，グループの学習課題を設定し，(2) 学習課題に取り組むための学習資源を自ら選定し，(3) 自己学習を行う，という 3 点の設計にある。米国やカナダでは医学教育は成人教育でもあることから，こうした PBL 授業が早くから開発・普及してきた経緯がある。そして，成人教育では，そこでの学習活動の促進と評価に有用なツールとして，学習ポートフォリオの活用が推奨されている[6]。しかしながら，高等学校卒業と同時に医学部へ入学可能な日本においては，学生が職業場面における複雑な課題よりも，正解が 1 つに決まる受験型の知識に関心が向いてしまい，同じ医学部であっても米国のような学生中心の授業が成立しにくいと指摘する教員もいる。自ずとポートフォリオ活用も困難となり，「何を書いたらよいかわからない」や「自分の気持ちを書いたらどう評価されるか不安だ」と訴える学生が続出することになる。学生のほとんどが職業経験や社会問題への関心を持たず，PBL 授業の前提条件を満たさない状況下では，致し方ない一面である。さらに，文系学部のような卒業後の進路が多様であり，職業訓練としてではなく，学問分野の体系に基づいてカリキュラムが設計されている学部においては，一層の困難が予想される。

　このような前提を確認したうえで，本実践では授業の課題に若干の工夫を加え，個別授業における学習ポートフォリオの活用を試みることにする。

4.2.3　PBL の設計

　本実践では，職業上の課題を提示して問題解決に取り組むものではないが，文系の学生が論文やレポートを作成し発表するうえで直面する標準的な作業を課題化した PBL 型の授業に取り組んだ。学生は 3 名 1 組のグループ単位で活動することを基本とし，2 回から 4 回分の授業を通じて取り組む課題を教員が提示し，その成果を報告することとした。

　学生が行う学習活動の流れの一例を示したものが，図 4-2 である。Moodle 上に学生が取り組む課題とその関連資料を掲載し，ある時点から学生が閲覧できるよう，可視状態に設定する。学生は必要な資料を入手し，個人またはグループ単位で課題に取り組む。その過程で必要に応じ，教員の用意したオンラインテキス

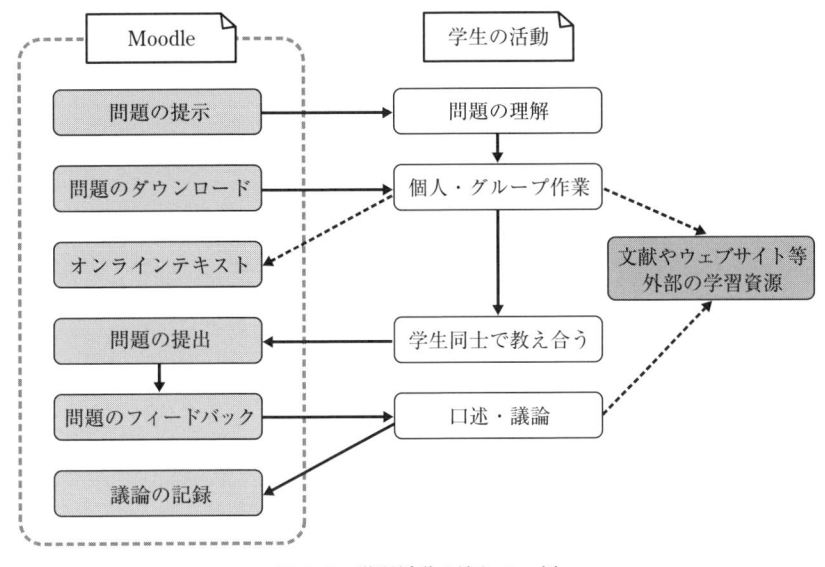

図 4-2 学習活動の流れの一例

トや，自ら探した学習資源を用いて回答の準備をする。作業の結果を Moodle へ記録した後，教員は個人またはクラス全体へ作業結果の確認を行い，その内容に関する簡単な口頭試問やディスカッションを行う。学生は一連の成果を振り返り，個人の学習記録を作成する。

　PBL 型の授業では，学習内容を教員が講義・指導するものではなく，教員の役割は問題の提示と学生の主体的学習の支援である。学生は問題への解答を作成するために，自分たちに不足する知識や技能を話し合い，それらを自ら探した学習資源を活用して学習し，成果にまとめる。そのため，学生が自らの学習の過程を振り返り，成果を確認できるための仕組みとしてポートフォリオを活用した。本実践では，学生が提出した提出物と，毎回の授業終了時に作成する「振り返りコメント」をポートフォリオと呼んだ。

　本実践では，ポートフォリオの作成にあたっては，ポートフォリオ作成用の特別なソフトウェアを使用せず，コース管理システムのひとつである Moodle 内で，学生の学習活動を振り返り記録する機能を用いて運用した。Moodle はオープンソースのコース管理システムのひとつであり，教員側からは教材等の提示，学生

側からは課題の提出，フォーラムでのディスカッション，オンラインテストの受験などが行える[7][8]。

4.3 授業実践

4.3.1 Moodle を用いた授業

　図 4-3 は，学生が Moodle にログインし，本実践のコースにアクセスしたはじめの画面である。学生はこの画面を起点として，学習活動の記録や課題の提出を行う。3 段組の中央部分が，毎回の授業計画を表示するとともに，授業のコンテンツを表示する部分である。学生はここを見ることで，授業全体の進行を俯瞰し，現在地を確認するとともに，これまでの授業で行った活動を追跡することができる。授業終了後は，この基本画面全体が，教員と学生の共有する 1 つのポートフォリオとなる。図 4-4 は，本実践の授業計画部分を示したものである。

　本授業中に学生が取り組む課題にはいくつかのタイプがあり，それらの Moodle 内での記録方法にもいくつかの方法を組み合わせて使用した。まず，個人またはグループで作業した結果を，グループ内およびクラス全体で共有する際には，「フォーラム」と呼ばれる掲示板を利用した。フォーラムは，クラスの全員が投稿を閲覧できるものと，特定のグループのメンバーのみが閲覧できるものを，教

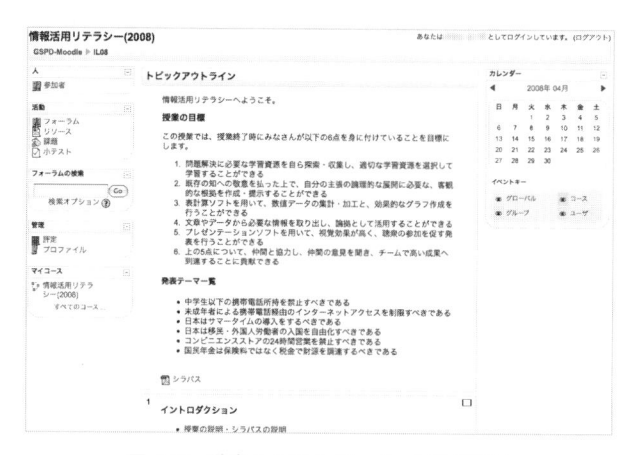

図 4-3　学生から見た Moodle の基本画面

員が任意に設置でき，また，任意の形式のファイルを添付することが可能である。図4-5は，表計算ソフトを用いて取り組む課題を個人単位で行ってフォーラムへ提出した画面を示したものである。この課題はデータの解釈の仕方によって複数の回答方法がある課題であり，提出した直後に数名の提出物をクラス全体へ提示し，教員が解説する活動を行っている。一方，図4-6は，プレゼンテーションを準備する過程において，個人が集めた資料をグループ内で共有するためにフォー

図4-4 授業の実施計画とその記録

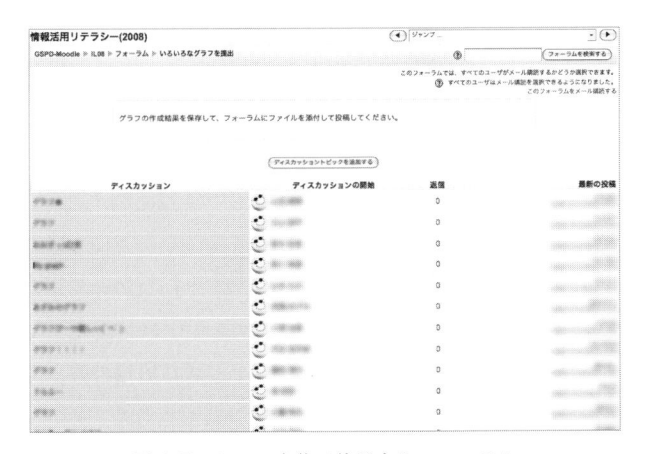

図4-5 クラス全体で使用するフォーラム

4.3 授業実践　59

図 4-6　グループ内で使用するフォーラム

ラムを利用した画面を示している。これにより，グループのメンバーは，授業時間外に考えたことを記録して授業に望むことができるうえ，他の学生がどのような作業を行っているかを把握することができ，クラス内での作業が効率的になる。

　一方，ソフトウェアの使用方法などの技能的な能力の確認のために，個人単位で取り組む課題も行っており，これらは「課題」や「小テスト」といった教員のみが閲覧できる機能を利用した（図 4-7）。課題には，オンラインで文章を書き込むものと，あらかじめ用意した任意の形式のファイルを提出するものがある。小テストは，教員が事前に Moodle 上に作成した問題をオンラインで回答するもので，選択問題や記述問題が作成可能である。

4.3.2　学習記録としてのポートフォリオ

　上で示したように，授業で使用する資料と学生の学習活動の記録を Moodle 上にまとめることで，自然とポートフォリオが作成されることになる。図 4-3 の基本画面のように，Moodle では左側の列に授業で使用するツールが，常にまとめて表示されている。この中の，「フォーラム」というリンクをたどると，これまでに使用したフォーラムの一覧が表示され，それぞれの項目のリンク先には，提出したファイルやグループメンバーの学習記録が表示される（図 4-8）。一方で，基本画面の中の「評定」は，個人単位で取り組んだ課題の一覧と，その評定や教

図4-7　課題・小テストの提出画面

員からのフィードバックがある場合はそれらがまとめて表示される。それぞれの項目のリンク先には，学生自身が提出した課題が表示される（図4-9）。これらは，学生にとっては学習活動の過程と成果を記録した一覧であり，ポートフォリオとして利用が可能である。

　これらの授業の記録は，学生自身の授業の振り返りに利用した。学生には，毎回の授業の終了時に，また，授業の最終回終了時に，図4-8および図4-9の画面を見たうえで，「この授業で学んだこと」と「これから学ぶべきこと」の2点について振り返るよう求め，その他授業の感想があれば併せて自由に書いてもらうようにした。これは，学生本人と教員のみが閲覧できればよいため，Moodle内の「日誌」を利用した。図4-10は，学生が作成した振り返りの記録を示したものである。この日誌の作成画面では，標準的なブラウザでは，HTMLエディタを利用することができるためハイパーリンクなどの挿入も容易であり，学生は個性を生かして充実した振り返り記録を作成していた。

図4-8 利用フォーラムの一覧

図4-9 評定の一覧

4.3.3 学習における振り返りの重要性

　教員が一方的に講義をするのではなく，学生にある程度学習の主導権を渡す際には，学生自身が自らの学習を記録して振り返る機会を設けることが重要である。これは，大人の学習者として自分の学習を自己評価する習慣を形成するうえでも重要である。本実践では，大学1年生を対象としているため，これまで主体的な学習習慣が未確立な学生であっても，学習の振り返りの際に学習記録の閲覧を促し，そのうえで振り返りを書いてもらうという作業を用意した。Moodle を用いることで，学習の記録は授業の進行とともにほぼ自動的に蓄積されるため，学生はその整理に時間をかけることなく，振り返りの記入に移行できた。表4-2 は，

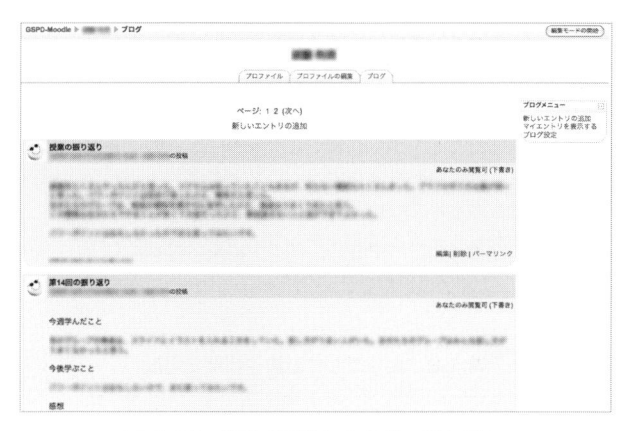

図 4-10 学生が記述した授業の振り返り

このようにして作成した振り返りについて，授業の終了時にアンケートを行って意見を求め，出されたものをまとめたものである。これを見ると，自分の学習過程を思い出したり振り返ることに対する肯定的な意見が多いと考えてよいだろう。

表 4-3 は，毎回の授業で「日誌」内に記録された文字数をカウントした結果をまとめたものである。振り返りの記述は，授業のスタート時は多く，授業の中盤で少し下がる傾向があるものの，授業の終了時には最も多くなる傾向が見られる。ただし，1 人あたり文字数は学生数で割った平均であり，個別の学生を見ると豊富な記述をする学生がいる一方で，薄い記述にとどまる学生がいるなど，一定のばらつきがある。しかしながら，授業期間を通じて，学生は毎回平均約 224 字程度の振り返りを記述しており，一定程度の授業の目的を達成できたと考えられる。

ただし，この振り返りによって，学生の満足度が向上したか，あるいは，学生の学習到達度が向上したかを測定することはできていない。このような形式の授業の導入前と導入後での比較が必要であるが，異なる年度間でこうしたデータを整合的に得ることができなかったためである。また，PBL 型の課題を設定していることから，授業開始前の事前テストと修了後の事後テストの実施も難しい。ただし，クラス全体の平均素点は，導入前の 2006 年が 76 点，2007 年が 78 点，導入後の 2008 年が 79 点，2009 年が 87 点という傾向がある。若干の増加傾向があるといえるが，有意な差とはいえず，評価対象の課題の変化，教員側の授業への習熟，参加者のレディネスの変化など，本来統制しなければならない要因も多

表4-2 授業の振り返りに対する代表的な意見

- はじめは何を書いていいのかわからなかったが，毎回毎回その日に何をしたのかを思い出せると思う。(他11件の類似回答)
- グループの作業は，やったことをすぐ忘れてしまうので，そのとき疑問に思ったことを振り返りに書いておくことで課題がやりやすかったと思います。(他7件の類似回答)
- 振り返ることで充実感もあるのでいいと思う。(他6件の類似回答)
- 先生からのアドバイスがもらえるとよかった。(他3件の類似回答)
- 他の人の振り返りも見てみたい。(他3件の類似回答)

表4-3 振り返りに記録された文字数

授業回数	振り返り文字数	1人あたり文字数
1	8,562	245
2	7,936	227
3	7,694	220
4	7,449	213
5	6,354	182
6	6,594	188
7	8,028	229
8	7,240	207
9	7,735	221
10	7,268	208
11	6,798	194
12	8,010	229
13	8,755	250
14	11,230	321

く，実践の効果を評価するには至っていない。

　授業終了後の意見を見るかぎりでは，学生自身に自らの学習の振り返りを記述してもらうことで，自らの学習活動をメタな視点からとらえる試みは，一定の効果があったと考えられる。それを支える要因に，Moodleの操作性も関わっていると考えられる。図4-11は，Moodleによる学習の記録と共有，課題の提出，振り返りの作成の操作性についてアンケートで尋ねた結果をまとめたものである。ほとんどの学生が操作性については高い評価をしていることがわかる。

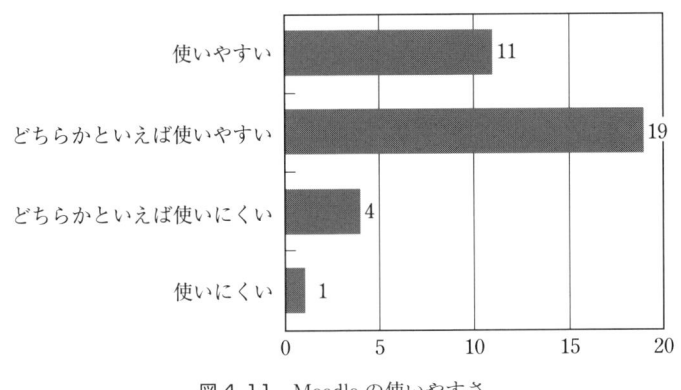

```
使いやすい                    11
どちらかといえば使いやすい      19
どちらかといえば使いにくい      4
使いにくい                    1
         0    5    10   15   20
```

図4-11　Moodle の使いやすさ

4.4　おわりに

　本章では，授業単位で学生が作成するポートフォリオを用いた授業実践事例について示した。本実践では，ポートフォリオを学生中心の学習における学習の自己評価を促すための仕掛けと位置づけ，Moodle の基本的な機能を活用してそれを実現した。本実践では，教員が授業設計を工夫することにより，個別授業単位でのポートフォリオ活用は，比較的容易であることを示した。ただし，授業全体が学生中心の学習を促すよう設計されている必要がある。学生中心の学習においては，学習の記録と振り返りが重要であり，本実践では既存のコース管理システムを用いるだけでも，機能の使い方を工夫するだけで，ポートフォリオとして活用できることを示した。

　しかし，本実践で示したポートフォリオは，学習記録の一覧性の面でやや劣る。また，Moodle では，教材や学習成果などの記録は授業単位で行われ，ユーザ単位で記録を閲覧することができない。そのため，個別の学生から見ると，複数の授業科目を含めた学習記録の一覧性に欠ける。今後，複数の授業でこうした授業が実践されるようになった場合，専用のシステムの活用を検討する必要がある。現在利用されているいくつかの e ポートフォリオシステムでは，こうした機能が強化されている。さらに，ポートフォリオを学生同士で交換したり，コメントを付けるなどの活動は，Moodle の機能では困難であり，本実践でも取り入れることができなかった。カリキュラム全体で，学生の学習を中心にした授業が行われ

るようになる段階では，e ポートフォリオシステム自体の検討が必要になるだろう。

　本章では，ポートフォリオ活用の前提となる授業設計の視点を重視してきた。今後，我が国の高等教育において e ポートフォリオの活用を進めるためには，教員側の学習観や授業観の転換が不可欠である。すなわち，現状ではこうした授業改善の努力は個別の教員に委ねられているが，組織的な e ポートフォリオ活用には，課程単位・カリキュラム単位での見直しが不可欠である。一部の教員のみが活用する現状から脱却するためにも，継続的な組織開発が今後一層重要になるだろう。

【付記】本稿は平成 21 年 6 月に提出したもので，文中の科目名称・内容・表現等はその時点のものであることをお断りしておく。その後，多くの教員が授業単位でもポートフォリオの活用を進めており，多数の優れた実践が発表されており，参照されたい。

参考文献

[1] Lorenzo, G. and Ittelson, J., "An Overview of E-Portfolios", EDUCAUSE Learning Initiative, ELI Paper 1, July 2005.
[2] SCONUL Advisory Committee on Information Literacy, "Information skills in higher education", The Society of College, National and University Libraries, 1999.
[3] Barrows, H., "The Tutorial Process", Revised Edition, Southern Illinois University School of Medicine, 1988.
[4] 文部科学省，"特色ある大学教育支援プログラム事例集（平成 18 年度版）"，財団法人大学基準協会，2006.
[5] 文部科学省，"特色ある大学教育支援プログラム事例集（平成 19 年度版）"，財団法人大学基準協会，2007.
[6] Duch, B., Groh, S. and Allen, D., "The Power of Problem-based Learning", Stylus Publishing, 2001.
[7] 井上博樹・奥村晴彦・中田平，"Moodle 入門——オープンソースで構築する e ラーニングシステム"，海文堂出版，2006.
[8] 喜多敏博・中野裕司，"オープンソース e ラーニングプラットフォーム Moodle の機能と活用例"「情報処理」，Vol. 49, No. 9, 2008, pp. 1044-1049.
[9] 中央教育審議会 "学士課程教育の構築に向けて"，平成 20 年 3 月 25 日.
[10] 森本康彦，"e ポートフォリオの理論と実際"「教育システム情報学会誌」，Vol. 25, No. 2, 2008, pp. 245-263.

第5章

教職大学院における
eポートフォリオシステムの開発と活用
——兵庫教育大学教職大学院の事例

永田智子・森山 潤・吉水裕也

5.1 はじめに

　兵庫教育大学は，主として現職教員の学校教育に関する高度の研究・研鑽の機会を確保する大学院修士課程と，初等教育教員を養成する学部を有する新構想の教員養成大学として昭和53年10月に創設された「教員のための大学」である。さらに平成20年4月，理論と実践を融合し高度の専門的な能力および優れた資質を有する教員養成を目的とした教職大学院が全国で開設されることに伴い，本学においても大学院学校教育研究科に専門職学位課程（教職大学院）教育実践高度化専攻が新設された。兵庫教育大学教職大学院（教育実践高度化専攻）は，「学校経営コース」「授業実践リーダーコース」「心の教育実践コース」「小学校教員養成特別コース」の4つのコースからなり，1学年定員100名，専任教員45名という全国最大規模の教職大学院となっている。教職大学院では実践的な指導力の強化を図る観点から，実習やフィールドワークが重視されており，本学教職大学院でもコースごとに異なる実習が複数用意されている（表5-1）。

　表5-1に示すとおり，大人数の大学院生が履修する実習は多種多様であり，長期にわたる実習も少なくない。大学院生は，理論と実践を融合させるため，講義や実習で得た多くの知識や情報を散逸させないよう体系的に蓄積し，振り返りを通して教員としての知を再構成していかねばならない。また大学院生の指導には，教職大学院の複数の教員・職員と実習先の指導教員（メンター）が複雑に関わる。大学院生にとっては，自分が何を課題とし，現在どこで何を学んでいるかを関係

表5-1 兵庫教育大学教職大学院実習一覧

コース（定員）	実習
学校経営コース（20）	・学校経営専門職インターンシップ ・教育行政専門職インターンシップ
授業実践リーダーコース（30）	・メンタリング実習 ・教育実践研究開発プロジェクト実習 ・教育実践改善研究実習
心の教育実践コース（20）	・心の教育実地研究Ⅰ ・心の教育実地研究Ⅱ ・心の教育実地研究Ⅲ
小学校教員養成特別コース（30）	・実地研究Ⅰ ・実地研究Ⅱ ・インターンシップ

者に理解してもらい，適切な支援・指導を受けられるようにすることも必要である。こうした課題を解決する方策として，兵庫教育大学教職大学院ではeポートフォリオを開発・活用することとなった。

5.2 システムの概要

兵庫教育大学教職大学院におけるeポートフォリオは，(1) 大学院生の学びの蓄積と振り返りの促進，(2) 多様な参加者の円滑なコミュニケーションの促進，を主たる目的として開発された。

従来型の実習日誌・実習記録では，実習期間中の書き込み・閲覧は大学院生とメンターに限定され，大学教員や大学院生仲間が閲覧できるのは実習後にならざるをえず，タイムラグが生じる。また，従来型の実習日誌・実習記録では，文字で記述された以外の情報を知ることは難しい。さらに教職大学院の実習は，複数の種類でかつ長期間に渡るため，記録されるデータ量は膨大な量となり，データの検索や再利用は難しくなる。また実習に関する連絡は密に行わなければならないが，日中授業等で多忙なメンターと大学教員，大学院生の三者が直接対面や電話で頻繁に連絡を取り合うことは現実的に難しい。

eポートフォリオは，これまでの実習日誌・実習記録の問題点を克服し，実習

等の履歴を動画や静止画など多様な形式の資料とともに電子的に記録・保存したり，インターネットでの閲覧・コメント書き込みを可能にしたり，データの検索や再利用を容易にするものである。また電子掲示板を併設することで，時間的空間的制約にとらわれないコミュニケーションを可能とする。

5.2.1　開発コンセプト

　兵庫教育大学教職大学院ではeポートフォリオの活用により多様な効果を期待している（図5-1）。まず，eポートフォリオの作成を通して，多様な形式の情報を一元的に整理することで大学院生は自分の実習を客観視することになり，教員の成長に不可欠なリフレクションが促進される。また，インターネットを通して，大学教員やメンターが，担当大学院生の学びの様子をいつでもどこからでも閲覧・書き込みできるので，適切な時期に指導をしたり議論をしたりすることが可能となる。また大学院生間で相互のeポートフォリオを参照しあうことで，学びあいや励ましあいも期待できる。動画や静止画など実際の授業や子どもの様子を

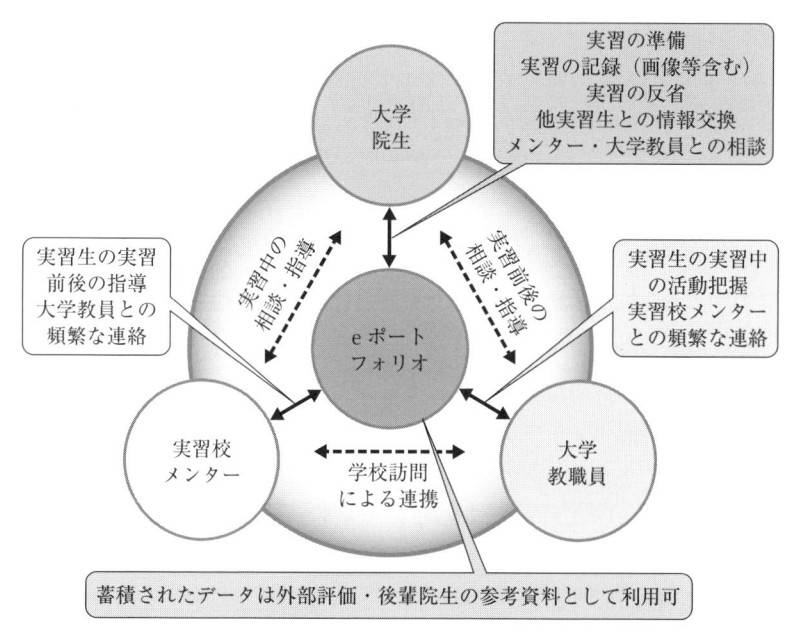

図5-1　教職大学院eポートフォリオシステムの役割

含めることもできるため，文字では表現されなかった情報を読み取ることがきる。こうして蓄積された記録は，大学院生の教師としての成長や能力を，つまり教職大学院における学習成果を，具体的なデータによって外部関係者に示すことを可能にしたり，後輩たちの参考資料にしたりできる。また，併設される院生・大学教員・メンターの合同会議室（電子掲示板）で，実習関連の連絡調整等も時間を気にすることなく行うことができる。eポートフォリオの参加者は大学院生，大学教員，大学職員，メンターである。個人情報の流出等に配慮するため，本システムは全学統合認証システム（LDAP）に登録されているユーザのみが参加できるようになっている。学外者であるメンターは本システムに個別登録され，本システム側で認証処理が行われる。参加者の種類によって利用可能な機能が異なるが，紙幅の都合上，本章では大学院生向け機能を中心に紹介する。

5.2.2　学びの蓄積と振り返り支援

　大学院生向け機能には，(a)「お知らせ」，(b)「私のサイト」，(c)「書庫」，(d)「みんなのサイト」，(e)「会議室」，(f)「しゃべり場」，(g)「集大成データベース」がある（図5-2, 図5-3）。学びの蓄積と振り返りは，主として（b)「私のサイト」で行う。(b)「私のサイト」はさらに「私のサイト管理」「プロフィール」「実習校情報」「学びの課題」「学びの過程」「学びの結果」「学びの集大成」からなる。

　教職大学院の大学院生は，教員としての経験も実力も異なることから，統一の目標を定めることは難しく，最終目標や実習課題は大学教員と相談しながら自らが設定する。大学院生は自ら設定した最終目標や実習課題を「学びの課題」に記述し，それに応じた学習のプロセスを，「学びの過程」に記録していく。「学びの過程」には，実習を含めた学習の記録を記事として投稿する（以降，大学院生本人による投稿を「記事」とする）。「学びの過程」は，テキストだけでなく，動画や静止画などさまざまな形式の添付ファイルを付けることができるブログのようなシステム（図5-4）で，(d)「みんなのサイト」を通して，他の参加者が記事を閲覧し，それにコメントすることが可能である（以降，記事に対する返信等を「コメント」とする）。この相互閲覧・コメント機能によって，大学院生同士の学び合い，大学教員やメンターからの指導が期待される。

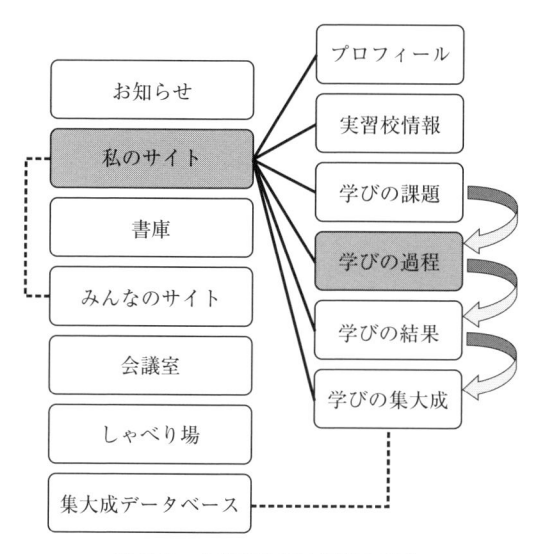

図 5-2　大学院生向け機能の構成

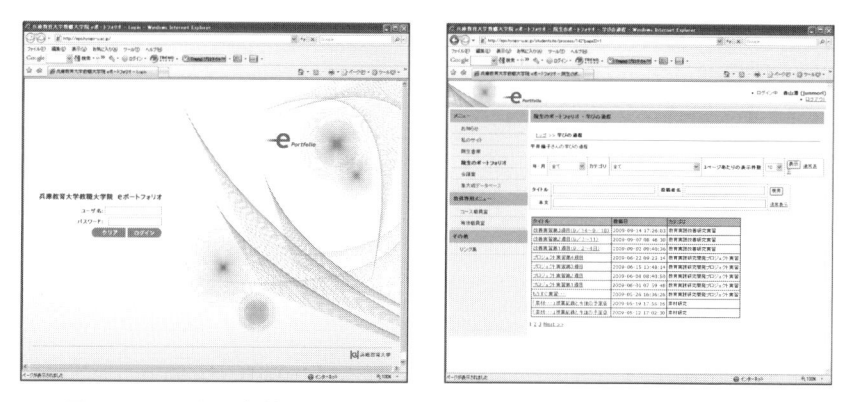

図 5-3　ログイン画面とログイン後ページのデザイン（大学院生ユーザの場合）

　「学びの結果」は個々の実習の成果であるレポートや報告書等を，「学びの集大成」は最終報告書を，大学教員に提出することができるファイル共有の機能である。「学びの集大成」はデータベースに蓄積され，(g)「集大成データベース」を利用して，修了生や後輩院生らが検索・閲覧し，活用することができる。

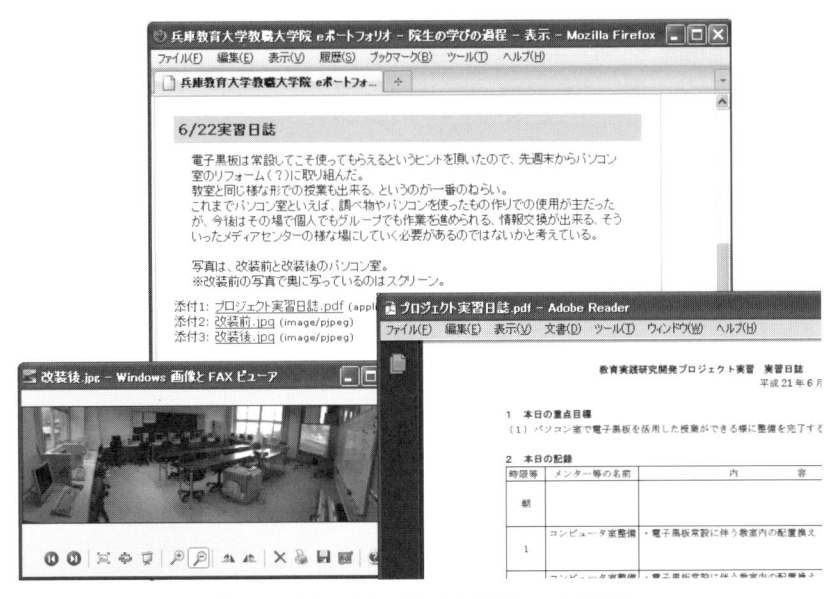

図5-4 院生による「学びの過程」への投稿例

5.2.3 コミュニケーション支援

多様な参加者のコミュニケーションのために，(a)「お知らせ」，(d)「みんなのサイト」，(e)「会議室」，(f)「しゃべり場」が用意されている。

(a)「お知らせ」は，教職大学院と教育現場との橋渡しをする教職大学院研究・推進センターの職員等やシステム管理者から全ユーザ向けに発信されるニュースである。(e)「会議室」はコースのメンバー全員が参加できる電子掲示板であり，主としてキャンパスでの講義や演習，ゼミ活動等に関する情報を交換・共有するメイン会議室と，各実習科目別に情報を交換・共有する個別の会議室とが設置されている。メイン会議室には，授業科目やゼミ別にスレッドを立ち上げることができ，課題やレポートの提出先としても利用できる。一方，(f)「しゃべり場」はコースの院生だけが参加できる電子掲示板である。システム管理者を除き，メンターユーザや教員ユーザ，職員ユーザは使用することができない。大学院同士の気楽なコミュニケーションの場，人間関係づくりの場として設置されている。

5.2.4　電子メール（携帯電話）との連携

　教育実習では，実習校の情報環境によって，時として本システムへのアクセスが制限される可能性が考えられる。そこで本システムでは，「お知らせ」や「会議室」「学びの過程」等に新規投稿がなされたとき，その内容が大学院生があらかじめ登録した電子メールアドレス宛に転送されるようにした。また，システムの指定する電子メールアドレス宛に携帯電話からメールを送信することによって，大学院生が自分の「学びの過程」に記事を投稿することができる。これによって，情報共有の確実性を高めるとともに，実習校の情報環境に依存せず，学びの過程を蓄積することができる（図5-5）。

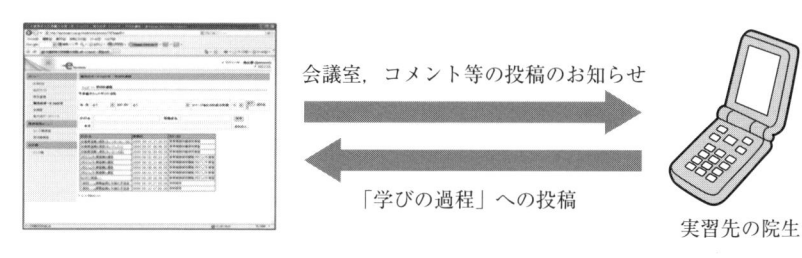

図5-5　電子メール（携帯電話）との連携

5.2.5　その他の機能

　上記の機能のほかに，本システムの利便性を向上させるために，カレンダー機能と登録型リンク集機能が設置されている。

　カレンダー機能には，教育実習や実習校との打ち合わせ等に関するスケジュールが書き込まれる。これによって各大学院生の重要な予定を指導教員等と共有できるほか，実習校との連携を図る教職大学院研究・推進センターでは，各院生の実習関連スケジュールを一括して把握することができる。登録型リンク集機能は，コース管理者が登録したウェブサイトへのリンク集である。文献検索のためのデータベースやインターネット上にあるさまざまなおすすめリソースへのアクセスを容易にしている。

5.3 活用状況

　教職大学院4コースのうち，授業実践リーダーコースにおいて2008年12月半ばより試行運用を，2009年4月より本格運用を開始した。登録者は2009年8月時点で，2008年度入学者19名，2009年度入学者17名，大学教員13名，メンター4名である。運用開始にあたって，授業実践リーダーコースでは，まず大学院生および大学教員向けの使用説明会を実施した。大学院生には，自身の「学びの課題」を書き込むとともに，少なくとも1週間に1回はどのような研究をしているのかを「学びの過程」に記録するよう教示した。また研究だけでなく講義に関することなど自由に書き込みをしてよい旨を伝えた。

5.3.1 投稿件数の推移

　試行運用が始まった2008年12月から2009年7月にかけての投稿件数をグラフに表したものが図5-6である。この図を見るとピークが3回来ていることがわかる。

　第一のピークは試行開始時の2008年12月である。使用説明会時に練習で記事やコメントの投稿を行ったことに加え，初頭効果もあって，投稿件数が多くなったと思われる。書き込み内容は，大学院生各自の研究に関するものが多かった。

　第二のピークは2009年2月である。これは年度末になり，講義で出された課題を，各自の「学びの過程」に記事に添付して投稿するよう指示が出たことによる。課題を出した大学教員も時折このディスカッションに参加していた。

　試行運用中は大学院生平均1週間に1回ペースの投稿にとどまり，コメントも少なく，eポートフォリオは十分に活用されたとは言い難い状況であった。これは大学院生たちが講義等で大学教員や大学院生仲間らと直接対面でのコミュニケーションを行っており，わざわざeポートフォリオでコミュニケーションする必然性を感じていなかったためと思われる。しかし，本格運用が始まった4月から徐々に投稿数が多くなり，6月に第三かつ最大のピークが来た。これは試行期間中とは違い，大学院生たちが全国各地に実習にでかけ，大学に顔を出せなくなった時期と一致している。

図5-6　月別投稿件数

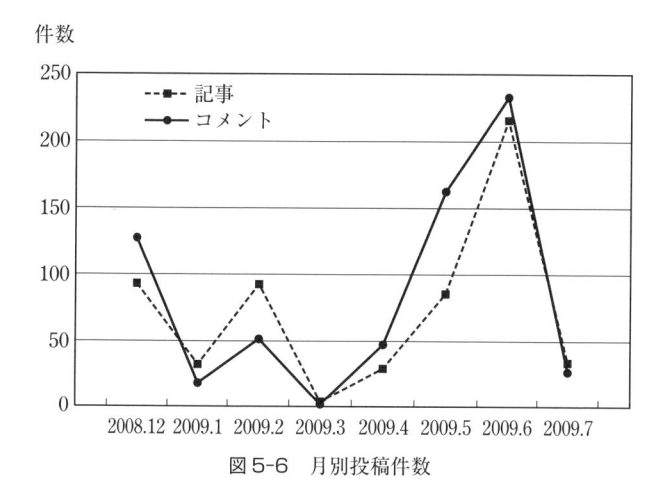

5.3.2　投稿内容の分析

　試用期間（1年次後期：2008年12月～2009年3月）と本格運用期間（2年次前期：2009年4月～7月）中に投稿された記事，コメントの記述内容を分析した。JustSystem社のTRUSTIA 2.0を用いてテキストマイニングした結果，試用期間中の総記事数199件では，1記事あたりの最大文字数は931文字，平均文字数は126文字であった。教育実習を含む本格運用期間中の総記事数1,397件では，1記事あたりの最大文字数は965文字，平均文字数は145文字となり，1回に投稿される記事の文字数に顕著な差は認められなかった。

　投稿内容に対して，学習者レスポンス分析を行った。この分析は，記事に使用されている動詞句に着目し，「理解」（学習内容の理解に関わる反応），「洞察」（学習内容と自己との相対的な関連性に関わる反応），「感情」（学習に対する感情や情意に関わる反応），「感覚」（自己評価の表象に関わる反応）の4つのカテゴリから学習者の反応を把握するものである。その結果を図5-7，図5-8に示す。

　試用期間では，大学院生の投稿内容では，「理解」「洞察」「感情」に該当する投稿が多く，「感覚」に該当する投稿は少なかった。大学教員による投稿内容では，「洞察」に該当する投稿が最も多く，「感情」に該当する投稿も認められた。しかし，「理解」や「感覚」に該当する投稿は少なかった。カテゴリ×投稿量のχ^2検定の結果，各カテゴリにおける投稿量の比率に有意なばらつきが見られた

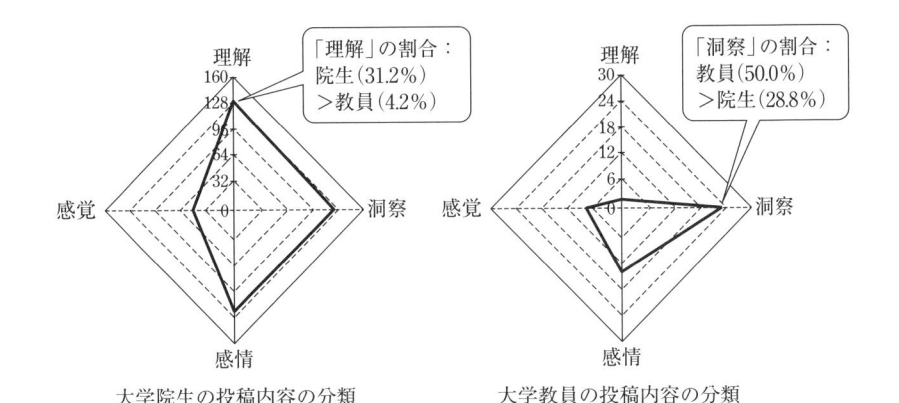

図5-7　試用期間中における投稿内容に対する学習者レスポンス分析

「理解」の割合：
院生(31.2%)
＞教員(4.2%)

「洞察」の割合：
教員(50.0%)
＞院生(28.8%)

大学院生の投稿内容の分類　　大学教員の投稿内容の分類

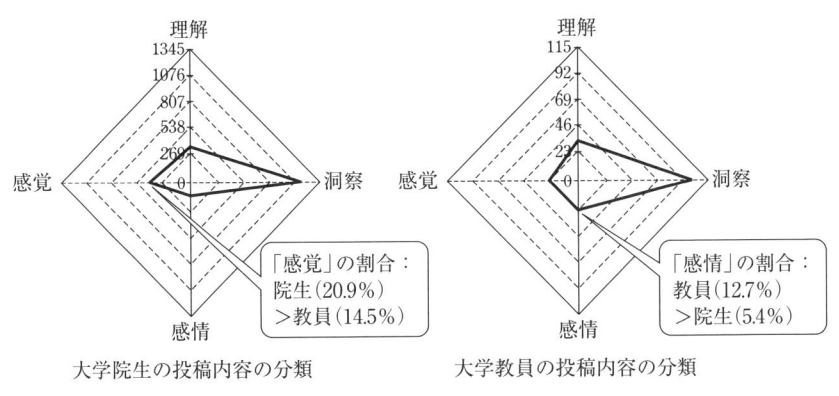

図5-8　本格運用期間中における投稿内容に対する学習者レスポンス分析

「感覚」の割合：
院生(20.9%)
＞教員(14.5%)

「感情」の割合：
教員(12.7%)
＞院生(5.4%)

大学院生の投稿内容の分類　　大学教員の投稿内容の分類

($\chi^2(3) = 18.13$, $p<.01$)。残差分析の結果,「理解」に該当する投稿は大学院生の方が大学教員よりも有意に多く,「洞察」に該当する投稿は大学教員の方が大学院生よりも有意に多くなった。このことから,キャンパスでの学習を中心とする試用期間では,大学院生は自分が学習して理解したことを中心に投稿し,大学教員は大学院生の理解したことに対してさらなる洞察を促すコメントを中心に投稿していたのではないかと考えられる。

　一方,本格運用期間では,試用期間に比べて大学院生の「洞察」に該当する投稿量が顕著に増加し,「理解」に該当する投稿量が顕著に減少した。大学教員で

は,「洞察」に該当する投稿量の比率に変化は見られないが,「理解」に該当する比率が試用期間中に比べて相対的に増加した。このことから,教育実習を主とする本格運用期間では,大学院生が自己の臨床的な実践経験を振り返った洞察を中心に投稿し,大学教員がその実践経験や洞察の過程を理解しようとするコメントを中心に投稿していたのではないかと考えられる。本格運用期間中でのカテゴリ×投稿量の χ^2 検定の結果,各カテゴリにおける投稿量の比率に有意なばらつきが見られた ($\chi^2(3) = 17.76$, $p<.01$)。残差分析の結果,「感覚」に該当する投稿量は大学院生の方が大学教員よりも有意に多く,「感情」に該当する投稿量は大学教員の方が大学院生よりも有意に多くなった。このことから,大学院生は教育実習の中で自己評価の表象に関わる反応を強く示したのに対して,大学教員は教育実習中の大学院生に対する励ましや共感など,感情や情意に関わる反応を示していたのではないかと考えられる。

5.3.3 システムに対する大学院生の意識

試用期間・本格運用期間を終えた2009年8月半ばに,本システムを利用した大学院2年生に対して,5段階尺度評定と自由記述からなるアンケート調査を実施した(有効回答18名,94.7%)。回答者の内訳は,現職14名—非現職(ストレート)4名であった。集計結果は表5-2のとおりである。

「振り返りに役立つ」(72.2%),「思考伝達に役立つ」(72.2%),「デザインに好感」(61.1%)の3項目において「とても」または「少し」などの肯定的な回答率が高くなった。一方,「操作がわかりにくい」(61.1%),「難しい」(61.1%)の2項目については,「あまり」または「まったく」などの否定的な回答率が高くなった。こうした結果は自由記述からもうかがえた。「他の院生の研究の進み具合を知ることができ,自分の研究の位置を把握するのに役立つ。また学びの履歴となっているので,見返したときに自分を振り返ることができる」などと大学院生仲間との学びや振り返りを好意的に評価する記述が見られた。これらのことから大学院生は,本システムの使用が学習の振り返りや思考の伝達に有効であるととらえるとともに,本システムのデザインに好感を持ち,操作上の難しさをほとんど感じていないことが示唆された。しかし,「課題検討に役立つ」「成長実感に役立つ」の2項目では「ふつう」とする回答が50.0%,44.4%となり,肯定的な

表5-2 大学院生のeポートフォリオシステムに対する意識

	「とても」または「少し」		「ふつう」		「あまり」または「まったく」	
	人数	割合	人数	割合	人数	割合
3-1　デザインに好感	11	<u>61.1%</u>	6	33.3%	1	5.6%
3-2　操作わかりにくい	2	11.1%	5	27.8%	11	<u>61.1%</u>
3-3　楽しい	1	5.6%	12	<u>66.7%</u>	5	27.8%
3-4　難しい	2	11.1%	5	27.8%	11	<u>61.1%</u>
3-5　振り返りに役立つ	13	<u>72.2%</u>	2	11.1%	3	16.7%
3-6　課題検討に役立つ	5	27.8%	9	50.0%	4	22.2%
3-7　成長実感に役立つ	6	33.3%	8	44.4%	4	22.2%
3-8　思考伝達に役立つ	13	<u>72.2%</u>	1	5.6%	4	22.2%
3-9　指導してもらうのに役立つ	9	50.0%	3	16.7%	6	33.3%
3-10　今後の積極使用	9	50.0%	7	38.9%	2	11.1%

＊アンダーライン：当該回答の割合が60.0％以上のもの

評価は多くなかった。約半年という短期間での運用では，長期的な展望の下での学びの深まりを実感するには至っていないと考えられる。

5.4　今後の課題

　今後はeポートフォリオの活用を通して大学院生に，継続的な学習の振り返りを蓄積させ，先を見据えた課題の検討や自己の成長を実感させられるよう，大学教員やメンターからの指導・助言，大学院生同士の意見交換を活性化させることが重要である。

謝辞
　兵庫教育大学eポートフォリオの実装およびデータ収集にご協力いただきました（株）エミットジャパンに感謝いたします。

第6章

Sakai CLE/OSP を利用した学習ポートフォリオシステム
── 熊本大学大学院教授システム学専攻における活用実践

松葉龍一・宮崎　誠・中野裕司

6.1　序

　遠隔学習のみにより卒業や修了が可能なインターネット大学・大学院では，学習者支援は非常に重要であり，それらは，人的サポートとシステム的サポートの両面が有機的に相まってなされなくてはならない。システム面を考えると，学習者が自身の学習進捗状況を絶えず確認でき，到達目標や学習計画の達成状況等を常に意識できる仕組み，学習者の状況に応じて個々に情報提供される機能などは必須であろう。しかし，既存の学習管理システム（LMS：Learning Management System）では，授業科目を中心とした学習環境の提供や情報管理に主眼が置かれており，個々の学習者に応じた十分な学習支援環境が提供されているとは残念ながら言い難い。学習コンテンツ，学習者，教員等を授業科目ごとに登録・管理することはLMSの必須機能であることから，授業科目ごとの管理が中心となることは仕方のないことかもしれない。

　熊本大学大学院教授システム学専攻では[1]，上記のような，既存のLMS利用だけでは実現が難しい機能を補完するために，学習者支援ポータルとして，教授システム学専攻ポータルを構築し運用している[2]。本専攻では，海外の先行事例調査等を参考に，eラーニング専門家として修得すべき素養を分析し，修了者に求めるコンピテンシーの策定と，前提科目やコンピテンシーと科目内容の関連性を明確にしたカリキュラム編成や授業設計を行っている[3]。これに沿って，本専攻生の学習環境の入口である教授システム学専攻ポータルの設計と実装を行

った．加えて，本専攻における FD（Faculty Development）と自己評価メカニズムを開発済みである学習の進捗管理システムへの統合を図ることで，学修成果物を電子的に蓄積・管理する「e ポートフォリオ」の設計も可能になった．現在，学習者個々の学修データの LMS からの集積とコンピテンシーごとの振り分けの自動化，学習者や教員による相互コメントや新着情報，ショーケース作成用ウィザードの提供等，リフレクションや自己アピールへの活用を可能にする学習ポートフォリオの構築を進めている[4][1]．

本章では，本専攻の学習ポートフォリオシステムが持つ機能や，LMS とのデータ連携システム等について，活用事例と合わせて紹介する．

6.2 Sakai CLE/OSP をカスタマイズした学習ポートフォリオシステムの構築

教授システム学専攻における学習ポートフォリオは，次の2つを利用目的として，設計・構築されている．(1) レポートや発表論文などの学修成果物を電子的に蓄積・管理し，学習の達成状況の確認や自己・相互評価において利用する（ワークスペース・ポートフォリオ），(2) 蓄積した学修成果物を整理し，他者への公開と自己アピールのツールとして利用する（ショーケース・ポートフォリオ）．図 6-1 に，本専攻生の学習ポートフォリオ利用のイメージを示した．本専攻生は，入学前に実施されるオリエンテーション科目において，学習ポートフォリオの利用を開始し，入学後には，科目履修，学修進捗に合わせて継続的に利用する．オリエンテーション科目とは，すべての科目を遠隔学習のみで実施する学習形態に慣れ，開講時点で学習を円滑に開始できるようにするために提供している準備科目であり，学習ポートフォリオの利用方法の習得も学習内容に組み入れてある．学習者は，ゴールステートメント，リフレクションペーパー，自己紹介ウェブページ，CV（略歴）の作成を行い，学習ポートフォリオに登録することで，学修成果物の蓄積と管理を継続的に行うことへの動機付けを行い，それらを公開し，入学後に繰り返し確認することで，自身の入学目的とゴールの確認と学習意欲の維持を図っている[5]．

学習ポートフォリオ開発にあたり，まず，インストラクショナル・デザイナ，システム開発・プログラム担当者によるシステム与件の洗い出しとベースシステ

```
┌──────────────┐┌────────────────────────────────┐
│ 入学前（3月） ││        1年前期                  │
└──────────────┘└────────────────────────────────┘
┌──────────────────────────────────────────────────┐
│              学習ポートフォリオ                    │
└──────────────────────────────────────────────────┘
```

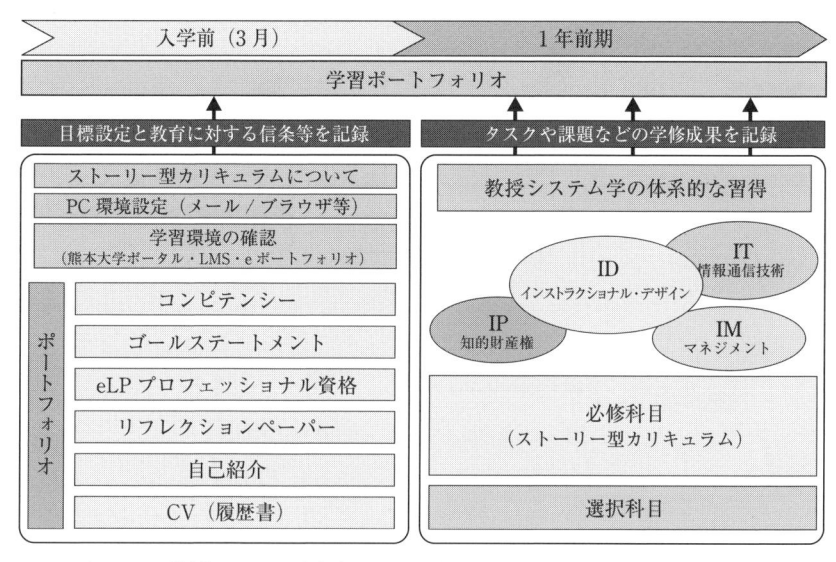

図6-1　教授システム学専攻における学習ポートフォリオの利用イメージ

ムの選定が行われた。学習者とシステム管理者双方の利便性を考えた場合，コンテンツ更新やユーザ管理などの操作を，基本的には，ウェブブラウザのみを利用して容易に行えることが望ましい。また，学習ポートフォリオシステムが，レポートや発表論文等の学修成果物を電子的に蓄積，管理していくことに加えて，学習者のさまざまな学習活動と密接にリンクしていくことを考えた場合，ログオン操作の煩雑性をさけ，eポートフォリオシステムへの繰り返しアクセスのしやすさを確保する意味から，SSO（Single Sign-On）対応も必須事項であると考えた。本学では，CAS（Central Authentication Service）を利用したSSO環境を構築済みであり[6]，CAS対応であれば，図6-2に示すように，全学的に利用している商用LMS，本専攻で実習用に利用しているMoodleや他のウェブアプリケーションと再認証なしにシームレスな行き来が可能になる[7][8]。加えて，システム全体のカスタマイズが大幅に可能であること，ユーザやグループによる各種の制限，情報の公開・非公開等のアクセス管理を学習者が自由に設定できること等々を考慮した場合，導入当時，およそこれらの条件を満たす選択肢として，Sakai CLE（Sakai Collaboration and Learning Environment）を採用するに至った[9]。

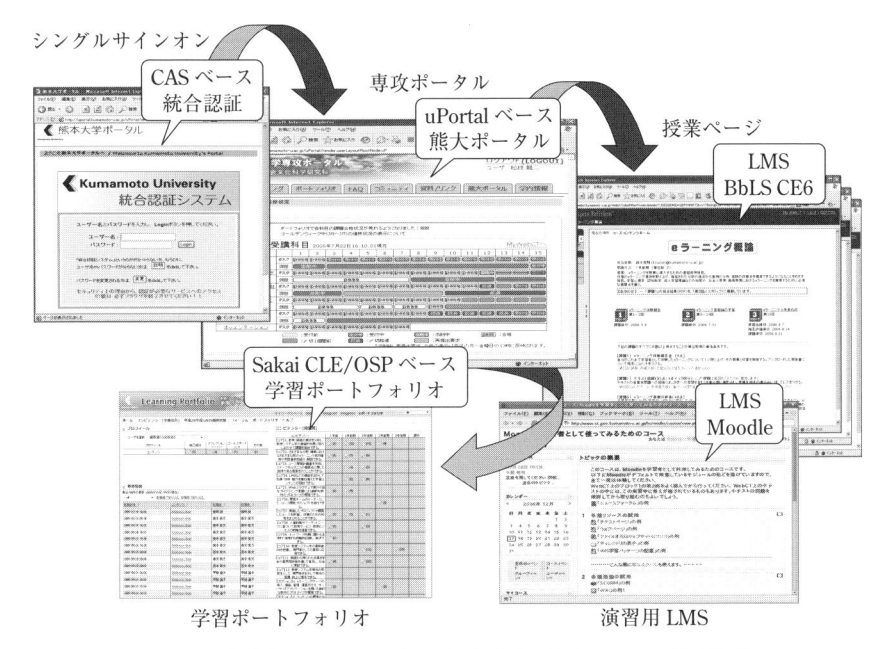

図6-2 統合認証システム（CAS）を基本にしたシステム統合連携

　Sakai CLE システム全体に対してまず行ったカスタマイズとしては，ログインを CAS 認証とし，他のウェブアプリケーションとの連携を容易にしたこと，Sakai CLE のデータベースへ学期の登録を行ったこと，CSS（Cascading Style Sheets）等の変更（デフォルトスキン，メニューバーのレイアウト変更，ログアウトボタンの消去，CAS 認証配下での運用に伴う内部認証によるログイン画面の修正）が挙げられる。また，日本語で書き込んだ際に起こる文字化けへの対処や，サイトへのアクセス権限や編集権限の設定等も必要に応じて行っている。Sakai CLE がまだまだ発展段階にあるため，これらの変更や修正の多くを，ソースコードやデータベースを直接編集することにより行ったが，逆に言えば，オープンソースであるため，それが可能であったとも言える[10]。

　上述のように，本専攻の学習ポートフォリオシステムは，ワークスペースとショーケース・ポートフォリオとしての利用をその目的としている。

（1）専攻コンピテンシーを基準に学修成果物が整理され表示されること。

（2）蓄積された学修成果物それぞれに対して，学習者自身による振り返り（リ

フレクション）を記録できること。
(3) 学習者がポートフォリオとして公開した学修成果物やリフレクションに対して，教員や他の学習者がフィードバックを書き込めること。
(4) LMS 上に提出された学修成果物はすべて，e ポートフォリオシステムへ自動的に集約・保存されていること。
(5) LMS 上の学修成果物やリフレクションが e ポートフォリオに登録された情報や，他の学習者がフィードバックをポートフォリオへ投稿した等の情報が，学習者へ随時提供されること。
(6) 学修成果物の中から自分がアピールしたいものだけを選択し公開できること。
(7) 学習に対する総括的な振り返りができること。
(8) ポートフォリオを公開する際には，学習者自身が公開先（相手）を限定できかつ，公開先に応じてポートフォリオの内容を変更できること。

以上の 8 項目が，設計において，インストラクショナル・デザイナにより提示された学習ポートフォリオの教育システムとしての与件であり，Sakai CLE をベースシステムとして採択した理由のひとつは，同システムが，e ポートフォリオツールとして，OSP（Open Source Portfolio）を内包しており，OSP の持つ特徴的なツールである Matrices ツールや，Portfolios，Templates ツールをベースにカスタマイズを行えば，これらの与件のある程度が実装可能になると考えたためである。

6.3 学修成果物と専攻コンピテンシーの対応表示

　教授システム学専攻は，教育活動やコース・教材をシステムとしてとらえ，科学的・工学的にアプローチする教育研究分野である教授システム学（Instructional Systems）の 4 つの分野（インストラクショナル・デザイン，情報通信技術，知的財産権，マネジメント）を体系的に修得した高度専門職業人等の養成を目的としている。その目的を学習者へより明確に示し，学習者が学習の進捗に合わせて身につけた知識や技能を把握できるようにするために，本専攻を修了することにより身につくコンピテンシー（職務遂行能力）を公開[2]し，各コンピテンシ

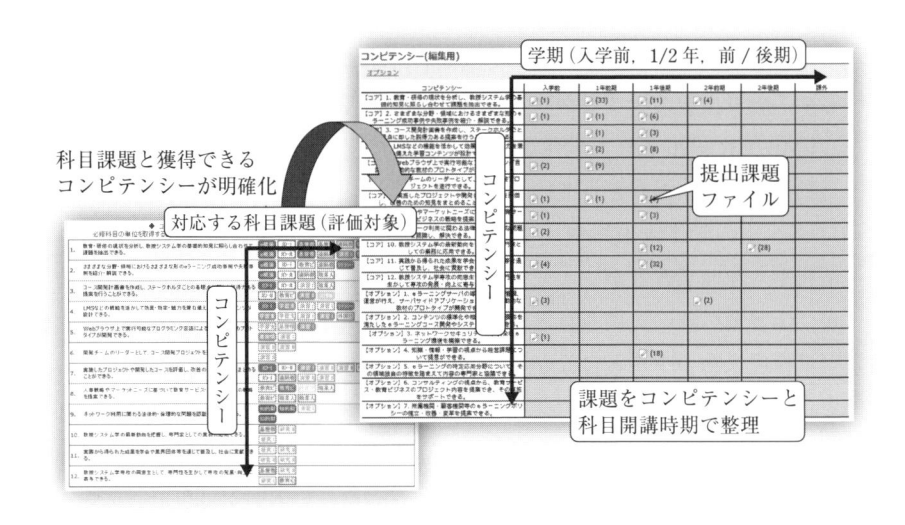

図6-3 専攻コンピテンシーを基準にした学修成果物の整理

ーが開講各科目の単位修得課題と直結する授業設計を行っている。本専攻に学ぶすべての学習者は，自身が獲得を希望するコンピテンシーと開講科目を照らし合わせて履修計画を立案する。

　当初，専攻コンピテンシーと学習課題を対応づけた表（ポートフォリオ）を専攻ポータル上に設置し（図6-3左図），各課題をパスするごとにアイコンを反転させることで，学習者のコンピテンシー獲得度を示していた。しかし，この簡易ポートフォリオでは，学習者は，各課題をクリアしコンピテンシーの獲得が進んでいることの確認はできても，どういった学修成果（物）により，そのコンピテンシーが身についたのかを即座に確認することができず，振り返りによる学習の深化につなげることができないでいた。学習ポートフォリオの構築にあたり，学習者が獲得したコンピテンシーと，その獲得の証拠である学修成果物の対応がより明確になるように，専攻コンピテンシーを基準として学修成果物を整理し，表示させるために，OSPのMatricesツールを導入した。

　学習ポートフォリオでは，図6-3右図に示すように，横軸に学期，縦軸に専攻コンピテンシーをとり，学修成果物を対応する場所（セル）に登録してある。セル内に示された数値は，そのセル内に登録されている多様なファイル形式の学修

成果物等の登録アイテム総数[3]）を表している．学習者は，学修成果物が登録されたセルをクリックすることで，そのセルに対応づけられているすべてのファイルを閲覧でき，学期ごとの学習進捗，提出物の確認を行うことができる．各セルへは，学修成果物に対する自身の評価コメント（リフレクション）等も一緒に記録でき，また，他の学習者は，公開されている Matrices の閲覧と，提出物に対するフィードバックを追加できる．学習者は，他の学習者からの意見，感想，情報を受け取ることで，自身の学習の振り返りに役立てることができるだけでなく，他の学習者へフィードバックを付けることで，理解の一層の深化につなげることができる．

　Matrices ツールの導入により，自身の提出した課題がどのコンピテンシーに対応しているのかをひと目で確認できるだけでなく，どのような学修成果物（証拠）をもって，そのコンピテンシーを充足できたのかに対する振り返りが容易に行えるようになった．さらに，これまで，科目ごとにしか行えなかった学習の振り返りが，履修科目を横断する形で行えるようになった意義は非常に大きい．また，オリエンテーション科目において作成したゴールステートメント等々も，Matrices 上に登録されており，ゴールの繰り返し確認と学習意欲の維持に役立っている．

6.4　学習管理システムと学習ポートフォリオのシステム連携

　国内の多くの組織，高等教育機関と同様に，熊本大学でも，学習管理システム（LMS）を全学的に導入し，対面授業の補完・併用，遠隔学習支援として，積極的に活用している．本専攻のすべての科目も，基本的には，LMS 上で実施されており，学習コンテンツや資料の提供，単位修得課題，各週の課題（タスク）の提示と受領，オンラインテストの実施，電子掲示板を利用したコミュニティ形成や協調学習，成績管理など，LMS が持つほとんどの機能を活用した授業を展開している．特に，掲示板を活用したグループワーク・協調学習は，多くの授業で取り入れられている．協調学習の利点についてはさまざまあるが，他の学習者との意見交換・情報交換は，自身の理解の整理と考察，学習の振り返りを促進でき非常に有用である．また，しばしば言われるように，e ラーニング / 遠隔学習

（独習）では，各学習者は孤独であり，それが起因となって学習を断念してしまうケースも少なくなく，その軽減にも一役買っている．単位修得課題の提出では，LMSの課題ツールも多く利用されているが，掲示板への課題提出を課している科目も少なくない．通常，それらの課題では，与えられた課題に対するレポートを掲示板への書き込みやファイル添付形式で提出することに加えて，他の1名以上の学習者のレポートに対するフィードバックを掲示板に書き込むことが，課題の合格条件として課されている．この本専攻に特徴的な掲示板を利用した学習形式は，学習者の振り返りと，知識の再構成を促進させている．

これまで見てきたように，本専攻の学習活動では，提出課題などのすべての学修成果物はLMSに保存される．しかし，LMSでは，学習者と提出物（学修成果物）が科目ごとに管理されているため，学習者が，履修科目をまたがって，学修成果の振り返りや学修成果物の管理，再利用を行おうとしても容易にそれを行うことができない．前節で述べたとおり，学習ポートフォリオを利用すれば，この問題を解決できるが，学習者が，LMSへ提出した課題ファイルを，eポートフォリオへも登録するのでは，二度手間になり，効率が悪いだけでなく，学習者の学習ポートフォリオ利用のモチベーションを下げてしまいかねない．そこで，LMSとSakai CLE/OSPを動的にリンクさせ，LMS上に提出され，蓄積された学修成果物を，Sakai CLE/OSP上へコピー移行し，そのうえで，Matrices上の対応するセルへ自動的にマッピングさせるシステムを開発した．

本システム連携は，Javaプログラミングとウェブサービス，Pythonスクリプト等により実装されており，課題ツールにより提出されたファイルだけでなく，掲示板への書き込みや添付ファイル，それらに対する教員，他の学習者からのコメント，採点結果等のすべての学修成果物をSakai CLE/OSPへコピー移行する[11]．図6-4に示すように，コピー移行の際には，LMS側のデータベースに蓄積されたデータは，まず，中間サーバへコピーされて，学習者名―科目名―課題名のフォルダ構造で収集・整理される．その後，Sakai CLEのResourcesツール（Sakai CLE側のデータベース）へコピーされる．Resourcesツールに蓄積されたデータは，専攻コンピテンシーと単位修得課題の関係を対応づけたファイルを参照し分類されて，Matrices上の対応したセルへ登録されることになる．

中間サーバを介したシステム構成にした理由は，元々は，本学のLMSと学習

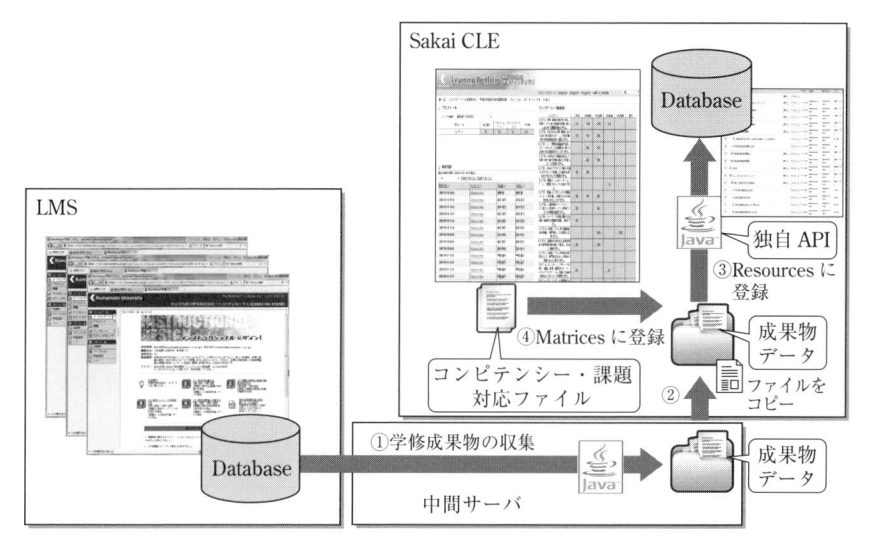

図6-4　学修管理システムから学習ポートフォリオへの学修成果物の自動コピー

ポートフォリオシステムのネットワーク関係に起因するが，特定のLMSに依存しないシステム連携を実現したことで，今後，仮に，現行システムとは別のLMSを導入し利用することになった場合でも，LMSとeポートフォリオシステムの連携を容易に実現できるようになった。別の表現をすれば，中間サーバを導入することで，学習者のeポートフォリオ利用の継続性を確保する一方で，LMSだけでなく，SNSその他，eポートフォリオへ接続される学習支援環境へ，より一層の多様性を持たせることができるようになったとも言える。

　LMSと学習ポートフォリオのシステム連携によるデータ移行には別の意義もある。前述のとおり，本学で利用しているLMSは商用のシステムであり，利用者のライセンス規定は明確に定められている。本学の構成員である間は，自由にLMSへアクセスし，いつでも学修成果物の確認と学習の振り返り，再学習を行うことができるが，卒業（修了）後には，規定上，それを行えなくなる。それでは，非常に具合が悪い。学習ポートフォリオへのデータ蓄積は，本専攻修了後にも，自身の学修成果物の再利用と，専攻での学習内容の振り返りを可能にした。

6.5 新着情報ツール――OSPへの機能追加

　Sakai CLE/OSP の導入，LMS と Sakai CLE のシステム連携による LMS から学習ポートフォリオへの学修成果物の自動蓄積と管理，学習者による科目横断的な学修成果の振り返りと成果物の再利用を可能にした。学習者の学習の達成状況の確認と自己評価や相互評価において利用できるワークスペース・ポートフォリオとして，さらに，利用価値を高めるために，「新着情報」と呼んでいるツールを新規開発し，学習ポートフォリオへ実装した[4]。

　前節でも述べたように，本専攻では，電子掲示板を利用した協調学習を多く取り入れている。Moodle のように，LMS には，掲示板の書き込み内容を学習者へ，電子メールにより通知する機能を持つものもあるが，学びと学習の振り返りを助けるワークスペースとしてのより積極的な学習ポートフォリオの利用を考えた場合，いつ，誰が，どのような課題に対して，LMSへ課題の提出（掲示板への書き込みやファイルの提出）を行い，Matrices へ掲載が行われたか，掲示板もしくは OSP Matrices へフィードバック，リフレクションが付与されたかなどの情報を学習ポートフォリオ内で得られることが望ましい。

　図6-5 に示すように，新着情報ツールは，いつ（更新日時），どのような情報（コンテンツ）を，誰が（投稿者），誰に（投稿先）与えたかの更新記録を自動的に表示し，投稿者と投稿先による検索と，時系列の昇順と降順での表示が可能であり，最大100件まで，投稿履歴を一覧表示することができる。一般に，OSP Matrices を用いるワークスペース・ポートフォリオでは，投稿した学修成果物に対するリフレクションと他者からのフィードバックをより容易に得て，自身の学びを深め，自身の学習目標の達成度を確認できることが重要であると考えられている。新着情報ツールでは，各コンテンツを Matrices へ登録されたファイルごとに，学修成果物（提出ファイル，掲示板の記事），フィードバック，リフレクションの3種類に分類して表示し，コンテンツ名をクリックすることで，学習者は，ファイルの内容を確認することができるようになっている。新着情報ツールにより，学習者間でのポートフォリオの閲覧が活性化し，相互コメント，フィードバックを促進させ，科目横断的な理解の深化に役立つものと期待している。

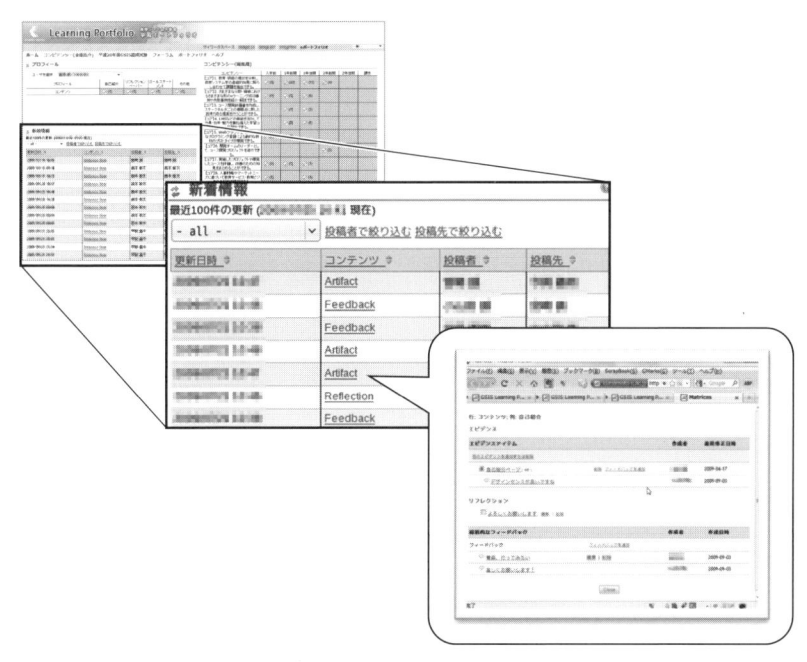

図6-5　学習者間のフィードバックの活性化を助ける新着情報ツール

6.6　教授システム学専攻 最終試験ポートフォリオ

　教授システム学専攻博士前期（修士）課程では，専攻コンピテンシーの獲得を学習目的のひとつとして掲げ，学習・教育活動を実践している。本専攻では，学位授与，修了判定に際して，専攻コンピテンシーの各項目について，どれだけ達成できたかを，高度，中程度，最低限，未達成の4段階で自己評価し，その評価理由と，評価の根拠となる作品（論文や学習成果物など）を添えたレポートの提出を最終試験（修士号取得に係る最終試験）として課している。これにより，学習者は，専攻における学習に対する総括的な振り返りを行うとともに，その時点で修得が不十分な知識や技能を再確認し，以後の学習につなげることができる。

　学習ポートフォリオシステム導入以前は，最終試験レポート（最終試験ポートフォリオ）作成にあたり，各専攻生は，専攻コンピテンシーと単位修得課題の対応表を見比べ，LMS上に保存された2年間の既修科目の該当する課題や掲示板への書き込み，添付ファイルなどの学修成果物をひとつずつ参照して分析，評価

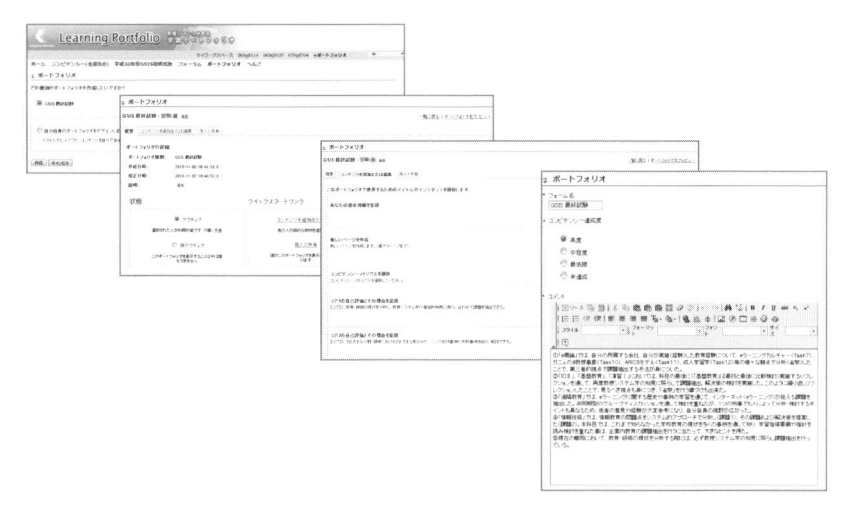

図6-6　最終試験ポートフォリオ作成用テンプレート

するのが常であり，非常に効率の悪い作業を強いられていた。システム導入後は[5]，上述の専攻コンピテンシーと学期を基準に学修成果物が自動蓄積・整理されたMatricesを利用して，コンピテンシーの獲得度と学習課題内容を確認できるほか，Resourcesツール（ファイル管理ツール）により，履修科目名―課題名のフォルダ構造で分類・保存された全提出ファイル，掲示板への添付ファイル，HTMLファイルへ変換された書き込み記録等の閲覧・確認も容易に行えるようになった。

　学習ポートフォリオには，ショーケース機能として，OSP PortfoliosツールとTemplatesツールを利用した，ポートフォリオを作成・編集し，作成したポートフォリオの公開範囲を限定して共有する機能と，ポートフォリオテンプレートを作成できる機能が実装されている。それらの機能を用いて，学習者は，HTMLベースのウェブページ形式のポートフォリオを容易に作成できる。

　ショーケース機能を利用して，最終試験ポートフォリオの作成をより効率良く行えるようにするために，作成要項を参考にして，最終試験ポートフォリオ作成用テンプレートを準備した。同テンプレートは，図6-6に示したように，氏名等の基本情報の入力フォーム，Matrices登録データを利用するためのマトリクス選択フォーム，専攻での学びの振り返り等を記述するためのSakai CLEに附属

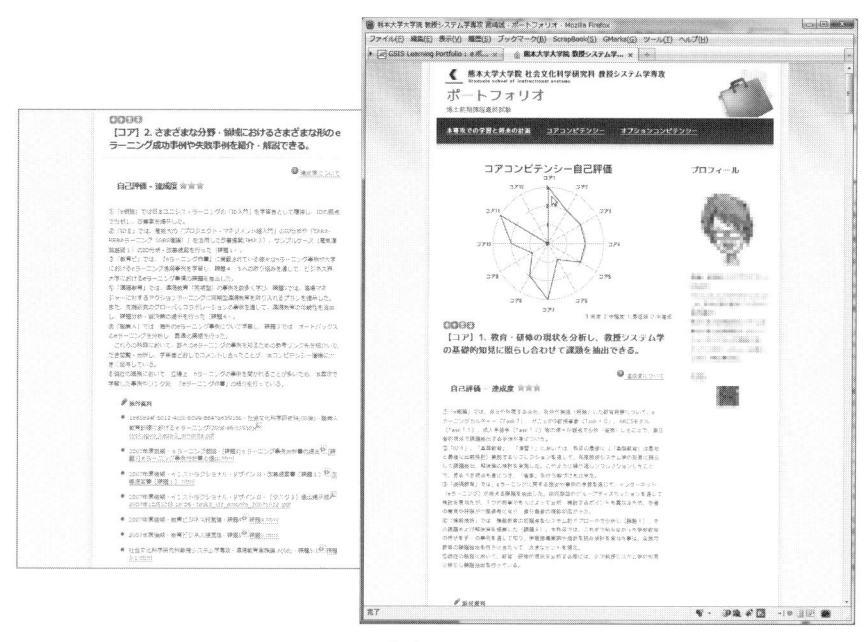

図6-7 最終試験ポートフォリオ

したリッチテキストエディタを利用したウェブページ作成フォーム，コンピテンシーごとの自己評価と振り返りコメントを記述するコンピテンシー自己評価フォームを備えている。学習者は，(1) Matrices に登録されたファイルから自己評価の根拠となる学修成果物を選択し，(2) コンピテンシー自己評価フォームにおいて，自己評価の決定とその評価の理由を記述するという一連の流れにしたがい，必要な情報を入力していくことで，最終試験ポートフォリオを作成できる。

図6-7は，最終試験ポートフォリオ作成用テンプレートを利用し作成したウェブ版の最終試験ポートフォリオの例である。ウェブ版の最終試験ポートフォリオは，「本専攻での学習と将来像」「コアコンピテンシー」「オプションコンピテンシー」の構成になっている。全ページに共通するプロフィール表示エリアには，基本情報の入力フォームに入力された名前やメールアドレスが記載されるほか，写真や QR コードなどの表示も可能である。「本専攻での学習と将来像」では，オリエンテーション科目において示したゴールステートメント等をふまえた専攻での学習に対する総括的なリフレクションや，将来の専門職としての計画等が記

述されている．最終試験の主内容は，「コアコンピテンシー」と「オプションコンピテンシー」にある．まず目を引くのは，コンピテンシーの達成度を示したレーダーチャートであり，同グラフは，コンピテンシー自己評価フォームにおいて，自己評価を決定することにより自動的に生成される．ウェブコンテンツ表示エリアには，コンピテンシーごとに，達成度の星印（☆）表示と，自己評価の理由，添付資料として，各自が採択した評価の根拠となる学修成果物のリストが表示される．同リストには，科目名と課題内容，提出ファイル名が一覧表示されており，ファイル名をクリックすることで，当該ファイルを閲覧できるようになっている．

　ショーケース機能の利用例として，最終試験ポートフォリオでの活用を示した．ショーケース機能を利用すれば，学習者それぞれが，個性を生かした独自のポートフォリオを作成できる．ウェブコンテンツ表示エリアは，通常のウェブページと同様に扱え，ページスタイルやレイアウト等も自由に変更できる．学習者が学修成果物を公開・共有するだけでなく，学習者自身をアピールするためのツールとして学習ポートフォリオを利活用していくことを期待している．

6.7　まとめ

　本章では，Sakai CLE/OSP をベースシステムに，熊本大学大学院教授システム学専攻において構築した学習ポートフォリオシステムを，システム間連携，機能拡張とともに，本専攻における活用事例に沿って紹介してきた．しかし，本システムはまだ構築されたばかりであり，今後，運用を重ねることで，さまざまなシステム改善を図っていく必要があることも事実である．学習ポートフォリオのベースシステムとして採用した Sakai CLE は，Sakai Web App と呼ばれる Sakai CLE の標準規格に沿ったウェブアプリケーションや Java 標準規格であるポートレットによって，いくつもの有益なツールを組み合わせて使うことができる等，高いフレキシビリティを備えている一方，本格的に LMS として利用するには，依然としてカスタマイズが必要な箇所も多い．また，カスタマイズには，ある程度の J2EE（Java to Enterprise Environments）に関する技術力が必要であり，Sakai CLE を構成する Java を基本とする Hibernate，JSF，Spring 等のフレームワーク，MySQL 等 RDB，Tomcat，サーブレットコンテナ，プロジェ

クト管理ツール Maven などの広い知識，バージョン依存，サーバや OS に関する知識と経験が必要であるうえに，有益なツール群であっても日本語環境下では，氏名や日時の表記などがローカライズされていないものがデフォルトパッケージの中に残っているなど，コミュニティとして取り組むべき課題もさまざまにある。日本国内では，Sakai CLE の技術情報や運用事例は散見されるにすぎず，本プロジェクト開発を通じて得られた知見を関連学会や Ja Sakai コミュニティを通じて発信することにより，高等教育における ICT 活用の高度化や Sakai プロジェクトの国際的な発展に貢献していきたいと考えている。

謝辞

　本稿の執筆に際し，学習ポートフォリオシステムをインストラクショナル・デザインに基づいて設計された，教授システム学専攻 鈴木克明教授，根本淳子助教，システム開発に協力いただいている，喜多敏博教授，久保田真一郎助教，高橋幸准教授（現 京都大学高等教育研究開発推進機構），井ノ上憲司さんに改めて，感謝を申し上げるとともに，本システム開発が，平成19 年度「大学院教育改革支援プログラム」に採択された「IT 時代の教育イノベーター育成プログラム（グローバル人材育成を主導できる e ラーニング専門家の養成）」の事業の一部として実施されていることをここに記し，大森不二雄教授（現 首都大学東京 大学教育センター）をはじめとする本事業関係者に深く感謝いたします。

注

1) 専攻ポータルおよび e ポートフォリオの開発・運用は，専攻独自で進めているわけではない。専攻ポータルは全学で利用している熊本大学ポータル（uPortal 2.5.1 ベース）上に構築し，e ポートフォリオに関しても学内のいくつかの取り組みと連携しつつ，大学全体の高度情報化計画に沿い行われている。
2) 専攻コンピテンシーとして，博士前期（修士）課程の必修科目の単位を取得することで身につく 12 のコアコンピテンシーと，選択科目の単位を取得することで身につく 7 つのオプションコンピテンシーを設定している。
3) Matrices には，ワードプロセッサ，PDF，HTML ほか，さまざまな形式のファイルを登録でき，セルに登録されたファイルの形式に対応したアイコンを表示させることも可能であるが，本専攻では，1 つのセルに対して登録されるアイテム数が相当数になるために，登録ファイルの総数を表示させることにしている。
4) OSP にはこの機能が備わっていないために，OSP のソースコードをカスタマイズし，Sakai CLE のデータベース上の標準イベントログテーブルの記録から更新記録を取得し新着情報として提示している。
5) 2009 年度修了生の中で希望者を対象に，学習ポートフォリオを活用した最終試験レポート作成を行ってもらい，試験運用を実施した。

参考文献

[1] 大森不二雄編,"IT 時代の教育プロ養成戦略——日本初のeラーニング専門家養成ネット大学院の挑戦",東信堂,2008.
教授システム学専攻ウェブサイト,http://www.gsis.kumamoto-u.ac.jp/

[2] 中野裕司・喜多敏博・杉谷賢一・根本淳子・北村士郎・鈴木克明,"CMS を補完する学習ポータルの実装",第 4 回 CMS 研究会予稿集,2006,pp. 55-60.

[3] 根本淳子・北村士朗・鈴木克明,"eラーニング専門家養成のためのeラーニング環境の設計:熊本大学大学院教授システム学専攻の導入教育事例",教育システム情報学会研究報告 21(1),2006,pp. 33-40.

[4] Hiroshi Nakano, "The Long-term and University-wide ICT Strategies for Enhancing the Quality of Education-Experience of Kumamoto University-", NIME International Symposium 2008, Tokyo, Japan, Friday, November 7, 2008, pp. 127-146.

[5] 根本淳子・宮崎誠・松葉龍一・鈴木克明,"オンライン学習者のためのオンライン・オリエンテーション——ストーリー型カリキュラムに向けての改善",教育システム情報学会第 33 回全国大会講演論文集,2008,pp. 62-63.

[6] 中野裕司・喜多敏博・杉谷賢一・松葉龍一・右田雅裕・武藏泰雄・入口紀男・北村士朗・根本淳子・辻一隆・島本勝・木田健・宇佐川毅,"WebCT (4/6)-CAS-uPortal SSO 連携の Servlet/Portlet による実装",第 4 回 WebCT ユーザカンファレンス予稿集,2006,pp. 1-6.

[7] 喜多敏博・中野裕司,"eラーニングの広がりと連携:3. オープンソースeラーニングプラットフォーム Moodle の機能と活用例",「情報処理」(情報処理学会会誌), Vol. 49 No. 9, Sep. 2008,pp. 1044-1049.

[8] 井ノ上憲司・中野裕司・喜多敏博・松葉龍一・鈴木克明,"オンライン VOD 演習環境の開発と実践",第 7 回 CMS 研究会予稿集,2007,pp. 12-15.

[9] Sakai プロジェクト,http://sakaiproject.org/
Open Source Portfolio,http://osportfolio.org/
Ja Sakai コミュニティ,http://bugs.ja-sakai.org/

[10] 宮崎誠・中野裕司・井ノ上憲司・根本淳子・松葉龍一・喜多敏博・鈴木克明,"Sakai による Web ポートフォリオシステムの構築",第 8 回 CMS 研究会予稿集,2008,pp. 65-70.

[11] 宮崎誠・中野裕司・喜多敏博・小山田誠・根本淳子・鈴木克明,"学習成果物取得自動化によるeポートフォリオシステムの実現",第 3 回 CLE 研究会予稿集,2010.

第7章

キャリア支援のための
eポートフォリオ活用
── 日本女子大学の事例

小川賀代・柳 綾香

7.1 はじめに

　最近の大学の使命を鑑みたとき，学士力の質的保証はもちろんのこと，学び直しや再就職支援なども大学の果たす重要な役割になりつつある。特に女性は，出産・育児などのライフイベントによってキャリアを中断するケースが多く，十分に能力を発揮するのが難しい現状から，生涯にわたるキャリアデザインの支援を社会的，組織的に整備する必要がある。特に，日本は少子高齢化社会をむかえ，科学技術創造立国の維持に向けて人材をいかに養成し，確保していくかが重要な課題となっており，潜在労働力である女性の積極的な活用が必要とされている。この背景をうけ，文部科学省では，女性研究者の育児と研究の両立支援や出産・育児からの復帰支援などをはじめ，科学技術分野における女性の活躍促進を支援する取り組みが始まり[1]，内閣府においても，女性の再チャレンジ支援策検討会議が設置された[2]。日本女子大学においては，平成18〜20年度は振興調整費「女性研究者支援モデル育成」事業において『女性研究者マルチキャリアパス支援モデル』が採択され，平成19〜21年度は「社会人の学び直しニーズ対応教育推進プログラム」において『キャリアブレーク中の女子大学卒業生のためのリカレント教育・再就職あっせんシステム』が選定され，実施してきている。

　eポートフォリオは，知識の蓄積状況を判断できるだけではなく，技術や取り組み姿勢などの，形成的評価も可能であるため，ポートフォリオ所有者自身の能力・経験をよりリアリティを持って示すことができ，より明確な人物像を示すこ

とができる．よって，人材育成のみならず，進学，就職，転職，再就職などの生涯にわたるキャリアデザインの支援への活用が期待できる．eポートフォリオを効果的に活用していくためには，ゴールを設定する必要がある．キャリア支援用のポートフォリオは，授業内で用いる学習ポートフォリオや学士力のエビデンスとしてのポートフォリオと異なり，具体的な目標値を設定し難い．

キャリアデザインにおいて，ロールモデルの提示は大変効果的であるといわれており，各大学，企業，学会などにおける人材育成の取り組みの中でも，ロールモデルの経験談の講演や冊子作成などが行われている[3][4]．本学の学生アンケートにおいても，就職活動時に，卒業生の志望動機やアドバイスを聞きたい要求は高い結果が得られている．

日本女子大学は1901年に設立され，4学部16学科（通信教育課程含む）から成る女子の総合大学であり，現在までに8万人を超える卒業生を輩出している．卒業生は，さまざまな分野で活躍しており，本学は女性育成の先導的な役割を果たしてきているといえる．そこで，本学では，日本女子大学が長年にわたり蓄積してきた人的資源である卒業生の情報を目標値（ロールモデル）とすることとした．

本章では，科学技術創造立国の実現に向けて，科学技術・学術活動の基盤となる人材の養成と確保を目的とした振興調整費「女性研究者支援モデル育成」事業『女性研究者マルチキャリアパス支援モデル』においてeポートフォリオシステムを導入し，運用した結果について紹介する．

7.2 ロールモデル型eポートフォリオ

ポートフォリオは単に蓄積するだけの「学習ファイル」とは異なり[5]，学習成果物・履歴の蓄積［Collect］→目的に対する学習成果物・履歴およびその関連性の考察・振り返り［Reflect］→公開する情報の選択・設計［Design］→選択的公開・自己／相互評価［Publish］→評価結果を受けて再度学習成果物・履歴の蓄積［Collect］→……という評価活動を含んだサイクルとなっている．ポートフォリオにより，点在していた個人の学習成果物・履歴などを一元化でき，理解の程度・思考過程が可視化できる．ポートフォリオ評価の結果をフィードバ

ックすることで，今まで散在していただけの個々の学習活動記録を「価値ある情報」に生まれ変わらせることができる。

　従来のポートフォリオサイクルの［Reflect］の過程において，指導経験豊かな教員やメンターが介在することで，学習過程はより充実したものとなる。このようなベテラン教員やメンターの指導能力は，過去の学生を指導してきた過程で培われたものであると仮定すると，ロールモデルをデータベース化し，現在の学生と比較することは，ベテラン教員・メンターによるアドバイスの一部をシステマティックに提供しているといえる。また，ロールモデルの提示は，人材育成やキャリアパス支援において大変有用な手法であり，さまざまな分野で活用されている[3][4]。また，ロールモデルが同じ大学の同じカリキュラムで学んだ卒業生であることは，学生に，現実的な目標設定を与えることができる。そこで，過去の学生のデータを現在の学生に活用するために，システマティックに提供するロールモデル型eポートフォリオ（Role Model based e-Portfolio：RMP）システムを提案し，構築を行ってきた[6]。従来のポートフォリオは，個人で情報を蓄積し，個人のために蓄積情報が活用されるのが主であったが，本システムでは，個人が特定されない形で他者の情報も活用できるシステムとなっている。ロールモデル型eポートフォリオシステムの概念図を図7-1に示す。

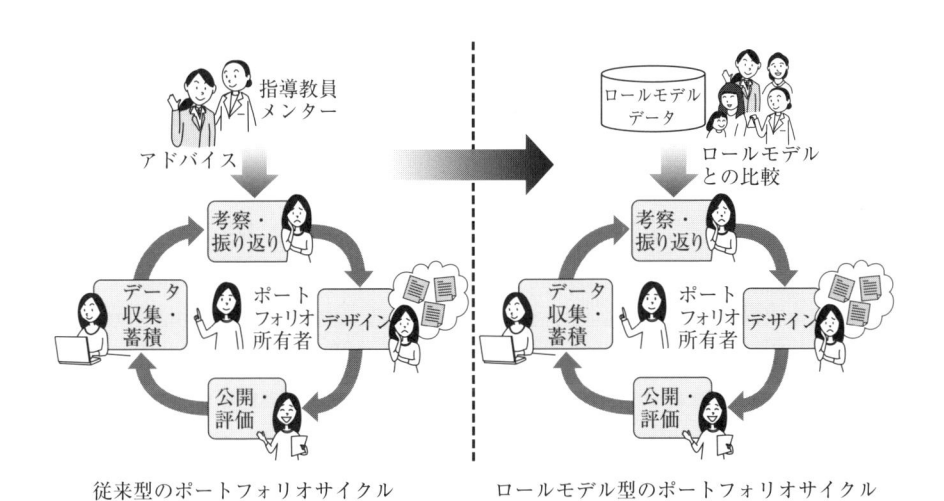

図7-1　ロールモデル型eポートフォリオシステム概念図

RMPは，蓄積されたポートフォリオ情報の一部を活用し，社会で活躍している卒業生（ロールモデル）のデータと比較させることで，現在の自分の力を客観的にとらえ，自分に足りない能力を見つけることができる．参照するロールモデルは，就職時に社会情勢がほぼ同じである少し年上のロールモデルとの比較が効果的であるため，在学生は卒業して数年の若い卒業生を参照することとし，若い卒業生は，出産・育児なども考慮しながらキャリアを構築していきたいと希望しているため，中堅の卒業生を参照するシステムとした．これにより，在校生から卒業生にわたって活用できるシステムとした．これらの機能から，職業適性診断や，目標の明確化が行えるため，より効果的なeポートフォリオサイクルを実施することが期待できる．

ロールモデルのデータを効果的にキャリア支援に活用するために以下の機能を構築した．各機能の詳細については，次項以降に順に述べる．

- 達成度の数値化
- 推奨履修科目の提示
- 企業マッチング診断
- 適性職種診断

7.2.1 達成度の数値化

RMPは，蓄積されたポートフォリオ情報の一部を活用し，社会で活躍している卒業生（ロールモデル）のデータと比較させることで，現在の自分の力を客観的にとらえ，自分に足りない能力を見つけることができる．RMPは，産業界が大学で修得してきてほしい能力がまとめられている，経済産業省の「産業競争力向上の観点からみた大学活動評価手法」の中の『大学教育における産業界ニーズと教育カリキュラムのマッチング度合いの分析結果』[7]や，大学卒業レベルに求められる実践力の指標としてイギリスのQuality Assurance Agency for Higher Education[8]が発表している物理系・情報工学系のベンチマークを参考にして決定した6つの評価軸［①専門知識，②ITスキル，③分析能力，④表現力，⑤語学力，⑥問題解決能力］で，ロールモデルとの比較を行う．達成度を数値化処理することにより，グラフによる視覚化も可能である．数値化には，eポートフォリオに蓄積されている情報のうち，数値化しやすい成績，特別講義などのレ

ポートのルーブリック評価，国内外の学会発表経験の有無などを使用した．

さまざまな分野で活躍しているロールモデルの提示およびマッチングは，多様な就業機会を生む．そこで，RMP では，ロールモデルとポートフォリオ所有者との比較を行うために，達成度の数値化を行い，以下の項目の分析を可能にした．

(1) 自分自身の過去と現在の達成度の比較
(2) 業種・職種別に分類されたロールモデルとの比較
(3) 企業別に分類されたロールモデルとの比較

ポートフォリオの情報は学年情報と紐付けして蓄積してあり，学年を指定した比較が可能であるため，成長過程の確認も可能となっている．ロールモデルの値は，分類されたロールモデル群の平均値を提示している．これにより，個人を特定することができず，個人情報が保護される．図 7-2 に，RMP システムの業種・職種別に分類されたロールモデルの4年次とポートフォリオ所有者である2年次の学生との分析結果を示す．実践で示されている領域がロールモデルの達成度を示し，塗りつぶされている領域が学生の達成度を示している．

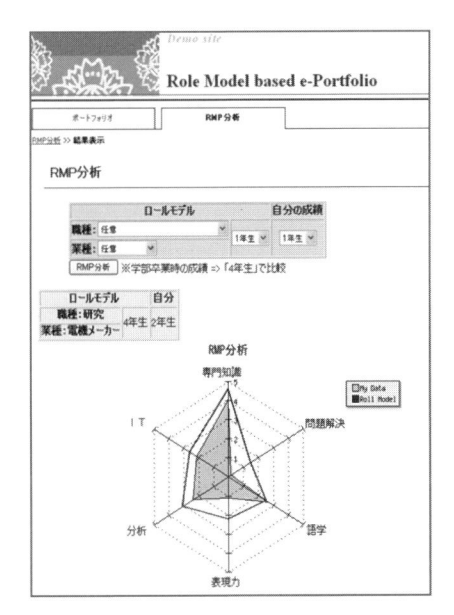

図 7-2 ロールモデルとの比較分析結果例

7.2.2　推奨履修科目の提示

　在学生対象に，ロールモデルと差分のあった評価観点の各項目について，効果的に育成できるように，推奨履修科目の提示を可能にした．推奨履修科目は，目標とするロールモデル群が学生時代に好成績を修めていた科目を抽出し，より多くのロールモデルが共通して好成績を修めている科目を，推奨指数とともに提示している[9]．これにより，目的にあった能力を効果的に育成することができ，学生自身の学習意欲も増加させる．また，教員・メンターにとっても，教育指導，就職指導を的確に行うための情報として利活用することができ，キャリア支援に役立てることができる．図7-3に推奨履修科目の提示例を示す．

7.2.3　文書解析によるキャリア支援

　学生にキャリア支援に関するアンケートを行ったところ，ロールモデルの就職活動時の情報やアドバイスを参考にしたいという回答が多数得られている．7.2.1，7.2.2項で記したRMP分析は，数値化しやすい蓄積データを活用しているが，ポートフォリオにはロールモデルのインターンシップ報告書，エントリーシート（ES）など文書情報も多数蓄積されている．特に，ESなどの文書情報には，経験談や長所・短所なども記されており，個性を表す情報も含まれていると

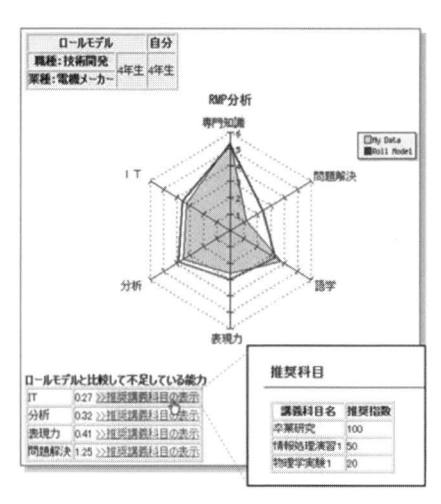

図7-3　推奨履修科目の提示例

考えられる。しかしながら，これらの情報は十分に活用できていない。学生からの要望にも応えられるよう，これらの情報を有効活用するために，文書解析を行い，ポートフォリオサイクルの活性化に向けた機能開発を行った。文書解析は，文書内の単語とその頻度による行列から文書ベクトルを求め，コサイン類似度により文書間類似度を用いた。これにより，文書として蓄積されている情報も活用できるようにした。

〔1〕企業マッチング診断

図7-4に示す就職活動におけるポートフォリオサイクルの活性化を目指し，これまでロールモデルが蓄積してきたESを活用した他己評価をシステマティックに提示する機能を構築した。ポートフォリオシステムには，ロールモデルが蓄積したESと書類選考の結果が蓄積されている。選考先の企業に提出したESとその企業がウェブ上で公開している"求める人物像"の文書間類似度は，書類選考結果に相関があることがわかっている[10]。よって，ロールモデルのデータから選考の通過・不通過の閾値を設定し，学生が作成したESと"求める人物像"との文書間類似度の算出結果を他己評価として提示している。

就職活動において，真正かつ自律的な自己分析が必要である。企業マッチング診断結果の提示は，自己分析を深化させる際の考察・振り返りの材料のひとつとなり，ポートフォリオサイクルの活性化につながると期待できる。

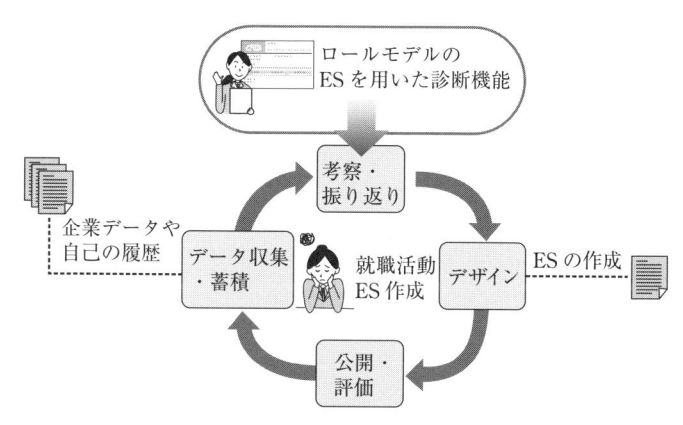

図7-4 就職活動時におけるポートフォリオ活用

〔2〕適性職種診断

　7.2.1，7.2.2項で記したRMP分析は，スキルの達成度を見るのに適しているが，そこからは，就職時に重要な要素となる個性を見ることはできない。就職時に作成する自己アピール文の中には，これまでの経験談や長所・短所が記されており，個性の一部が表現されていると考えることができる。蓄積されたロールモデルの自己アピール文と労働政策研究・研修機構が提供している総合職業情報データベースの職業内容との文書間類似度は，実際に就いた職種が最も高い結果が得られる傾向があることがわかっている[10]。よって，学生が作成した自己アピール文と複数の職業内容文書との文書間類似度の算出結果の順位を提示することで，適性職種診断に活用することができる。これは，企業マッチング診断と同様にポートフォリオサイクルの考察・振り返りの支援を行うことになり，ポートフォリオサイクルの活性化に寄与する機能であるといえる。

7.3　RMPシステムを活用したキャリア支援システムの運用

　本システムは，理系女性のキャリア支援を中心に活用しており，理学部の学生だけでなく，文部科学省振興調整費「女性研究者支援モデル育成」事業の『女性研究者マルチキャリアパス支援モデル』プロジェクトにおいて支援されている女性研究者に対しても運用した[11]。

　本プロジェクトは，女性研究者が，出産休暇や育児休暇により，研究活動の中断や断念を余儀なくされる事態を防ぐための「出産・育児と研究活動の両立支援」および，「女性研究者の活躍の場の拡大」を実現していくことを目的としている。これらを実現させるために，以下の3つを柱として実施していった（図7-5）。

(1) ユビキタスリサーチ（uリサーチ）による支援
(2) ヒューマンリソース支援
(3) 次世代研究者育成支援などの調査・企画

　本プロジェクトでは，「女性研究者には多様で柔軟なキャリアパスが提示されるべきである」との理念に基づいた支援を目指しており，ヒューマンリソース支援では，研究経験を生かしたポスト拡大のための努力，多様な就職先への支援活

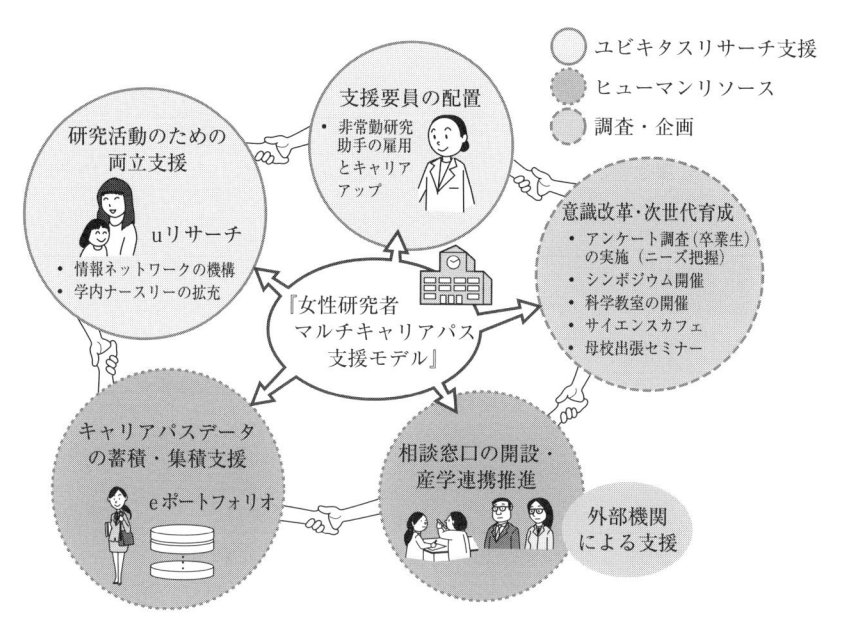

図7-5 『女性研究者マルチキャリアパス支援モデル』実施体制図

動、それを支える相談窓口の開設などを行った。この支援の一助に、eポートフォリオシステムを活用していった。

研究者の資質は、論文数だけではかることはできず、どのような技術的スキルを有し、どのようなプロジェクトにいかに携わり、どのようにキャリアを蓄積してきたか等は、研究業績以上に本人の将来を方向づける資質・能力を示すと考えられる。これらを効果的に視覚化する手段のひとつとして、eポートフォリオを用いた。eポートフォリオに蓄積されたデータは、ジョブマッチングの活用だけでなく、研究者本人のキャリアやスキルを一元化・可視化し、本人の方向づけにも活用した。

7.3.1 女性研究者を対象とした機能拡張

プロジェクトにおいて、女性の離職率が最も高い世代（28〜47歳）の卒業生にアンケートを実施し、大学内に転職・再就職のためのキャリア支援システムがあれば活用したいかの問いに対し、6割以上が活用したいとの回答が得られ、さ

らに，卒業生のコミュニティ（ウェブシステム）として，転職・再就職の相談窓口の設置を求めていることがわかった[12]。これらのアンケート結果を受け，企業の人事担当者，理系の技術者を専門とした人材派遣会社などに，採用時における観点および必要とする能力，知りたい事項などをヒヤリングし，その項目がeポートフォリオに蓄積できるようにシステム設計を行った。その結果，研究業績（論文，国内・海外での学会発表，受賞歴），参加プロジェクトおよび役割，職歴，取得資格のほかに，特殊装置・技術（走査型電子顕微鏡，高速液体クロマトグラフィ，遺伝子組み換え技術，微生物・細菌検査など）の経歴などは，特に企業の研究所に就職するときには必要な項目であることがわかり，これらもポートフォリオの中に取り入れた。これらのデータは各自データ入力・更新ができるようにした。情報の入力画面例を図7-6に示す。

　また，求人情報も本システムから見られるように，プロジェクトで業務提携を行った人材派遣会社からは，定期的に就職先（正社員，紹介派遣（3～6か月の試験採用の後，正社員採用））の情報を提供してもらい，eポートフォリオシステム内の「キャリアパス支援」に掲載した。また，職業の検索を女性の雇用状況の視点からもできるように，就職四季報に掲載されている女性の平均勤続年数や

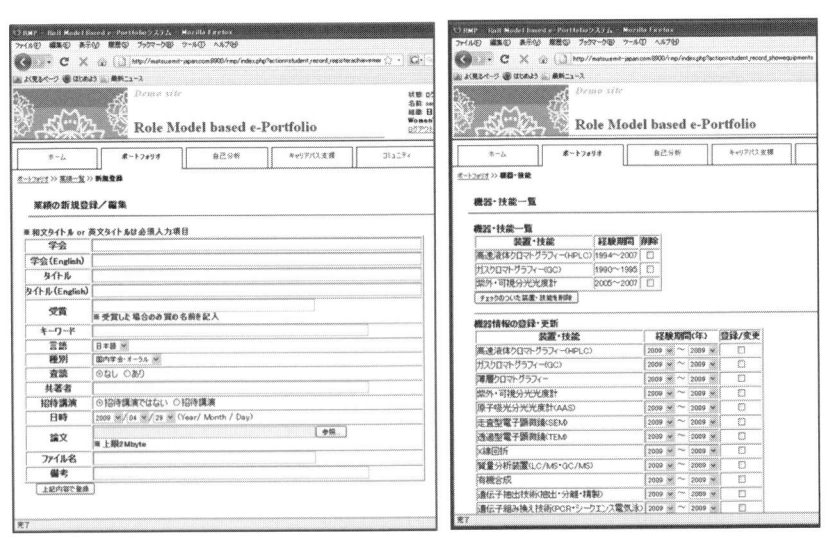

図7-6　情報登録・編集画面

女性の採用率，既婚率，役員比率などのデータも蓄積し，このような情報からも検索できるシステムを構築した。

さらに，登録者の利用頻度を高めるために，RMPシステム内にSNSを立ち上げ，コミュニティを充実させた。このサイトでは，卒業生の活躍の紹介，大学からの情報発信，SNSでの情報交換ができるようにした。ウェブコミュニティのサイト画面を図7-7に示す。

また，企業からのヒヤリングにおいて，人間性も大きな要素であると指摘されたことから，どのように考える習性があるのかを診断することができる効き脳診断もeポートフォリオシステムの中に取り入れた。これは，世界中の企業で適材

図7-7 ウェブコミュニティサイト

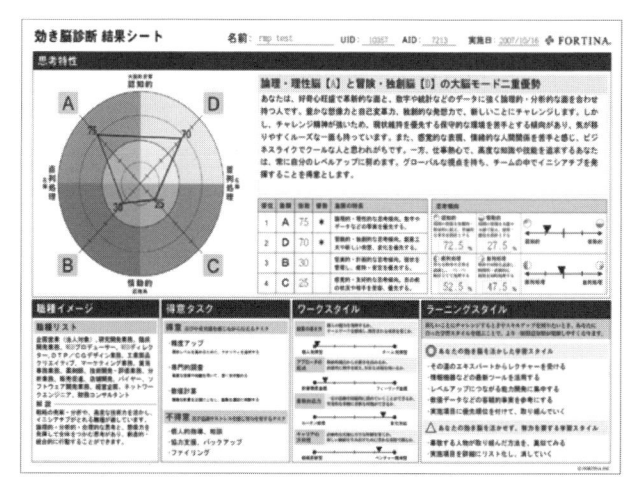

図7-8 効き脳診断結果例

7.3 RMPシステムを活用したキャリア支援システムの運用

図7-9 導入ガイダンスの様子

適所に人材を配置するために使われているものであり，どのような職業・職種に向いているのかも，診断することができるツールである．今回は企業の協力を得て，大学用にカスタマイズした診断テストに改良した．診断結果の一例を図7-8に示す．

7.3.2　RMPシステムの導入ガイダンス

　構築したシステムの運用にあたって，在学生対象，卒業生対象それぞれに対し導入ガイダンスを行った．在学生には，キャリア支援課が主催する4年生対象の就職活動セミナーと連動した説明会，プロジェクト主催のサイエンスカフェにおけるワークライフバランスセミナーなどを通して実施した．この際，システムの活用方法のガイダンスと同時に，企業からの協力を得て，効き脳診断も実施し，低学年に対するキャリアセミナーも開催した．これにより，理系の学生だけでなく，全学部，全学年に渡って学生の参加が得られ，登録につながった．卒業生には，ホームカミングデー，学科同窓会，プロジェクト主催のシンポジウムなどでeポートフォリオシステムを紹介し，登録者を募った．サイエンスカフェで効き脳診断を行っているときの様子を図7-9に示す．

7.3.3　導入成果

　本システムは，女性研究者だけでなく，本学学部生，大学院生，卒業生，教員を含め400名以上が登録した．本システムは，卒業生のデータがデータベース化されており，これを評価規準に従って能力を数値化するため，職業別にロールモ

デルの平均的な情報を見ることができ，同じ指標で自分の能力値も確認することができる．よって，その差分から，自分の目指す研究者像に向けて，補強すべき能力を知ることができ，どのようなキャリアを蓄積していけばよいかの指標となった．本システムを利用することで，自分の将来の方向性を見出した事例を以下に示す．

【研究助手Aさんの例】

Aさんは，将来，研究者として歩んでいけるか心配であったため，博士後期課程の進学について迷っていたが，eポートフォリオに蓄積されている研究者の道を歩んでいるロールモデルの修士2年のときの能力値と自分の能力値の比較を行い，その結果，同じ時期の能力は同程度であることが確認でき，博士後期課程進学を決め，他大学大学院を受験し，見事合格し，研究者の道を歩みだした．

【研究助手Bさんの例】

Bさんは，大学卒業後，研究助手となったが，eポートフォリオシステムに掲載される仕事情報を見ることで，修士卒以上の就職先の広さを実感し，またやりがいのある仕事がたくさんあることを知ることができ，大学院の進学を決め，同級生とは1年遅れで本学大学院を受験し，見事合格した．

仕事情報の提供は，すぐに就職に結び付けるだけでなく，女性研究者・技術者がどのような分野で活躍することができるのかを具体的に示すきっかけとなったことがわかる．

【大学院生Cさんの例】

就職活動で苦戦していたCさんは，本プロジェクトが主催する効き脳診断を用いた自己分析セミナーに参加し，これまで対人関係は苦手だと思っていたため，人との接触が少ないSEに就職をしようと思って活動していたが，診断結果から，人の気持ちを察することが得意であり，臨機応変に行動がとれることがわかり，技術営業も就職先の候補に入れたところ，すぐに内定をもらった．

7.4 まとめ

プロジェクトでの運用を通し，提案・構築したロールモデル型eポートフォリオシステムのさまざまな機能において，将来の方向性を決めたり，考えるきっか

けを与えたことがわかった．また，使用した学生にアンケートを実施したところ，95％の学生がロールモデルと比較することで，補強すべき能力を知ることができ，今後のキャリア蓄積のための指標となると回答し，100％の学生がキャリア支援に有効であるとの回答が得られた．

本システムは，高等教育機関においてeポートフォリオをキャリア支援に活用した先駆的な事例であったため，2006年10月には，日刊工業新聞の1面トップに掲載され，2007年8月には第4回日本eラーニング大賞において文部科学大臣賞を受賞した．さらに，同年10月には毎日新聞のニュース・情報サイトの毎日jp，11月にはNHK BS1の経済最前線，2011年6月には日経産業新聞「強い大学」においても取り上げられた．

今後，毎年輩出する卒業生のデータを随時追加していくことで，時代のニーズに適したシステムとなり，母数が増えることでデータの信頼性を高めることができる．さらに，積極的なキャリアパス支援を実現させるために，選択公開されたポートフォリオ情報から企業がスカウトできる機能も付加することを考慮に入れながらシステム構築を進めたいと考えている．これにより，的確なジョブマッチングが可能となり，送り出し側（大学など），受け取り側（企業など）にとって大変有益なシステムになるといえ，潜在労働力の活用も期待できる．eポートフォリオは，所有者自身の能力・経験をよりリアリティを持って示すことができ，より明確な人物像を示すことができるため，在学時から卒業後までのキャリア形成支援に活用できるといえ，システムを通して生涯サポートを実現してきたいと考えている．

参考文献
[1] 文部科学省ホームページ，http://www.mext.go.jp/b_menu/houdou/19/12/08010804/001.pdf
[2] 内閣府ホームページ，http://www.gender.go.jp/main_contents/category/jo_challenge.html
[3] 科学技術振興機構：ロールモデル集"理系女性のきらめく未来"，2009．
[4] 応用物理学会ホームページ，http://www.jsap.or.jp/gender/careerpath/index.html
[5] 安藤輝次，"ポートフォリオで総合的な学習を作る"，図書文化，2002．
[6] 小川賀代他，"実践力重視の理系人材育成を目指したロールモデル型eポートフォリオ活用"，日本教育工学会論文誌，31，1，2007，pp.51-59．

[7] 経済産業省ホームページ：大学教育における産業界ニーズと教育カリキュラムのマッチング度合いの分析結果，http://www.meti.go.jp/press/20050621003/1-kekka-set.pdf
[8] The Quality Assurance Agency for Higher Education, http://www.qaa.ac.uk/
[9] 小川賀代，"eポートフォリオを活用したマルチキャリアパス支援"，FIT2007 イベント企画「eポートフォリオによる新たな教育・学習環境の構築と実践」，2007.
[10] 柳綾香・小川賀代，"eポートフォリオの蓄積文書を活用したキャリア支援システムの開発"，日本教育工学会論文誌，35, 3, 2011, 印刷中。
[11] 日本女性大学「女性研究者マルチキャリアパス支援モデル」ホームページ，http://mcm-www.jwu.ac.jp/~mcpweb/index.html
[12] 日本女子大学家政理学科・理学部卒業生にみる「マルチキャリアパスアンケート」結果報告書，http://mcm-www.jwu.ac.jp/~mcpweb/research/img/report.pdf

第8章

KITポートフォリオシステムと修学履歴情報システム
――金沢工業大学のポートフォリオ活用について

藤本元啓

8.1 はじめに

　大学教育への移行がスムーズにできない新入学生の増加により，多くの大学で初年次教育の必要性が認識され，ついに平成20年3月，中央教育審議会大学分科制度・教育部会は『学士課程の構築に向けて』（答申案，同年12月答申）において，初年次教育の必要性を強調するに至った。その議論は措くとして，ここ数年間の学生の質の変化は大学教育関係者の予想をはるかに超え，その対策に苦慮している大学は極めて多い。

　学生の変化の原因についてはさまざまな見解が示されているが，おおよそ以下のように2分類できると考えている。

(1) 高等学校の個性化による教育の変化，学習履歴と学習スタイルの多様化，それらに伴う基礎嫌い，マニュアル主義，過程軽視，結果重視
(2) 学ぶ意欲や自学習慣など修学姿勢の欠如，目的意識のない入学，社会常識不足

　金沢工業大学（以下，本学）においては，13，14年頃から「フレッシュマンセミナー」で身につけたはずの修学・生活姿勢が，夏季休暇明けの秋学期（7年度～20年度は3学期制，21年度から2学期制）になると崩れる学生が目立つようになった。また大学教育界における「2006年問題（ゆとり教育1期生の大学入学）」「2007年問題（全入時代）」を目前に控え，学生の質的変化が歴然とするようになり，学生の修学と生活の両面に対する教育指導は，本学において急務の

課題として位置づけられることになったのである。

そこで，建学綱領の筆頭に掲げる「人間形成」を柱とする教育プログラムを開発し，それを通年授業で実施することになった。新入学生が修学・生活の目標と技術者としての心構えを自覚できるようにするためには，また満足度や定着率を向上させるためにも，修学アドバイザー（クラス担任）が学生の生の声に耳を傾けながら指導する必要性が再確認された。本学では開学以来，穴水湾自然学苑（宿泊研修施設）における「人間形成」教育（「人間と自然ⅠⅡⅢ」，1〜3年各学年必修，2泊3日）を行ってはいるものの，それは極めて短期間であるため，1年次生の段階で修学・生活の両面から通年科目として指導する方針に大きく転換したのである。

このような事情にもとづき，本学では第一に教職員が協働作成するポートフォリオとして，14年度から学生の基本情報や修学履歴・面談指導内容などを集積する「修学履歴情報システム」の運用を開始した。また第二に学生が作成するものとして，16年度からは1年次生を対象として「修学ポートフォリオ」「キャリアポートフォリオ」，18年度からは全学的に正課・課外学習プログラムに組み込んだ「KITポートフォリオシステム」を運用している。これらは修学生活指導の迅速徹底化，学生の自己点検と学習意欲の向上を目的とするポートフォリオであり，7年度に開始した本学教育改革の動きのなかで考案され運用しているものである。そこで本章では主として学生が作成する「KITポートフォリオシステム」，次いで補論として教職員作成の「修学履歴情報システム」の2つのポートフォリオの取り組み内容，成果を述べることにする。

なお16年度開始のポートフォリオは，2年間の試行実績をもとに，18年度文部科学省特色ある大学教育支援プログラム〈特色GP〉に申請し採択された「学ぶ意欲を引き出すための教育実践—KITポートフォリオシステムを活用した目標づくり—」につながり，現在のポートフォリオシステムとして運用されコンテンツも増設中である。

8.2 KITポートフォリオシステム

現在この「KITポートフォリオシステム」には，「修学ポートフォリオ」（「1

週間の行動履歴」「(各学期の) 達成度自己評価」)、「キャリアポートフォリオ」、「自己評価レポートポートフォリオ」、「プロジェクトデザインポートフォリオ」、「(各年次の) 達成度評価ポートフォリオ」、合計5分野のポートフォリオが存在する。

　これらのポートフォリオは、学生が修学の経過・成果を含めた多種の情報を記録・蓄積することによって、大学生活における向上過程を省み、将来への展望を構築するためのツールであって、決して特定の学習スキルを育むものではない。つまり、学生が自ら作成する「第2学籍簿」ということができよう。したがってその目的を、①自学自習の姿勢を身につける、②生活スタイルを確立する、③自己の目的指向を高める、以上3項目としている。

　その基幹科目として、1年次生に必修として配当しているのが「修学基礎ⅠⅡⅢ」[1] である。その特徴を簡潔に述べると、「修学ポートフォリオ」を活用した学生の自己管理・時間管理と自己評価にもとづく修学指導に力点を置くことにある。すなわち学生が本学の教育に適応するための支援する科目であり、本学の初年次教育の土台となる科目でもある。

　以下、これらのポートフォリオについて述べておくことにする。

8.2.1　「修学ポートフォリオ」

〔1〕1週間の行動履歴

　これは「修学基礎ⅠⅡⅢ」で毎週の課題として運用するもので、①1週間の優先順位事項とその達成度、②欠席・遅刻科目とその理由、③自学自習内容とその所要時間、④課外活動（利用した教育施設、クラブ活動、ボランティア、アルバイトなど、それらの活動時間帯）、⑤健康管理（朝昼夕食の摂取、睡眠時間、自主的運動時間）、および⑥1週間を通して満足したこと、反省点や質問など（200文字）の6項目を入力するものである（図8-1）。学生は毎週担当教員（修学アドバイザー）にハードコピーを提出し、教員はコメントを付けて翌週に返却する。さらに学生はそのコメントを「教員コメント欄」に入力し1週間分が完結する。教員がコメントを直接入力しない理由は、画面だけでの指導になると1年次生にとって大切なフェイス・トゥ・フェイスがなくなること、および教員のコメントを確実に確認させる意味で学生が入力する方がよい、との判断からである。

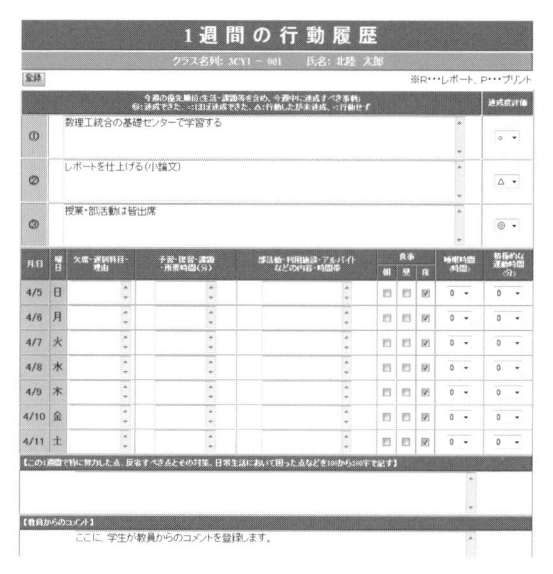

図8-1　1週間の行動履歴

　これを1年間で30回繰り返すわけだが、この往復作業によって学生のことがかなりわかってくる。学生には、教員の研究室を何の抵抗もなく訪ね質問できる学生もいれば、訪ねること自体ができない学生もいる。また相談があるときに何らかのサインを入力する学生もいる。教員は必ずコメントを付けて返却するので、特にコミュニケーションが苦手な学生にとって「先生は私のことを見てくれている」と、マイティーチャーの存在に気がつくことになる。それで話し合いができるようになり、不安が解消し助かったという学生の報告も受けている。担当教員にとっては大変な労力を費やす作業で、ここまで必要かと思われるほどであるが、このようなことを1年生に対して毎週行っているのである。

〔2〕「各学期の達成度自己評価」
　これも「修学基礎ⅠⅡⅢ」で運用するもので、各学期末に①「学習支援計画書（シラバス）」に示される「学生の行動目標（学期により5〜6項目）」の達成度（0〜100％）とその理由（各100文字）を入力する。次に②全履修科目の修学状況（成績、課題提出、出席など）の反省やその改善方法（300文字）、そして③

日常生活状況全般（課外活動，アルバイト，病気・怪我など）について満足していること，感想，反省や改善方法（300文字）などを入力し提出する。つまり「1週間の行動履歴」をもとに，学期末報告書を作成するのである。
　①について，例えば「修学基礎Ⅰ」では，下記の設問がおかれている。

①下記「修学基礎Ⅰ」1)～6)の「学生の行動目標」の達成度（0%，20%，40%，60%，80%，100%）を選択し，その理由を各項目100文字程度で入力しなさい。
　1)「1週間の行動履歴」の作成を通して自己管理能力を高め，次学期での対応を文章で報告することができる。
　2) 講話の内容を整理し，それに対する自己の見解を文章で作成することができる。
　3) グループ討議を通して問題点を見出し，自己の見解を口頭および文章で表現することができる。
　4) 学習・生活スタイルを認識した上で学習計画を立案し，履修計画書を作成することができる。
　5) 規則正しい生活をし，授業には欠かさず出席し，提出物の締切を守るなど積極的に学ぶ姿勢を確立できる。
　6) 本科目における学生の達成すべき行動目標を自己評価できる。

　この達成度を%で記す方式は本学開講の全科目の授業アンケートで採用されているが，「修学基礎」ではその理由も併記させている。それは，例えばA君の達成度60%とB君の60%とでは理由や事情が異なるからであり，それこそが学生の自己評価，学生との面談資料，さらには教員のFDにもなるわけで，達成度の数字だけではあまり意味がないと考えている。

8.2.2 「キャリアポートフォリオ」

　このポートフォリオ（図8-2）は，1年次春学期必修科目「進路ガイド基礎」に組み込まれたキャリアデザインを行うもので，平成16年度より運用を始めた。本科目の前身でキャリアデザインを学習する7年度開講の「自己啓発セミナー」において紙媒体で使用していたものを，内容を改訂するとともに電子媒体に改良したものである。ただ「自己啓発セミナー」の運用からしばらくたった頃，某大学教員から「金沢工大は入学した直後から就職対策を行うのか，いくらなんでも

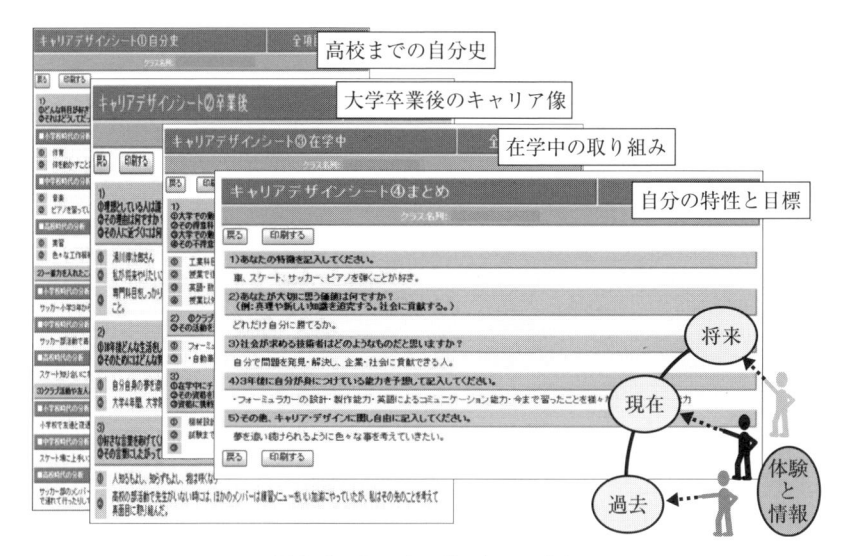

図8-2 キャリアポートフォリオ

やりすぎではないか」との批判を受けた，と担当教員から聞かされたことがある．当時キャリアデザインは就職対策そのものと誤解される用語だったのである．

本科目の学習・教育目標は，①学系・学部・学科に対応した産業界の動向，求められる技術者像，就職環境を理解・把握して，自分の将来の目標を設定する必要性やそのための手法を主体的に学ぶための基礎的素養を養う，②キャリアデザインの重要性を学び，学生時代に獲得すべき目標を設定し，主体的に行動できる習慣を獲得する，③継続的に自ら行動目標と結果を明確にし，自己管理できる能力を養う，④3年次に行う自己アピールシートの作成に必要な情報を蓄積できるキャリアデザイン・レポートを作成する，などである．

特徴的なことは，以下の4つのシートからなる「キャリアポートフォリオ」を作成することにある．

(1) まず幼稚園から小学校・中学校・高等学校までの自分史を作成する．好きだった科目，嫌いだった科目，感動した出来事，夢中になったこと，趣味などの設問に回答することによって，高等学校までの自分自身を振り返る．

(2) 次に入学時点で描いている卒業後のキャリア像についての設問項目に回答する．

(3) 次に大学での4年間をどのように過ごすのか，何をやるのかなどの在学中の取り組みについての設問に回答する。

(4) 最後に自分の特性，職業観および目標を描き出す。

このように入学直後の自己を分析・評価し，将来に対する見通しをもって人生を設計する一連の作業は，キャリア像を媒体として大学におけるモチベーションを高めることになり，これが3年次の選択科目「進路セミナーⅠⅡⅢ」に連動するようになっている。なお「進路ガイド基礎」の内容は21年度から新科目「修学基礎ⅠⅡⅢⅣ」に分散して組み込まれている。

8.2.3 「自己評価レポートポートフォリオ」

これはすべての授業科目，課外学習，クラブ，プロジェクト活動などの各担当者が設問項目を情報処理サービスセンターに申請登録することによって活用することができる。ここでは2例紹介しておきたい。

図8-3 (a) の「人間と自然Ⅰ」(1年次必修) は最も基本的なポートフォリオの利用方法で，レポートをこの画面に入力もしくは貼り付けるものである。画面上に科目名である「人間と自然Ⅰ」，その下に「穴水研修レポートを記述してください」とあり，いくつかの設問，例えば「チームワークについてどう思いますか」に対して入力する。これは成果物の保存というポートフォリオの原型といえよう。

いまひとつは「日本学」(2年次必修，図8-3 (b)) で，受講学生が「達成すべき行動目標」である「①日本の歴史上の人物を1人選んで，調査・研究を行い，その成果を課題レポートとして提出できる。」について，1) 達成度 (0%・20%・40%・60%・80%・100%) を1行目に記述し，2) その理由を100～200文字以内で2行目以降に入力しなさい」，およびその他の項目に回答するものである。学生は受講科目の達成度を具体的に分析することによって，受講成果の確認を行うことになる。単に科目の合否についての満足・不満足で終わることがないようにする仕掛けでもある。この機能は先述の「各学期の達成度自己評価」の一部と同様である。

前者は担当者が与えた課題を整理していくカバン，引き出しであり，最も簡易なポートフォリオの運用である。後者は，基礎教育部修学基礎教育課程の全科目

| 人間と自然Ⅰ | 提出済 |

クラス名列: 1AB2 - 003 氏名: 工大 太郎

[戻る] [印刷する]

設問: 穴水研修レポートを記述してください

設問に対する回答:

1. チームワークの重要性について、現時点における自分の考えを述べよ。
　人は一人では生きていくことはできない。互いに協力することで社会は成り立っていると思う。穴水自然学苑ではカッターレースやブレーンストーミングといったチームで協力しなければ前に進むことができないカリキュラムが組まれている。チームの中ではまだ話したことがない人が多かったが、ここで互いに協力し合ってこの研修を有意義なものにしたい。

2. 共同生活では「挨拶しあう」ことが大切である。これについて、自分の考えを述べよ。
　挨拶というものは互いがコミュニケーションをとろうとするための第一歩であると考えている。はじめてあいさつするときは少し恥ずかしく感じるかもしれない。挨拶されて気分が悪くなる人はまずいないと思う。そこで今回の研修では今まで話したことがなかった人に積極的にあいさつすることにした。そうして円滑にコミュニケーションがとれればいいと思った。

3. 共同生活では「時間を守る」ことも重要である。時間を守ることができたかどうかを含めて思うところを述べよ。
　時間を守るということは社会人としての最低限のマナーである。一人が遅れることによって周りの人間が迷惑するということは避けたい。そのために重要であると考えるのは五分前行動である。これを心掛けると遅刻することはなくなるだろう。この研修では五分前行動を心掛けたので時間は守れた。

4.「人間と自然Ⅰ」の研修がまもなく終了する。終えるにあたって感じたことを述べよ。
　今回の研修ではチームワークの大切さというものが改めて分かった。カッターレースでは六人のボートをこぐ人だけでなく船長やこいていない人全員で声を出し協力することができた。結果は六位であったがチームで一丸となってできたことに意義があると思う。この研修で得たことをこれからの大学生活で役に立てて生きたい。

更新日: 2008年6月18日 (783文字)

[戻る] [印刷する]

(a)「人間と自然Ⅰ」自己評価レポートポートフォリオ

| 日本学 | 提出済 |

クラス名列: 1AB2 - 003 氏名: 工大 太郎

[戻る] [印刷する]

設問: 行動目標「①日本の歴史上の人物を1人選んで、調査・研究を行い、その成果を課題レポートとして提出できる。」について、
1) 達成度 (0%・20%・40%・60%・80%・100%) を1行目に記述し、
2) その理由を100〜200文字以内で2行目以降に入力しなさい。
(Aコース受講者のみ記入)

設問に対する回答:
100%
　一休宗純のことについて調べた。文献調査を行うことで、生涯を通してどのような生き方をし、何を理想としていたのかなど、多くのことを知ることができた。その成果を課題レポートに書き、期限以内に提出することができた。したがって、100%である。

更新日: 2008年11月11日 (122文字)

設問: 行動目標「②日本および日本人の特質を理解し、その概要を適切な日本語の文章で記述できる。」について、
1) 達成度 (0%・20%・40%・60%・80%・100%) を1行目に記述し、
2) その理由を100〜200文字以内で2行目以降に入力しなさい。
(Aコース受講者のみ記入)

設問に対する回答:
80%
　それぞれの授業で、歴史上の日本人について学び、日本人の特質を理解することができた。毎回の授業で提出するレポートを作成することでより理解を深めることができた。したがって、日本人の特質の概要を日本語の文章で記述できるので80%とした。

更新日: 2008年11月11日 (119文字)

設問: 行動目標「③講義の内容を理解し、その要点・概要および考察を、適切な日本語の文章で記述できる。」について、
1) 達成度 (0%・20%・40%・60%・80%・100%) を1行目に記述し、
2) その理由を100〜200文字以内で2行目以降に入力しなさい。
(A・Bコース受講者とも)

(b)「日本学」自己評価レポートポートフォリオ

図 8-3　自己評価レポートポートフォリオ

（人文社会科学および生涯スポーツ）および教職科目の合計56科目で採用しており、成績評価の一部になっている。正課科目以外においては、クラブ活動、夢考房プロジェクト、インターンシップ、課外学習プログラムなど対象となる活動は多いが、さすがにその利用学生数は少ない。

8.2.4 「プロジェクトデザインポートフォリオ」

「プロジェクトデザイン（もと工学設計)」はPBL型科目で、平成7年度に開始し、15年度に「工学設計教育とその課外活動環境」として「特色ある大学教育支援プログラム」に採択された、本学教育の主柱となる科目である。

このポートフォリオは、1年次、2年次、4年次に作成するもので、ここでは2年生必修の「プロジェクトデザインⅡ」（図8-4）を紹介する。この科目は、ある工学的な問題に対して6名1チームで調査・実験・聞き取りなどを行い、最終的にポスターセッションを行うものである。入力項目は、①ポスター、②最終設計報告書、③最終口頭発表のパワーポイントデータなどで、これらの機能は成果物の保存になるが、このポートフォリオの特徴は、④「能力状況とその向上に関

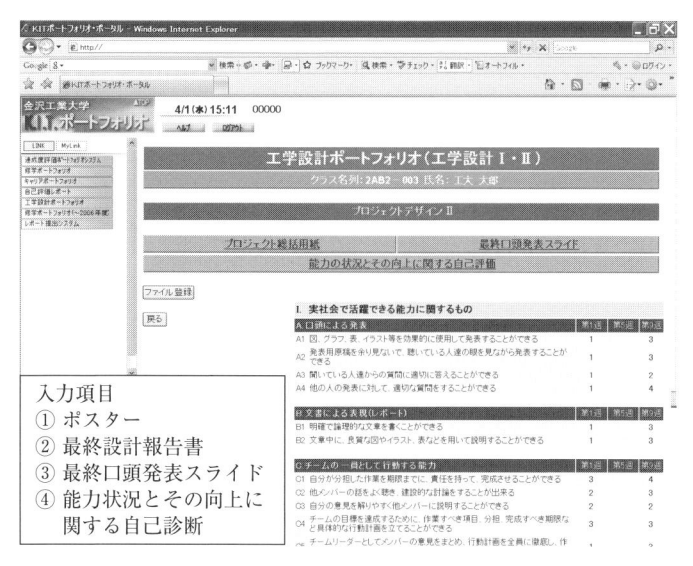

図8-4　プロジェクトデザインⅡポートフォリオ

する自己診断」にある。

本科目が求めるある能力に対して，「第1週目の自己評価」「中間での自己評価」「最終週での自己評価」を入力すると，教員は第1週目，中間の評価を見て，極端に下がった場合はチーム内で何か問題が起きている可能性があるので，授業時間やオフィスアワーにおいて指導を行う。これもひとつのポートフォリオの利用方法で，学生やチームの達成度経過を知ることができ，教育指導上，大きな成果を上げることができる。

なお，20年度から「プロジェクトデザインⅢ」（4年次必修，他大学での卒業研究）では，学生が研究活動状況を日報や週報として，内容・時間数・質問などを入力し，指導教員が指導コメントをフィードバックする「プロジェクトデザインⅢ活動支援システム」の運用を開始した。これにより，学生と教員が互いに進捗状況を正確に把握することが可能となり，教員は出張等で研究室において直接指導できないときでも，学生個々に適切なアドバイスを送れるようになった。

8.2.5 「（各学年の）達成度評価ポートフォリオ」

これは，上記に紹介した各ポートフォリオ（「プロジェクトデザインⅢ」ポートフォリオを除く）をエビデンスとして作成するもので（図8-5），平成18年度から1年次「修学基礎Ⅲ」に組み込み運用を開始し，19年度から「各学年の達成度評価ポートフォリオレポート」として，2年次は「コアガイド」，3年次は「コアゼミ」を実施科目（ともに必修科目）として位置づけ，全学的展開となった。

具体的な登録内容は以下のとおりである。

①今年度の目標と達成度自己評価を入力しなさい。
　1）今年度の目標（50文字程度）
　2）達成度の自己評価（200文字程度）
②今年度の修学・生活状況（出欠，成績，課題提出・各種教育センター利用，課外活動，健康，アルバイトなど）において満足すべきことや反省すべきこと，およびこれらを一層発展させる方法や改善方法を入力しなさい。
　1）修学・生活状況（100文字程度）

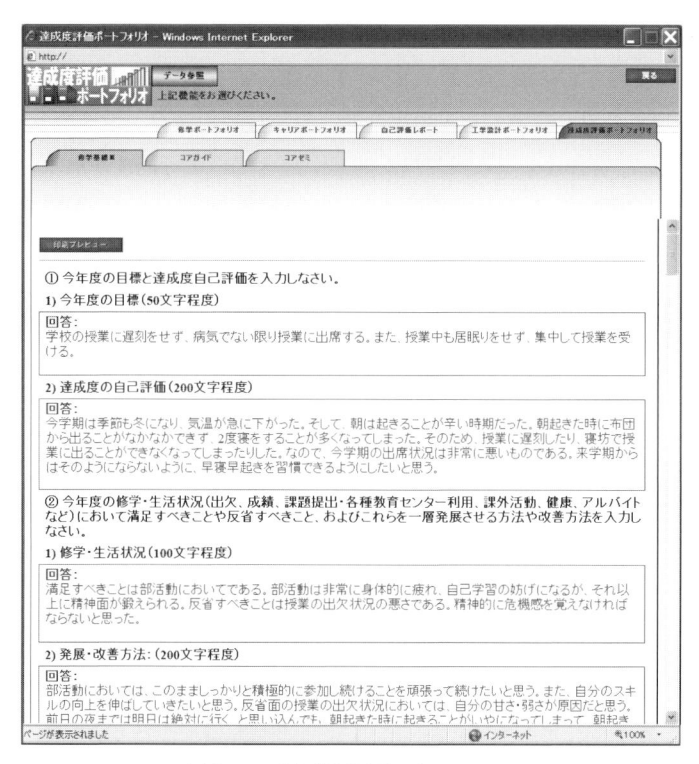

図 8-5　達成度評価ポートフォリオ

　2) 発展・改善方法：(200 文字程度)
③希望進路とその実現に向けて実際にとった行動・成果（自学自習，資格挑戦・取得，インターンシップなど）および展望を入力しなさい．
　1) 希望進路 (100 文字程度)
　2) 行動・成果・展望 (200 文字程度)
④「KIT 人間力＝社会に適合できる能力」に示された 5 つの能力について，具体的な達成度自己評価を各 100 文字程度で入力しなさい．
　1)「自律と自立」
　2)「リーダーシップ」
　3)「コミュニケーション能力」
　4)「プレゼンテーション能力」
　5)「コラボレーション能力」
⑤次年度の目標とこれを達成するための行動予定を入力しなさい．

1) 次年度の目標（50文字程度）
2) 次年度の目標を達成するための行動予定（200文字程度）

①〜④までの項目は各学年共通だが，⑤については学年によって次のように異なる。

【2年次生】
4年次で志望する研究室名または専門領域科目群（専門コア）とその志望理由を入力しなさい。また次年度の目標とこれを達成するための行動予定を入力しなさい。
1) 志望する研究室・専門領域群の名称
2) 研究室・専門領域群の志望理由（200文字程度）
3) 次年度の目標（50文字程度）
4) 次年度の目標を達成するための行動予定（200文字程度）

【3年次生】
「プロジェクトデザインⅢ」のテーマと将来の具体的な職業観を入力しなさい。大学院進学希望の場合は，職業観の代わりにその進学の抱負を入力しなさい。また次年度の目標とこれを達成するための行動予定を入力しなさい。
1)「プロジェクトデザインⅢ」のテーマ
2) 具体的な職業観あるいは大学院進学の抱負（200文字程度）
3) 次年度の目標（50文字程度）
4) 次年度の目標を達成するための行動予定（200文字程度）

すなわち各種ポートフォリオに登録した情報をもとに作成する「達成度評価ポートフォリオ」[2]は，各年次の年度末報告書というべきものであり，新学年の4月に全学年で実施する個人面談時に，修学アドバイザーはこれを参照して，新年度の計画と方向性について学生と相互検証することになる。

すなわち，学生は次年度の目標を設定し（Plan），目標を達成するための活動プロセスや成果を記録し（Do），それをもとに目標への達成度を評価し（Check），次年度に向けた改善を図り，活動計画を作成して実行する（Action），というPDCAサイクルを回すことになる。つまり自己成長の軌跡と修学の自覚・自信・反省から，社会人・技術者になる意義と意欲を高めることを目的とするものなのである。

8.3 ポートフォリオに対する学生の評価と教育効果

ここでは「修学ポートフォリオ」の評価と，平成19年度が本システムの完成年度であったことから，ここまでの教育効果で目に見えるデータを紹介しておきたい。

8.3.1 学生の評価

平成19年11月に，2～3年次生10名と本科目担当教員3名とで「修学ポートフォリオ」に関する座談会「夢の実現を支援する KITポートフォリオシステム」を開催した。そこでは，システムの有効性，活用事例，問題点や改善点など数多くの有益な意見交換がなされた。これは学生と教員との協働による授業改善事例として位置づけられよう。この様子は，本学ホームページの「KITポートフォリオ 修学モデルの紹介」（http://w3e.kanazawa-it.ac.jp/portfolio/）でビデオ映像を見ることができる。あわせて，修学ポートフォリオの実例も掲示しているので参照されたい。

【修学ポートフォリオを利用して良かった点】
①自分の行動を振り返り，次の学年での目標を明確にする手助けになったように思う。また，高校まではあまり文章を書くことがなかったが，文章を多く書く練習にもなったと思う。
②達成度ポートフォリオを利用してよかった点は，1年間の総括を行い，来年度からの修学に役立てることができたことである。私は資格取得を目指していたが，1年次には受験をしなかった。その反省をもとに，2年次では，基本情報技術者資格の取得を目指し取得することができた。これは，達成度ポートフォリオからの反省により，目標を設定できたということだろう。
③他のレポート課題と同じように，文章を考える訓練にはなった。実際，各学期の回顧と展望（各学期の達成度自己評価）を比べてみると，学期が進むごとに文字数が増えている。加えて，反省と改善の提示の訓練でもあった。達成度ポートフォリオは提出課題であるため，強制的に反省と改善の提示を捻り出さなければいけない。つまり，考えずには先に進めないのである。これ

が 1 年間続くことによって習慣になる。これは周りの友人の会話からも伺える。例えば学期終了時に感想を求めると，なぜか反省とその改善点が示される。これは私にも当てはまることで，ポートフォリオの威力を実感する体験であった。
④ 毎年の進路について自分が行った行動やその時の進路に関する考え方を振り返ることができるのでよかった。また，考えるだけでは忘れてしまうことが多いが，それを記入して保存することができるため，過去と現在の進路に関する考え方を比較することができるので，さらに考えが深まってよいと思う。

このように，文章作成能力の向上，1 年間の総括による次年度の計画，仲間同士の会話で反省が自然に出てくる，記録することで過去と現在の進路に関する考え方の比較ができるなど，思いのほか評価の高いコメントがあり，学生が「ポートフォリオの威力を実感する体験であった」と述べたことはその極致である。

次に 19 年度「修学基礎Ⅲ」の授業アンケート（回答数は 946 名）において修学アドバイザーとの関係を調査したので，その結果を挙げておく。

設問：担当教員（修学アドバイザー）とのコミュニケーションを持ちましたか。
　　　十分に持てた 23.6％，やや持てた 64.1％，あまり持てなかった 8.6％，
　　　全く持てなかった 2.5％，必要なかった 1.1％，その他 1.1％
設問：あなたにとって個人面談は有益でしたか。
　　　大変有益 34.4％，やや有益 52.0％，あまり有益でない 8.0％，
　　　無益 2.0％，その他 3.6％

このように，学生と修学アドバイザーとの関係は良好で個人面談も有益と判断している学生が多い。学生の相談に親身になって対応する教員の姿勢が評価されているものとみられる。

また，修学アドバイザーとの接触と自学自習の姿勢についての関連性という興味深い調査報告がある。コミュニケーションを「十分とれた」と「ややとれた」を肯定的反応，「あまりとれなかった」と「全くとれなかった」を否定的反応として，それぞれを合計し，自学自習の姿勢が身についたかどうかに対する反応の

割合を出したものである．それによると，自学自習の態度が「十分身についた」「やや身についた」と回答した学生は，担当教員とのコミュニケーションがとれている場合が比較的多い．これとは逆に，自学自習の態度が「あまり身についていない」「全く身についていない」と回答した学生は，担当教員とのコミュニケーションが不十分であった傾向が比較的高くなっている．すなわち，学生にとって，担当教員とのコミュニケーションが良好であることが，自学自習の態度を身につけるうえでプラスの影響を及ぼしている傾向があると考えられる．

ただし，これらは1年次生を対象とした授業アンケートをデータとしており，2年次生以上の学生に関するものではない．

なお当然ながら，学生からの不満の声もあるので，紹介しておきたい．

① 1年の最初にはそれが勉強になったが，後半には自分で振り返ることに慣れてきたので，打ち込んで文章にすることは面倒だった．
② 入力の説明を「修学基礎」の時間に行って欲しい．または詳しい説明（活用方法や利点など）のプリントが欲しい．
③ 字数制限をなくして欲しい．制限を満たすためだけに中身のない文を書くなら，シンプルに自分がわかる文を書けばそれで反省できると思う．

この中には入力マニュアルをテキストに掲載し，さらに授業で丁寧に説明することで解決した点もあるが，入力の文字数など課題として残されていることもある．

8.3.2 教育効果

まず，平成16年度以降各年度の学期ごとの授業アンケートを紹介しておきたい．表8-1は「高校時代と比べて自学自習は身につきましたか」，表8-2は「行動履歴や達成度自己評価は自分を見つめ直し自己評価を行うものですが，あなたにとってこの作成は有益と考えますか」の集計結果である．

いずれも高い評価で，多くの学生が「修学ポートフォリオ」の有益性を認めており，その作成の意義を理解しているものとみられる．具体的には，自己管理・行動の整理，将来設計，学習への姿勢，大学生活の意義，人間形成，自主性など

表8-1　高校時代と比べて自学自習は身につきましたか

	十分身についた	やや身についた	あまり身につかなかった	全く身につかなかった	回答数
16年1期	12.7%	67.2%	17.5%	2.6%	1,404
2期	9.4%	59.9%	25.6%	5.0%	1,156
3期	19.4%	60.6%	15.1%	5.0%	1,007
17年1期	26.8%	58.4%	11.9%	3.0%	1,341
2期	15.5%	65.9%	16.3%	2.3%	1,321
3期	24.4%	61.6%	11.7%	2.3%	1,141
18年1期	23.6%	60.6%	13.5%	2.3%	1,528
2期	15.4%	61.5%	20.3%	2.8%	1,301
3期	23.0%	63.6%	10.7%	2.6%	1,284
19年1期	24.2%	61.3%	12.2%	2.3%	1,133
2期	14.9%	67.2%	15.4%	2.5%	1,114
3期	29.4%	60.2%	9.3%	1.1%	944
20年1期	26.6%	61.2%	10.2%	2.0%	1,209
2期	15.1%	59.0%	22.8%	3.1%	1,152
3期	24.5%	64.6%	9.0%	1.9%	986

を挙げているが，自分自身を振り返ることができ，大学生活や将来について保護者と話す機会が増えた，という学生もいる。

しかし一方では，表8-2の数値が異常に高いことは，学生が大学入学以前にこのようなことを継続的に行う経験がなかったこと，記憶だけに頼ることなく実際に1週間，1学期間，1年間を自己の記録で振り返ることを初めて経験したからではないか，と分析できよう。肯定率の数値を見ると，16年度2期の64.9%が19年度1期には94.2%となっていることから，今後このような学生が入学して来る可能性が高いと，一層の危機感を覚えざるを得ない。しかし，そのような学生が「修学ポートフォリオ」を通して，何かに気がつき成長してくれることを期待している。

担当である修学アドバイザーに対する評価は，「親身で熱意ある指導」「理解できる厳しさ」など良好であったが，反面「堅苦しい」「指導の格差」「個人面談が

表8-2 「1週間の行動履歴」や「各学期の達成度自己評価」は自分を見つめ直し自己評価を行うものですが，あなたにとってこの作成は有益と考えますか。

	大変有益	有益	肯定率	回答数
16年2期	6.2%	58.7%	64.9%	1,156
3期	9.3%	68.5%	77.8%	1,007
17年1期	19.0%	71.7%	90.7%	1,341
2期	16.0%	70.3%	86.3%	1,321
3期	18.0%	69.4%	87.4%	1,141
18年1期	17.7%	72.4%	90.1%	1,528
2期	13.7%	64.5%	78.2%	1,301
3期	20.7%	68.1%	88.8%	1,284
19年1期	24.1%	70.1%	94.2%	1,133
2期	16.7%	71.5%	88.2%	1,114
3期	23.7%	68.5%	92.2%	944
20年1期	23.6%	70.1%	93.7%	1,209
2期	18.9%	70.7%	89.6%	1,152
3期	26.6%	66.1%	92.7%	986

短時間」「課題の未返却」など厳しい意見もある。残念なことに科目担当者でもある1年次生の修学アドバイザーの一部に，本科目の位置づけと役割の理解が徹底しておらず，また授業手法にも改善の余地があることが判明している。

そのため以下のような授業改善活動を行っている。修学アドバイザーは各学期終了後に，FD報告書（学生の行動目標の達成度に関する自己評価および改善，授業での工夫，授業アンケートの学生自由記述部分へのフィードバックコメント，成績評価の分布，その他）を作成し，WGはこれらを整理して次年度の「学習支援計画書（シラバス）」と「修学基礎ⅠⅡⅢの手引き（指導マニュアル）」の原案を提示する。これを担当者全体連絡会議で検討し，次年度の学習・課題などの内容と指導方針を決定している。

さて，学生が自分の夢や目標に近づくための自己認識・自己再発見のツールとして考案した「修学ポートフォリオ」の運用開始から20年度末で5年間，「KITポートフォリオシステム」の完成から3年間を経過しようとしているが，これま

での教育効果については以下のように考えている。

　第一に，本学の学生は恒常的に学習活動で忙しいため，「いま何を省き，何に取り組むか（優先順位）」を考え，その活動記録を残すことにより，結果として修学・生活の自己管理能力を身につけ，時間管理が上達することになる。自己の行動を振り返り改善する能力の育成は，自立と自律とを養い，自己実現に向かう学生に対する支援のひとつと判断している。

　第二に，学生と教員との距離が一層近くなることによってコミュニケーションが深まり，また修学指導を要する学生の早期発見にも有効である。

　第三に，自己表現力が苦手な学生にとって，短文であっても繰り返し自己点検としての文章作成を続け，それに教員のコメントや添削が施されることで，その能力の向上が期待できる。

　第四に，次年度の目標と行動設定を行い，それを修学アドバイザーと相互確認することによって，キャリアデザイン教育の効果向上に資する。

　19年度に各学年の「達成度評価ポートフォリオ」が全学的に展開されたことによって完成年度を迎えたが，初年次教育に対する有効性のみならず，上級学年学生にその教育効果が維持されつつある。表8-3に示したように，教育支援機構の各種センターの利用学生が増加したことなどがその一例であるが，「褒める教育」の一環である「学長褒賞」[3)]の受賞件数が13年度の2,984件から，ポートフォリオ完成年度の19年度には9,053件を数え，実に3倍にも増加したことは，学生の意欲と行動とが着実に前進しているひとつの証左であろう。

　そして多くの大学ではGPA（Grade Point Average），本学ではQPA（Quality Point Average）と呼称している数値に関して，従来とは異なる結果が見られるようになった。表8-4の見方は，1年次のポイント，2年次までの通算ポイント，3年次までの通算ポイント，卒業時まで，つまり4年間の通算ポイントを示している。一般的な傾向は，13年度から15年度にかけての入学生のように2年次に下がり，そして持ち直して卒業していく。ところが，ポートフォリオを開始した16年度の入学生から，2年次のQPAは下がっていない。このような結果がこれからも継続していけば，本プログラムの成果が徐々に現れてきたのではないか，と考えることも可能かもしれない。

　また，進級した学生が1年次の修学アドバイザーとのコミュニケーションを継

表8-3　各種教育センターの利用者数と学長褒賞受賞者数

	H 13	H 14	H 15	H 16	H 17	H 18	H 19	H 20
学生数	7,513	7,295	7011	6,851	6,824	6,892	6,809	6,903
数理工教育 C	12,163	14,181	14,456	13,579	14,772	15,784	15,765	14,593
夢考房 26	18,290	21,220	31,330	45,864	47,333	53,233	55,568	55,382
夢考房 41	40,327	41,940	43,842	46,203	47,597	51,070	52,270	55,389
学長褒賞	2,984	3,847	4,332	5,423	6,694	7,864	9,053	7,009

表8-4　各入学年度学生の平均 QPA

QPA＝(評価ポイント×単位数)÷(履修科目の総単位数)
評価ポイント：S (4)・A (3)・B (2)・C (1)・D (0)

	1年次	2年次	3年次	4年次
13年度入学	2.19	2.09	2.17	2.30
14年度入学	2.18	2.14	2.21	2.34
15年度入学	2.31	2.23	2.26	2.36
16年度入学	2.24	2.30	2.43	2.48
17年度入学	2.35	2.39	2.44	2.50
18年度入学	2.33	2.38	2.47	2.54
19年度入学	2.33	2.40	2.50	2.56
20年度入学	2.29	2.42	2.45	

続して保ち，進路や生活に関する報告や相談を持ち込んでくることが多いという報告を受けている。その環境下において，上級生と1年生との交流が始まり，一部の学科では上級生が新入生を自主的に指導する「勉強会」を立ち上げ，定期的な運営会議の開催やウエブページを作成するなど，副次的成果をも生み出している。

さらに，学生と教員との協働成果も出始めている。例えば，大学案内書などで学生の標準的なキャンパス生活を眼にすることがあるが，本学では本人の了解を得て，詳細なデータを付した実在の修学モデルを提示することができるようになった。オープンキャンパスにおいては，学生が受験生や保護者に対して自分のデータを公開し，その有益性を説明したうえで，デモ入力を体験させている。

8.4 修学履歴情報システム

　学生の情報・要望などを収集するにはさまざまな方法があるが，平成14年度から教職員が協働して作成する学生指導の情報収集システムである電子版の「修学履歴情報システム」の運用を開始した。これはウェブ上の双方向型情報システムで，修学アドバイザー，進路アドバイザー，修学相談室や進路開発センターの職員，科目担当者をはじめとする本学の教職員が，学生との面談結果や学生の活動を記録しデータベース化するもので，学生面談時の詳細情報として活用している。

　それまでは学生の指導情報は担当の教員だけが把握しており，何か問題が生じたとき学生部や修学相談室に報告されていたが，手遅れになっている場合が多かった。そこで情報の蓄積と共有による指導の早期化ができないか，という修学相談室員の発案により，このシステムが構築された。これには学生の基本情報をはじめ，面談内容，学生個々人の時間割，授業欠席情報，修学指導情報，進路指導情報，褒賞情報，成績情報（単位取得状況，成績を点数化したQPA，未修得科目と対応科目），資格取得情報，プロジェクト情報，奨学金情報，クラブ情報，学生スタッフ（学内勤務）情報など多様な情報が登録されている。そのためセキュリティとデータの印刷は慎重に行わなければならない。

　このシステムの運用開始によって，いままで個人の記憶と記録に頼っていた学生指導が，システムとして教職員が共有運用でき，入力データの蓄積から学生への支援や指導がきめ細かに，しかも迅速にできるようになったことは事実で，特に各種の面談記録の蓄積が修学指導に大いに役立っている。例えば，本日教員が面談結果を入力すると，修学相談室職員は明朝一番でその内容を確認することになっている。その結果，即応しなければならない事案については，関係教職員に連絡をとることになる。事案によっては保護者あるいはカウンセラーを交えた協議も必要な場合もあるため，この作業は単純のように見えるが，教職員の連携が一層重要になる。このように教職員が協働して蓄積した学生の情報と基本情報をあわせて「第1学籍簿」と呼んでいる。

　個人面談内容を入力する画面が図8-6で，その履歴は時系列で整理されるため，過去の積み重ねがあると，これまでの状況をふまえつつ学生あるいは保護者と面

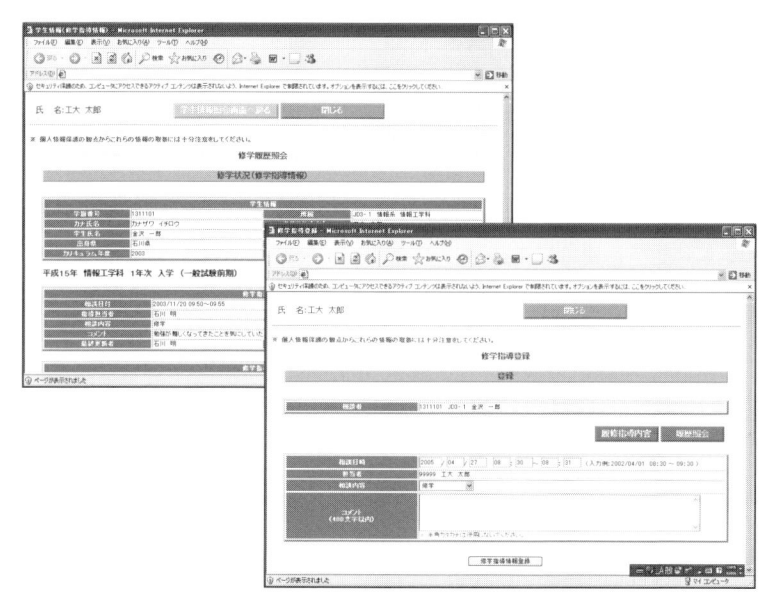

図8-6 修学履歴情報システム学生指導情報入力画面

談をすることができる。特に地方で開催する保護者会での個別面談は，当該学生の修学アドバイザーや関係する修学相談室員が担当することが稀であるため，本システムのデータが有効となる。なおこの入力情報件数は，運用開始時の14年度には約3,000件であったが，19年度は約17,000件，20年度は2月末で19,000件を超えるまでになった。

8.5 おわりに

学生は「KITポートフォリオシステム」を活用することによって，あまり意識せず自然にPDCAサイクルを回す習慣が身につくことになり，この積み重ねによって本学の教育目標である「自ら考え行動する技術者の育成」に近づくことになる。これを自己成長型教育プログラム「ACROKNOWL PROGRAM」と称している（図8-7）。

自己成長型教育プログラムとは，「教えられる」「与えられる」のではなく，自分から学び成長する仕組みを体得するものであり，そこに人間力の醸成がある。

実はこのことが本学の教育付加価値のひとつでもある．すなわち，このプログラムを成し遂げることによって，大学を卒業するとき，「何々ができるようになりました」と自信をもって説明できる，そういう学生を育てることが本学の教育目標「自ら考え行動する技術者の育成」と考えている．

　一方で，本学の取り組みが逆に学生の主体性や自律性を妨げるとの主張もある．これをまったく否定するわけではないが，初年次教育の学習内容のひとつである大学での入り口における「かたち」を意識した教育指導を行うことは肝要であり，ドロップアウトの防止にもつながるものと考えている．

　また，本学では6月に保護者会総会，8～10月（平成22年度から6～8月）にかけて全国53会場での地区交流会を開催している．ポートフォリオ導入以前は，保護者に提示できる資料は成績表だけであり，修学アドバイザーを主とする面談記録をもとに面談を行ってきた．地区交流会に対象学生の修学アドバイザーが赴くことは稀であり，そのため画一的な面談を行うにとどまっていたと言わざるを得なかった．現在も保護者の関心は学生の成績や進路に関することが主ではあるが，子女の独り暮らしの心配，学生生活そのものへ強い関心などから，大学に問い合わせを寄せる保護者が増えている．特に遠隔地の保護者にその傾向が強いようにみえる．

　その要請に応える仕組みとしても，学生が作成した「第2学籍簿」であるポートフォリオの情報は，教員の手元資料として有効である．保護者からの評価も上々で，「ポートフォリオシートをいただきたい」との要望が多い．残念ながら個人情報保護法により渡すことはできないが，「学生は学内イントラネットによりいつでもプリントアウトできますし，また保護者はスポンサーでもありますから報告の義務がある旨お話しをされてはいかがでしょうか」と答えている．今後，保護者と大学がより緊密な関係を構築することによって，両者が学生の教育に協力して向かうことになるよう期待するところである．

　ポートフォリオは，主として学生個人の学習成果物の保存や学習達成度を確認するためのツールと理解されがちだが，そのほかにも学生にとっては就職活動で自己の学生生活の実態を紹介する根本資料ともなり，教職員にとっては修学生活指導，さらには教員自身の授業運営改善に関する「ティーチングポートフォリオ」など多様な活用方法がある．

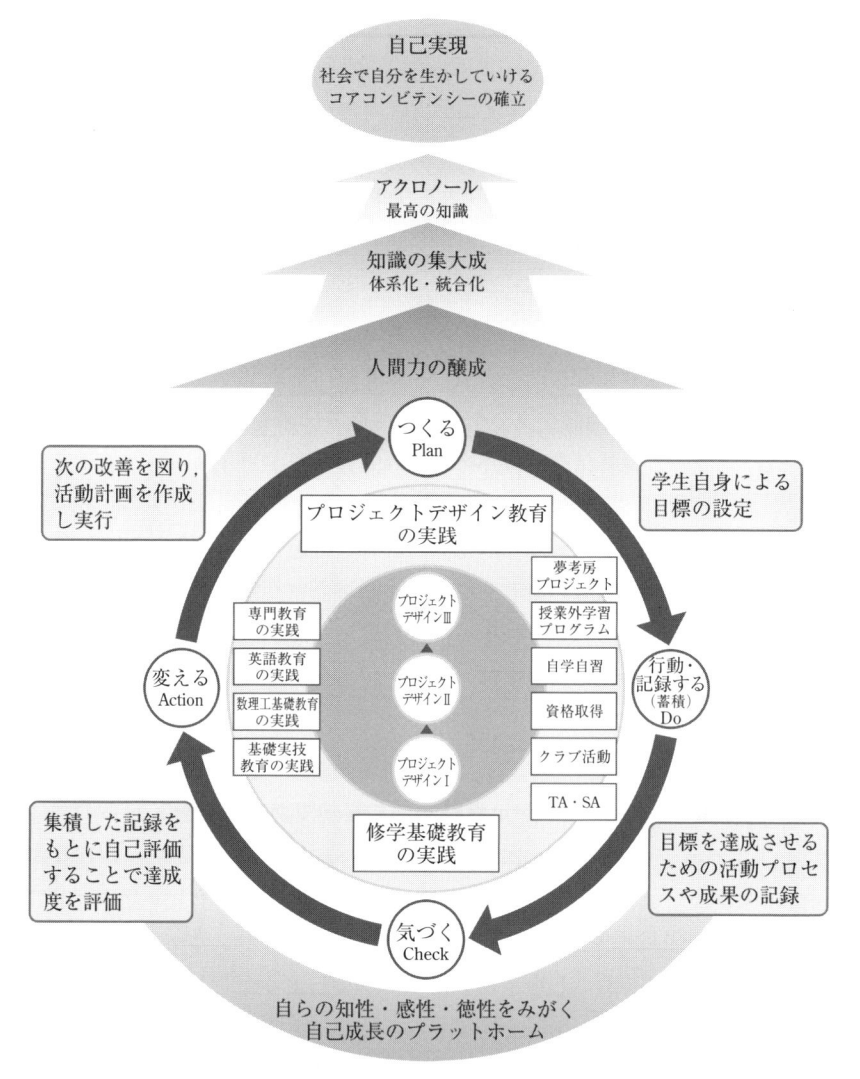

図8-7 自己成長型教育プログラム「ACROKNOWL PROGRAM」

多くの学生にとって大学は最後の教育機会の場であり，大学には入学を許可した学生を社会に有為で貢献できる人物として送り出す使命がある。そのためには初年次における修学・生活指導が重要であることは自明で，学生の大学生活への適応を直接・間接的に支援し，上級学年に導かなければならない。そのツールとして，本学では特に学生作成の第2学籍簿である「修学ポートフォリオ」と教職員協働作成の第1学籍簿である「修学履歴情報システム」を重視しているのである。

【付記】本稿は平成21年3月に提出したもので，文中の科目名称・内容・表現等はその時点のものであることをお断りしておく。なお，現在ポートフォリオシステム全体の見直し作業を進めている。

注
1)「修学基礎ⅠⅡⅢ」については，藤本元啓・西村秀雄「金沢工業大学」（濱名篤・川嶋太津夫編著『初年次教育―歴史・理論・実践と世界の動向―』所収，丸善，2006年），藤本元啓他「修学基礎ⅠⅡⅢについて」（『工学教育研究』KIT　Progress 13，金沢工業大学，2007年），藤本元啓「学生から高い評価を得る修学ポートフォリオとは」（『カレッジマネジメント』145号，リクルート，2007年），藤本元啓「KITポートフォリオシステムを活用した目標づくり―自己成長型教育プログラム「アクロノール・プログラム」―」（『教育学術新聞』2292・2293・2294号，2007年），藤本元啓「金沢工業大学における初年次教育の展開」（『工学教育』57-1，日本工学教育協会，2009年）等で述べたことがある。
　　なお本学は平成7年度～20年度まで3学期制を採用していたが，21年度からは2学期制（一部4期制）移行のため，「修学基礎ⅠⅡⅢ」は「修学基礎ⅠⅡⅢⅣ」に，さらに24年度からは「修学基礎AB」に改編する。
2) 平成22年度からエントリーシート作成を意識して，入力項目に「この1年間の大学生活において，自分自身で最も成長したと思うことの具体的な事例とその理由（300文字）」を増設した。
3) 受賞規程には，学期単位で科目担当教員による成績・レポート優秀学生の推薦，履修科目の80%以上がA評価（20年度から履修科目のQPAが3.3以上に変更し，受賞基準を上げた），大学の名声を高めた学生，その他がある。

補足事例

eポートフォリオ活用促進のための提出物管理システム
—— 飛ぶノート

遠藤大二

飛ぶノートとは

「飛ぶノート」は，講義で手書きで作成された提出物を，スキャナとMaharaを使って自動的に学生に返却する仕組みである（図1）。システムは，開講科目単位で利用される。基本的な利用方法としては，各回の講義ごとに，学生がA4判の用紙に手書きで課題を記入後，あらかじめ配布されている個人IDが記されたバーコードを貼付する。教員等がバーコード付きの提出物をスキャナーで読み取って作成したデータをサーバにアップロードすることにより，自動的にMaharaの個人スペースに提出物のPDFが掲載される，というシステムである。このシステムはMaharaを多くの学生に体験させることをきっかけに開発されたが，利用する教員にとっての利便性から，このシステムを利用するためにMaharaの導入を検討する場合もある。本稿では，このシステムを紹介する。

開発の経緯

酪農学園大学では，文部科学省の学生支援推進プログラム「eポートフォリオを活用した食・農型就職支援の展開」を活用して，2009年度にMaharaを導入した。2009年度において，一部学生の参加を得てMaharaの活用マニュアルを作成した（http://www.carrier-port.jp/mahara でダウンロード可能）。2010年度においては，利用学生の拡大に重点を置くこととした。利用学生の拡大のため，

```
         ┌─────────┐
         │ 教　師  │                    ┌──────────────┐
         └────┬────┘                    │教育支援スタッフ│
              ↓                          └──────┬───────┘
    ┌────────────────────────┐                  ↓
    │学生にバーコードシートを配布(1回のみ)│←·········│バーコードシートを作成│
    └────────┬───────────────┘                  └──────────────┘
             ↓
    ┌────────────────────────┐                  ┌─────────┐
    │バーコードを貼った提出ノートを集める│                  │ 学　生  │
    └────────┬───────────────┘                  └────┬────┘
             ↓              ┐ こ                    ↓
    ┌────────────┐          │ れいだけ    ┌──────────────────┐
    │ 内容をチェック │         │ つも   ←·······│提出ノートにバーコードを貼る│
    └────────┬───┘          │ も は      └──────────────────┘
             ↓              │
    ┌────────────┐          │
    │スキャナで読み取り│         ┘
    └────────┬───┘
             ↓
    ┌────────────────────┐
    │ PDF Splitter にアップロード │
    └────────┬───────────┘
             ↓
    ┌────────────────────────┐
    │自動的に Mahara の学生のページへ│
    └────────────────────────┘
```

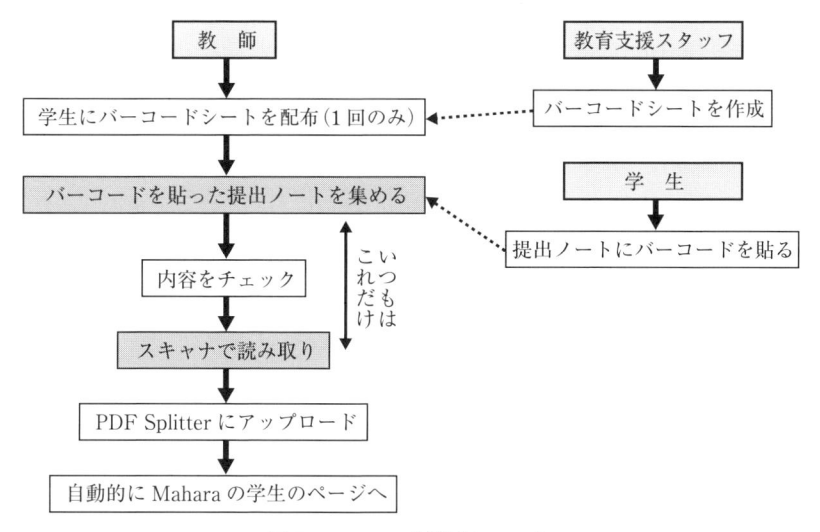

図1　バーコード版飛ぶノート

開講されている講義において学生が義務的に Mahara を使用し，教員にとっては授業の効果を高めながら負担が少ない方法を考えることにした。教員の授業内容を検討した結果，授業での手書き課題を学生に PDF として返却するシステムを開発することとなった。講義中に重要なポイントを指定の用紙に記載するという方法は，学生が講義内容を要約する作業を行う点で効果的な方法であることが知られている。ただ，このような教育課題を課した場合には，プライバシーを保ちつつ返却することの難しさが問題となっている。飛ぶノートで考案された，『提出物に学生自身がバーコードを貼って提出し，自動的に Mahara に返却される』システムは，このニーズに的確に応える方法である。このシステムでは，学籍番号などのドキュメント配布の際に必要となる情報がバーコードシールとして貼付されることにより，Mahara 上の個人スペースに電子化されたドキュメントを返却する。開発にあたっては，使用が想定されるスキャナ製品，バーコードの形式，およびプリンタ用のバーコードシール用紙を大学側で調査・決定し，要件を前提として開発を依頼することにより，開発費用を軽減した。

Mahara 活用の展開

　システム完成後，便利さの実例を資料として作成し学内に告知した。その結果，後学期が開始された9月からは，11科目で利用されることとなり，2010年9月下旬から授業での利用が本格化した。実際の配信においては，大量の「未配達」が出るなどの問題が起きた。この問題は，「飛ぶノートシステム」を大学のLDAP認証に適応させる改善によって解消された。

　2010年10月の中旬にはMaharaの利用学生が増大し，学生が自主的にグループを作成するなどの活用が行われ始めた。また，酪農学園大学では，教育機関を対象に「飛ぶノートシステム」の無償頒布を行っているため，学外においても利用の申し入れなどがあり，利用が展開され始めた。さらに，2011年9月には，バーコードの代わりにマークシート部分へのマークで学籍番号を読み取る「マークシート版飛ぶノート」の利用が開始された（図2）。この方式の場合は，教員は講義当日にマークシートの付いたノート用紙を配布するだけでよく，学生もバーコードを持ってくる必要がない。少しの手間の違いであるが，使用者の評判はマークシート版が圧倒的に良く，酪農学園大学ではバーコード版を使う教員はい

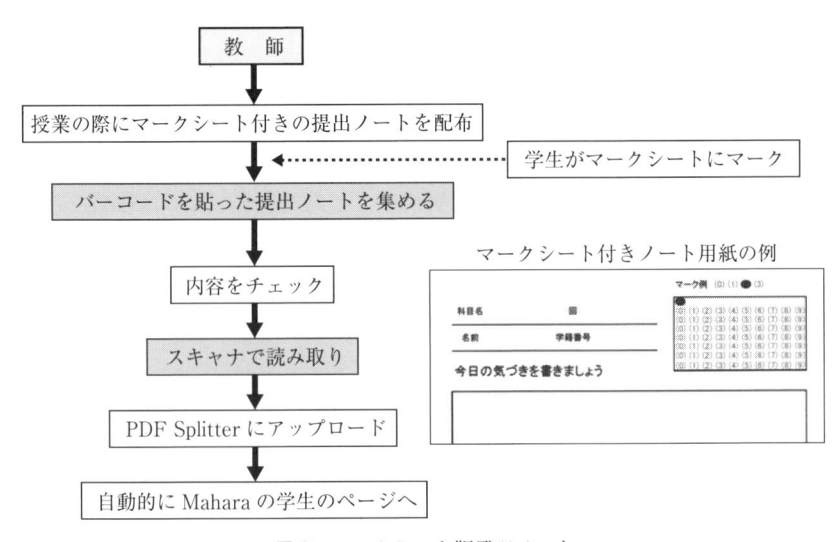

図2　マークシート版飛ぶノート

なくなってしまった（利用希望の場合は酪農学園大学学生支援推進プログラム studsupp@rakuno.ac.jp までメールいただきたい）。今後，「飛ぶノートシステム」の利用が拡大することにより，Mahara の利用事例とノウハウの蓄積が進むことが期待される。

第III部
eポートフォリオシステム

第9章

Sakai Open Source Portfolio (OSP) ツール

ジャニス・A・スミス／翻訳：梶田将司・足立 昇

9.1 はじめに

　本章では，オープンソース Sakai CLE (Collaboration and Learning Environment) の Open Source Portfolio (OSP) ツールの起源，メリット，機能について述べる．まず，OSP の歴史から始めて，Sakai CLE のポートフォリオツールの概要へと続けた後で，ポートフォリオ体験を形作る Sakai ツールおよびその機能について詳しく述べる．OSP ツールは，リソースツールや課題ツールのような一部の Sakai ツールとともにインタラクティブな統合スイートとして協調して機能する．Sakai におけるポートフォリオツールを利用するためにはある程度のカスタマイズが必要になる．ツールをカスタマイズする際に使用するユーザインタフェースを，教員や管理者に対して提供するツールもある．

　すべての Sakai ユーザには，自分専用のリソースフォルダがあるマイワークサイトが用意されていて，ポートフォリオのアーティファクトやポートフォリオインタラクションの記録のために使用される．個人やグループは，目的に応じてカスタマイズされたポートフォリオプロセスに導くために，ポートフォリオサイトとポートフォリオサイト内のグループに追加される．また，ポートフォリオ管理サイトでは，管理者がすべてのポートフォリオユーザのリソースにアクセスすることができる．さらに，Sakai コミュニティは，学部や大学が OSP を利用する際に支援するためのさまざまなオンラインリソースを提供している．ベンダー企業も，ポートフォリオ実装のためのサービスや，Sakai のポートフォリオツール

を大学が独自に利用するためのトレーニングを提供している。

9.2　OSPの起源

SakaiのOpen Source Portfolio（OSP）ツールは，1990年代半ばのミネソタ大学にその起源がある。ミネソタ大学は，2003年に，そのポートフォリオシステムのソースコードをオープンソースコミュニティに寄贈し，米国の複数の大学とオープンソースソフトウェアベンダー1社で構成されるコンソーシアム Open Source Portfolio Initiative（OSPI）が開発・サポートすることになった。2005年には，OSPIはOSPコードをSakai CLEにマージし，2007年には，Sakaiポートフォリオツールが Sakai コアツールに認定され，Sakai ツールとして必須の機能が十分に開発されたと認められた。OSPの歴史の詳細を表9-1に示す。

本章の情報や画面はSakai 2.7に基づいている。OSP機能が若干強化されたSakai 2.8も2011年4月にリリースされた。また，Sakaiの次期バージョンであ

表9-1　OSPの歴史

2003年 1月	ミネソタ大学が，実際に使っていたポートフォリオシステムをオープンソースコミュニティに寄贈。
2003年 4月	第1回OSPコミュニティカンファレンスをカリフォルニア州立大学（モントレーベイ校）で開催。
2003年 6月	OSPI（OSP Initiative）として組織化。
2003年 夏	デラウエア大学，rSmart社（オープンソースサービス提供会社），ミネソタ大学の協力により，OSP 1.0を公開。
2003年12月	OSPをさらに発展させるために，インディアナ大学とrSmart社が共同で合計百万米ドルの助成金をメロン財団から獲得。
2004年 7月	OSP 1.5をリリース。 OSPIは活動を効率化するため，Sakai CLEに次期バージョンの開発を依頼することを決定。
2005年 6月	Sakai CLE 1.5をベースにしたOSP 2.0をリリース。OSPIはSakaiに合流し，その役割を終了。
2006年 5月	非営利団体としてSakai財団を設立。
2007年 秋	OSPツールがSakaiにおけるコアツールとしてパッケージ化。

るSakai Open Academic Environment（OAE）のポートフォリオツールを計画・設計・開発する活動が行われている。Sakai OAEでは，教育と学習を統合する観点でポートフォリオをとらえ強化する方向に向かっている。

9.3 Sakai OSP ツールスイート

Sakai OSPツールは，eポートフォリオの実装が非常に柔軟にできるようになっている。OSPツールは複数のツールを組み合わせて使用し，大学の教育プログラムに沿ったコースレベルの教育プロセスにカスタマイズされたワークフローを生成し，互いに組み合わせることができる。その柔軟性の高さのため，OSPツールはそのままでは十分に使いこなすことはできない。大学におけるさまざまな状況にまたがる複数のポートフォリオプロセスを支援するためには，ツールインタフェースやXMLプログラミングにより慎重に設計・カスタマイズする必要がある。

　SakaiのOSPツールを使用する大学は，独自に立ち上げたSakaiサーバまたはホスティングサービスを用いて運用することになる。OSPをうまく使うためには，ポートフォリオツールの機能面の知識や，ツールがそれぞれどのように協調して使われるのかの知識に加えて，OSPをカスタマイズする際に使用するXMLスタックを熟知した専門家も必要になる。ポートフォリオツールを用いてカスタマイズすることによりOSPデータ構造として参照することができ，他のSakaiサーバで使用するためにエクスポートすることもできる。OSPの複雑性に起因する無用な遅れを避けるとともに人的・金銭的な負担も減らすために，OSPを実装する計画がある大学は，オープンソースコミュニティに参画したり，教育用のオープンソースアプリケーションをサポートしているベンダと協働したりすることをお勧めする。また，ポートフォリオ実装は技術中心のプロジェクトではなく，機能面と技術面双方の領域での継続的なリーダーシップこそ，ポートフォリオの実現を成功に導くうえで必要不可欠である。

　Sakai 2.7および2.8において，学生に教えるために必要なワークフローを作り出すために組み合わせて使用するOSPツールを表9-2に示す。

　リソースツール，課題ツール，名簿ツールはOSPに起源があるものではない

表 9-2 Sakai 2.7 および 2.8 の OSP ツール

ポートフォリオサイト	ポートフォリオテンプレート
フォーム	ポートフォリオレイアウト
マトリクス	スタイル
ウィザード	リソース（OSP 用に調整済み Sakai ツール）
用語集	課題（OSP 用に調整済み Sakai ツール）
評価	名簿（OSP 用に調整済み Sakai ツール）
ポートフォリオ	レポート（元々 OSP 用に作成された Sakai ツールで，ツール単位リリース用として再導入）

表 9-3 バージョン 2.7 または 2.8 にアップグレードされない Sakai OSP ツール

ゴール管理	フォームビルダ
データポイント	レポート（OSP ツールというよりも今ではむしろ Sakai ツール）

が，OSP ワークフローにおいて重要な役割を果たすように調整されている．レポートツールは，Sakai ツールになる前に OSP コミュニティで元々開発されたものである．レポートツールは一時的にコントリブ・ツール（十分に機能するとはコミュニティが認めていないツールで，リリース版には含められない）に格下げされたが，Sakai 2.7 以降を対象にしたツール単位リリース用として再導入された．

Sakai 2.7 または 2.8 にはアップグレードされていないポートフォリオツールを表 9-3 に示す．ゴール管理ツールやデータポイントツールの多くの機能は，Sakai 2.7 以上で利用できる課題ツール・マトリクス間やマトリクスセル間の関連付けとして統合された．

Sakai のポートフォリオワークフローをサポートするために OSP ツールをどのように組み合わせるかのさまざまな方法を図 9-1 に示す．

Sakai のポートフォリオツール間の関係を大まかにまとめると，まず，特定のコースやプログラム，大学の教育ワークフローを支援するためのポートフォリオツールの一部あるいは全部をつなぎ合わせたポートフォリオサイトから始めるこ

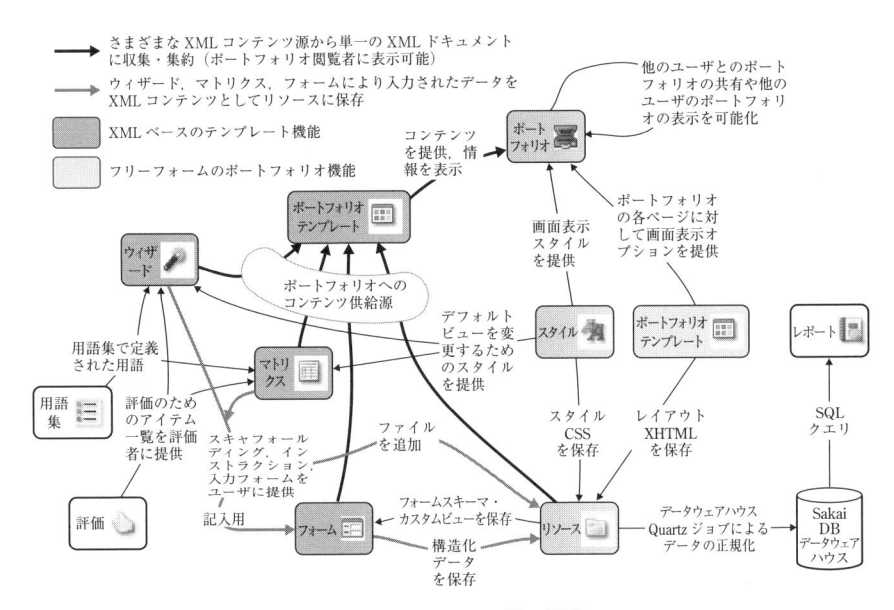

図9-1 OSPツール間の関係
（スリーカヌーズ社のショーン・キースラーが作成。使用許諾済み）

とになる。リソースツールを用いることにより，エンドユーザは，あらゆる種類のマルチメディアファイルをアップロードし，整理し，メタタグ付けを行うことができ，それにより学習エビデンスを組み上げることができる。また，リソースツールは，次の機能も有している：(1) マトリクスツールやウィザードツールを用いて課題に対する構造化データを集積したりポートフォリオツールを用いて共有したりするためのカスタマイズされたフォーム，(2) すべてのポートフォリオツールに対するデータ構造をカスタマイズするためのXMLプログラミング，(3) 学生や教員がポートフォリオワークフローに関わったことにより生成されるデータ。

　ポートフォリオサイトオーガナイザ（教員や技術サポートスタッフ）は，学生（または他のユーザ）が学習エビデンスや成果物を収集したり内省したりするための指示や示唆を，スキャフォールディング（ステップバイステップのガイダンス）付きのマトリクスやウィザードをカスタマイズして行う。フォームは，ドキュメント化したものや内省したもの，フィードバック，評価のためのデータを収

集できるようにカスタマイズされる。マトリクスやウィザードのワークフローは，用語集ツール（マウスオーバやポップアップを用いて用語の詳細な説明を表示），および評価ツール（教員評価のためにマトリクスセルやウィザードページを用いて学生が提出したものをまとめる）によってサポートされる。課題ツールは，マトリクスセルやウィザードページの提出物を課題に関連付け，ポートフォリオワークフローにまとめることもできる。ある特定の目標やスタンダードに基づいた活動を表すマトリクスセルやウィザードページは，同じサイトまたは異なるサイトで，他のマトリクスやウィザードのセルやページに関連付けることもできる。

サイトオーガナイザは，ポートフォリオテンプレートを用いることにより，マトリクス，ウィザード，フォーム，課題，リソースに保存したアイテムから収集されたデータを用いてポートフォリオを作成するプロセスを構築することができる。あるいは，ポートフォリオレイアウトやスタイルツールにより，ユーザ自身のポートフォリオを設計したり，ポートフォリオを作成するために必要なレイアウトやスタイルを作成したりする場合もある。どのようなポートフォリオでも同じ Sakai サーバ上ではどのユーザとも共有できるし，どの電子メールアドレスにも通知でき，あるいは公開 URL を通じて共有することもできる。

レポートツールは慎重に作成する必要があり，さまざまなオプションを使用することができる。レポートツールは，その大学の必要に応じてカスタマイズされたレポートを作成することを目的としており，すでにうまく使用している大学もある。また，Serensoft 社はカスタマイズされたフォームを使用して作成したデータへのアクセスが可能なレポートのためのウィジットを Sakai コミュニティに寄贈している。ポートフォリオデータは XML に保存されるが，OSP データウェアハウスに保存するために定期的に実行されるクォーツジョブにより正規化しなければならない。データが保存されたら，SQL クエリにより CSV 形式でデータをエクスポートするために書き出すことができ，または，カスタマイズされたレポートツールに表示することができる。

9.4　Sakai のポートフォリオサイト

Sakai サーバ上の各ユーザは，1 つ以上のワークサイトのメンバーになる。管

理者はユーザをサイトに登録するか，ユーザ自身がサイトメンバーになるかどうかを決めることができる。デフォルトのSakaiには，コースサイト，ポートフォリオサイト，プロジェクトサイトという3つのサイト種別があり，ロールとツールごとにデフォルトのロールとパーミッションがそれぞれある。大学は必要に応じて，サイト種別を新しく作成することもできる。ユーザがあるサイトのメンバーになると，そのユーザにロールが割り当てられる。表9-4にSakaiのポートフォリオサイトのデフォルトロールを示す。

ポートフォリオサイトにより，CIGコーディネータがサイトで使用するポートフォリオツールをいかようにでも組み合わせ選択することができる。さらに表9-5に示すSakaiツールはポートフォリオサイトで使用することができるツールであるが，大学は自身の判断でほかのSakaiツールを追加することもできる。

各ツールの利用については，ロールごとに許可されるようになっている。サイトオーガナイザ（ポートフォリオサイトのコーディネータ）のみがサイトの編集権限を持っている。例として，マトリクスツールのデフォルト権限を図9-2に示す。

ポートフォリオサイトは，大学の学期を通して学生のアクティビティの収集に

表9-4　ポートフォリオサイトのロール

ロール	定義
CIGコーディネータ	サイトオーガナイザ，教員，または，ポートフォリオサイトを管理する権限をもつユーザ。
CIG参加者	学生またはポートフォリオサイトのアクティビティに参加している他のユーザ。
評価者	サイト参加者のアクティビティを取りまとめ評価するために割り当てられたユーザ。評価を通じて，どの参加者の学習が各時点の基準に合うかをユーザおよび大学に対して明確にする。
レビューア	サイト参加者のアクティビティを形成的に評価するために割り当てられたユーザ。形成的評価により，参加者が評価基準に照らし合わせて最も良い学習が行えるように導き勇気づける。

注意：OSPの最初の頃のバージョンでは，ポートフォリオサイトはCommon Interest Group（CIG）と呼ばれていた。その意味するところは，ポートフォリオは，学問分野やプログラム，サービス（キャリア開発等）などに共通の関心を持ったグループに帰属する個人の集団によって多くの場合作成されていることを表している。

表9-5　デフォルトのポートフォリオサイトにあるその他のSakaiツール

ホーム	お知らせ	カレンダ
電子メールアーカイブ	ウェブコンテンツ	名簿
サイト情報		

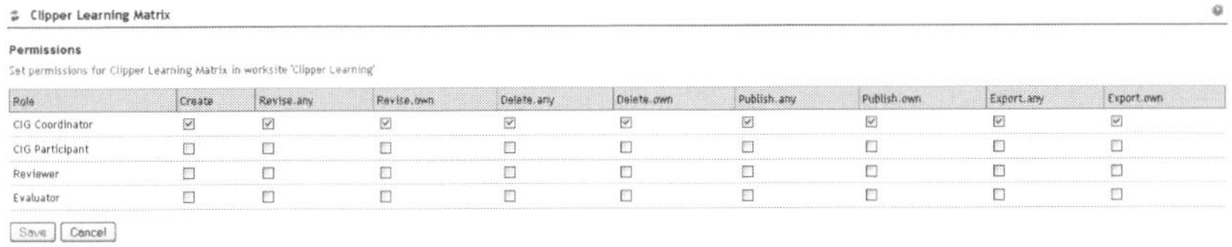

図9-2　マトリクスツール用のデフォルトロール

有用である。コースサイトは学期ごとに作成され，アーカイブに保存されるが，一方で，ポートフォリオサイトは学期を通して保持されるし，学生が卒業した後でも保持されることもある。ポートフォリオツールはコースサイトまたはプロジェクトサイトにも追加することができるが，熱心なポートフォリオアクティビティが効果的に行えるのはポートフォリオサイトである。

9.5　マイワークサイト

　Sakaiユーザはすべてマイワークスペースと呼ばれる個人用サイトを持っている。このサイトの情報はユーザ自身のためのものであり，非常に特別な場合のみ，システム管理者にも利用可能にできる。マイワークスペースのツールはユーザの種別によってさまざまなものがある（どのサイトのツールも大学が改変可能）。マイワークスペースにあるツールを図9-3に示す。大学は，ユーザがワークサイトセットアップ（図9-3のWorksite Setup）や評価ツール（図9-3のEvaluations）にはアクセスできないとしている場合が多い。

　大学は，マイワークスペースのホームページをカスタマイズすることにより，ユーザに対してきょうのメッセージやその他の情報をマイワークスペースに表示することもできる。大学はまた，マイワークスペースのホームページ上でお知ら

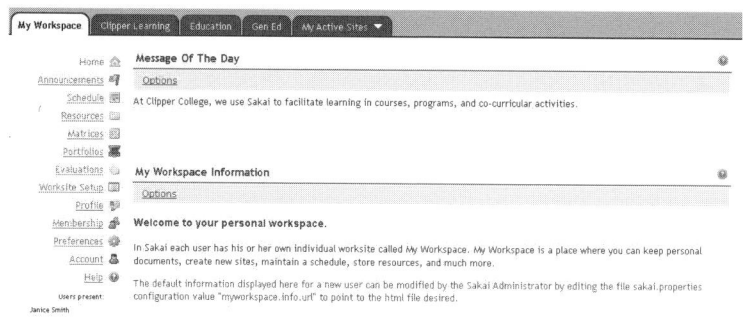

図 9-3　ユーザのマイワークサイト

せツールやスケジュールツールを表示するように選択することもできる。さらに，ユーザは，そのホームページをカスタマイズし好みに応じてウェブページへのリンクを表示することもできる。ユーザが設定を変更することで，スケジュールツールやお知らせツールのサマリを表示したり，きょうのメッセージやマイワークスペースの情報を表示したりすることもできる。

　プロフィールツールにより，ユーザは，写真（大学の顔写真付き ID あるいはアップロードした画像），連絡先情報など，所属するサイトの他のメンバーに対して自分の追加情報を見せることができる。ユーザはポートフォリオ全体あるいは個人情報を他のユーザに見せないように選択することもできる。プロフィール情報は名簿ツールを含め，サイト全員に共有される。

　スケジュールツールやお知らせツールは，ユーザが属しているすべてのサイトから情報をまとめる概観的なツールである。メンバーシップツールでは，ユーザが他のサイトに加入するかしないかをユーザの判断に任せている（これはサイト管理者レベルでの設定に依存する）。リソースツールはマルチメディアファイルをアップロードしたり保存したりすること，プレーンテキストまたはリッチテキストでドキュメントを作成すること，アイテムにメタタグを付けることに使用される（リソースツールについての詳しい情報は，以下のリソースツールの節を参照）。

　マトリクス，評価，ポートフォリオの各ツールは，ユーザがメンバーであるす

べてのサイトから，マトリクス，評価，ポートフォリオのすべてのサマリを提供することができる。ワークサイトセットアップツールを用いることにより，ユーザは自分のサイトを立ち上げ，メンバーとして他のユーザ名を追加することができ，また，メンバーシップツールによりメンバーになっているサイトを開くことができる。

設定ツールを用いることにより，次の設定を行うことができる：
- アクセスサイトのタグをカスタマイズする
- お知らせ，リソース，シラバス，電子メールアーカイブから通知を受信する
- 時間設定，使用言語を決定する

アカウントツールを用いることにより，ユーザは電子メールアドレス，パスワードを変更することができる（ただし大学の許可が必要）。ヘルプツールはSakaiのすべてのツールのヘルプに関する情報を提供する。

マイワークスペースは，自分のデータは自分で管理するというSakaiの特徴を表したものである。各ユーザのマイワークスペースは，自分自身のアクティビティを保存しておく場所であり，個人スケジュール，お知らせ，マトリクス，ポートフォリオ，そして評価者（ユーザが教員の場合）の一括表示にアクセスできる場を提供するものである。

9.6　リソースツール

リソースツールはポートフォリオアクティビティの中心である。このツールはどのワークサイトからでもアクセスでき，データの抽出あるいはアップロード方法を提供する。ユーザはすべて個人のマイワークスペースフォルダを持ち，そこには誰もアクセスすることはできない。リソースの対象は通常「アイテム」と呼ばれる。リソースツールのマイワークスペースフォルダに追加されたアイテムに対するアクションを表9-6に示す。

ワークサイトはすべてリソースフォルダを持ち，サイト管理者は表9-7に示すアクションも行うことができる。

図9-4は，クリッパー大学におけるラーニングアウトカムのためのポートフォリオサイトからリソースフォルダを表示したものである。

表9-6 リソースツールで使用できるアクション

- 任意のタイプのマルチメディアファイルをアップロードする
- ユーザがアクセスできる任意の OSP フォームに記入し保存する
- プレーンテキストまたはリッチテキスト文書を作成する
- 実際の URL にリンクする
- フォルダを作成し，リソースツールにあるアイテムをまとめる
- アイテムをコピー，移動，削除する
- メタデータ付きのアイテムをタグ付けする
- アイテムを非表示にしたり，一意な URL を付けて公開したりする
- フォルダ権限を編集する（例えば，フォルダ内のすべてのアイテムを非表示にするとかすべて公開する等）
- OSP のフォームやマトリクス，ウィザード，ポートフォリオの画面により，アイテムを添付したりアップロードしたりするためにリソースツールを使用する

表9-7 ワークサイトフォルダでのアクション

- サイト内で使用するためにカスタマイズされたデータ構造を構築する（または非表示にする）
- サイトメンバーの全員または一部にマルチメディアファイルへのアクセスを提供する
- サイトオーガナイザがメンバーである他のサイトのリソースフォルダからアイテムをアクセスする

　リソースツールは，ユーザ自身だけがアクセスできるワークスペースリソースフォルダ内でやりとりされたポートフォリオの記録が取得できるようになっている。マトリクス，セル，ウィザードページ，および，ポートフォリオで書き込まれたすべてのフォームが，作成済みの特定の OSP データ構造にファイルされたそのユーザのポートフォリオインタラクションフォルダ内で使用することができる。図9-5は各ユーザのマイワークスペースリソースフォルダ内でのポートフォリオインタラクションフォルダのコンセプト的なダイアグラムである。この図は，ユーザがマトリクス，ウィザード，または，ポートフォリオで完成させるフォームが，マトリクス，ウィザード，または，ポートフォリオのサブフォルダ内でどのように保存されるかを示している。

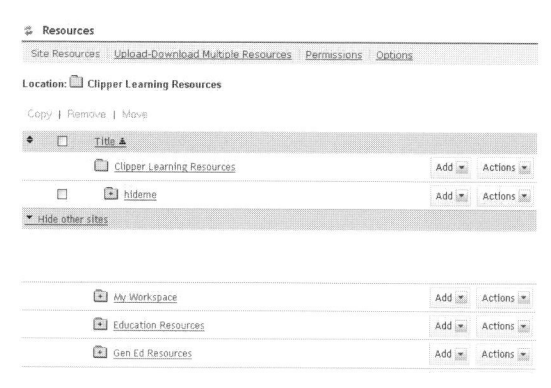

図9-4　ポートフォリオサイト用のリソースフォルダ

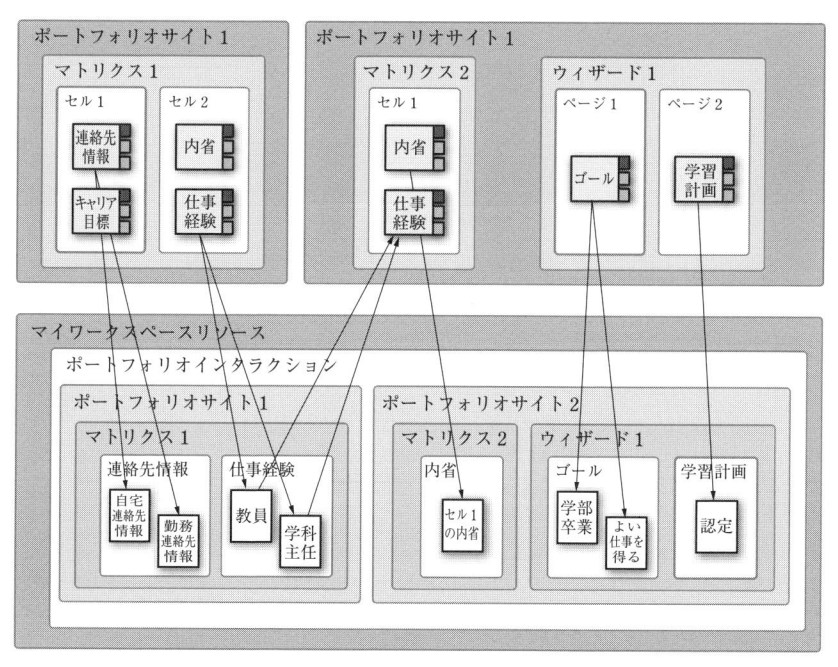

図9-5　ポートフォリオインタラクションフォルダ中のアクティビティ
　　　（スリーカヌーズ社のショーン・キースラーが作成。使用許諾済み）

9.6 リソースツール

9.7 グループ

参加者をワークサイトにまとめることに加え，Sakaiでは，システム管理者またはサイト管理者はポートフォリオサイト内にグループを作成することができる。グループはCIGコーディネータ（サイトオーガナイザ）が管理するマトリクスやウィザード内で，その参加者の活動のみを閲覧できるようになっており，特に有用である。図9-6はCIGコーディネータがポートフォリオサイト内でグループを作成するために，どのようにサイト情報ツールを使用するかを示している。

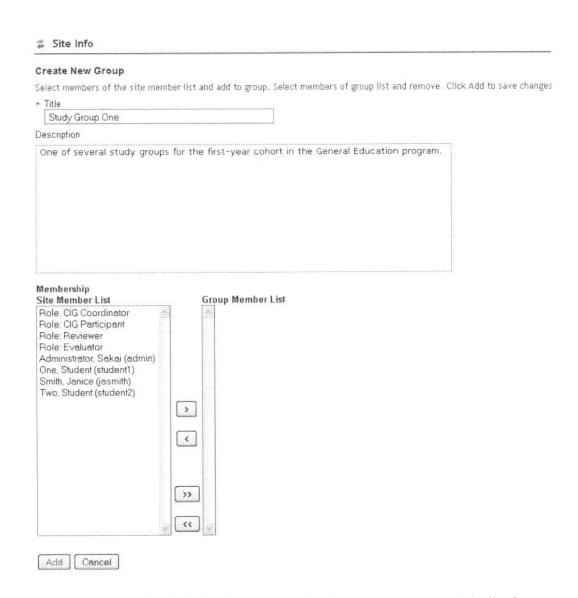

図9-6 サイト情報ツールで新しいグループを作成

9.8 ポートフォリオ管理ワークサイト

ポートフォリオ管理ワークサイトは，ポートフォリオの管理ツールがある特別なサイトである。そのメンバーには，通常，システム管理者と技術スタッフが当てられる。このサイトにより，同じSakaiサーバ上のすべてのサイトにわたって使用するOSPデータ構造のグローバルなカスタマイズを行うことができる。そ

のような OSP データ構造は次のものである：
- マトリクス，ウィザード，ポートフォリオで使用するフォーム
- マトリクス，ウィザードで使用する用語集アイテム
- ポートフォリオテンプレート
- ポートフォリオレイアウト
- スタイル

ポートフォリオ管理で使用できるツールを図 9-7 に示す。

図 9-7 ポートフォリオ管理サイト

9.9 OSP コミュニティリソース

オープンソースの最も魅力的な特徴はオープンソースコミュニティの協力的な性格である。国際的な Sakai OSP コミュニティには活気があり，とても参加しやすい。さまざまな形で参加することが可能で，他の参加者の恩恵を享受することができる。そして最も重要なことだが，他の参加者のためにコミュニティに貢献できることである。表 9-8 に，OSP コミュニティに関するリソースをまとめたので参照されたい。

表9-8 OSPコミュニティリソース

OSPコミュニティ	http://confluence.sakaiproject.org/display/OSP/Project+-+Portfolio 毎週の電話会議，メーリングリスト，OSPドキュメント・リソース
Sakai Confluence	http://confluence.sakaiproject.org/confluence OSPドキュメント・リソース
Sakai OAE (Sakai 3.0) プロジェクト	http://confluence.sakaiproject.org/display/SAKDEV/Sakai+3 Sakai OAEに向けた進捗状況に関する情報
オープン教育実践ライブラリ	http://openedpractices.org ユースケースおよびエクスポート用データ構造
rSmart CLEポートフォリオショーケース	http://www.rsmart.com/portfolios エクスポート用データ構造付き3つのアーキタイプポートフォリオ実装
株式会社エミットジャパン（日本）	http://www.emit-japan.com/ Sakaiを用いたポートフォリオを推進する日本における活動を支援
スリーカヌーズ社（米国）	http://threecanoes.com SakaiやOSP実装に関するサービスおよびトレーニング

9.10 まとめ

　本章では，次のセクションへの橋渡しとなるよう，OSPの起源とどのようにSakai CLEがOSPツールとして利用できるかを述べた。簡単にまとめると次のとおりである：ポートフォリオユーザは，自らのアーティファクトをマイワークスペースのリソースツールフォルダに整理し保守する。ポートフォリオユーザは，1つあるいは複数のポートフォリオサイトやポートフォリオサイト内のグループに割り当てられ，ポートフォリオワークフローに参加することになる。ポートフォリオ管理者サイトでは，サイトをまたがるすべてのユーザのためのポートフォリオプロセスをサポートする。OSPコミュニティは，OSPを大学で利用するための数多くのリソースを提供するとともに，大学が独自にSakaiのポートフォリオツールを使えるようOSP実装サービスやトレーニングサービスを提供しているベンダーもある。

第10章 ▶ ▶▶▶

Open Source Portfolio（OSP）の利用シナリオ

ジャニス・A・スミス／翻訳：梶田将司・足立 昇

10.1 はじめに

　本章では，教員・学生・管理職・インストラクショナルデザイナの観点から，典型的なポートフォリオプロセスを詳細化したポートフォリオシナリオを導入し，Sakai OSP ツールの利用方法をわかりやすく述べる。シナリオでは，4 年間の学部教育を通じて Sakai ポートフォリオツールを使用する学生を想定する。その学生は，所属する学科における学習リソースとして，また，自分の個人的な学習や到達を友人や家族，指導教員，および将来の就職先に見せるための手段として，自分のポートフォリオを利用することが求められる。この章では，ポートフォリオプロセスのそれぞれの段階において，Sakai のポートフォリオツールがどのように使われるかをわかりやすく説明する。この典型的なシナリオにおけるポートフォリオプロセスをまず学生とその教員の視点から描き，そして管理職の視点からポートフォリオ評価データの利用について描く。そして，その裏舞台となる Sakai が提供する Open　Source　Portfolio ツールのカスタマイズをしセットアップする IT スタッフの活動を観察していただく。

10.2 ポートフォリオシナリオ

　ポートフォリオのためのワークフローを理解する効果的な方法は，ユーザのシナリオを通じて学ぶことである。ここでは，次の 3 つのシナリオを通じて Sakai

表10-1 登場人物

氏名	クリッパー大学での役割
ブライアン・ジェフリーズ	クリッパー大学で経営管理の学士取得を目指している学部学生
グレース・コノリー	クリッパー大学の経営管理学科の教授で，ブライアンの指導教員。ブライアンが受講している経営管理のキャプストーンコースの教員でもある
シャロン・ウェストリー	クリッパー大学で一般教養教育を教えている教授で，ライティングスキルを教えるためにポートフォリオを使用している
ブルース・マクアリスター	クリッパー大学の教授で経営管理学科の主任。大学認定・プログラム認定のために学生の学習エビデンスをまとめるよう，学科の教員に奨励している

のポートフォリオツールがどのように使われるかを，クリッパー大学という4年制大学の登場人物（表10-1参照）によるポートフォリオの実践例により紹介する：

- 教室における教育学習活動の促進
- 個人の到達のショーケース化
- 教育プログラムへのアクセス

10.3 教室における教育学習を促進するためにポートフォリオを利用

ブライアン・ジェフリーズは，クリッパー大学の1年生のときに一般教養プログラムに出席するように求められた。このプログラムはあらゆる大学で必要となる幅広い知識とスキルを習得するよう，学生をサポートするものである。教養プログラムでは彼は，クリッパー大学のSakaiサーバを用いて次のことを求められていた：

(1) 15科目のラーニングアウトカムに従い，完成した彼のラーニングアウトカムまたは課題のアーティファクトをマトリクスツールを用いて収集すること。

(2) 各アーティファクトが1つ以上のラーニングアウトカムにいかに合致しているかを内省すること。

表10-2 クリッパー大学におけるラーニングアウトカム

カテゴリー	ラーニングアウトカム
知的／実践スキル	・探求と分析 ・クリティカルシンキング ・クリエイティブシンキング ・書面によるコミュニケーション ・口頭によるコミュニケーション ・リーディング ・量的リテラシー ・情報リテラシー ・チームワーク ・問題解決
個人的／社会的責任	・市民としての知識と関与——地域および世界 ・異文化知識とコンピテンシー ・倫理的理由付け ・生涯学習のための基盤とスキル
統合的／応用学習	・統合的／応用学習

＊2010年9月30日に http://www.aacu.org/value/ からダウンロード

(3) 各ラーニングアウトカムに対するルーブリックを用いて自分の行ったことを評価すること。

(4) 総合評価のために，アーティファクト，内省，形成的評価のための自己評価を提出すること。

教養プログラムの彼の指導者であるシャロン・ウェストリー教授は，Sakaiのポートフォリオの使い方のトレーニングを行い，大学の4年間を通じてポートフォリオを継続的に開発することが求められることをブライアンに教えた。

クリッパー大学のアウトカムは，米国大学協会（Association of American Colleges and Universities, AAC&U）の米国大学教育により提案されたラーニングアウトカムにならったもので，さらに15領域のバリュールーブリック（大学教育の有効な学習評価）に進展していった。クリッパー大学で採用された15領域のバリュールーブリックのラーニングアウトカムを表10-2に示す。

10.4 個人到達ショーケースのためにポートフォリオを利用

経営管理の学士を目指す道の半ばで，ブライアン・ジェフリーズは地方の会社が提供してくれた，無償のインターンシップのチャンスに挑戦してみようと決めた．彼の指導教員であるグレース・コノリー教授はインターンシップ申請書の一部である履歴書を，Sakai のポートフォリオツールを使って作成するよう急いで指示した．教授は彼と共同して，学期ごとに経営管理に関する理解と到達を反映したポートフォリオを作成した．ブライアンはドキュメントを作成し，学科や2回のインターンシップ，オーストラリアで過ごした学期でのコース活動について振り返りつつ考えを述べ，これらの経験に基づいたアーティファクトをポートフォリオに書き込んだ．

学科のキャプストーンコースにおいて，指導教員は，ポートフォリオをさらに洗練したり，就職のための準備の支援をしたりした．指導教員は彼のポートフォリオにおけるドキュメントを一般教養での経験から，15の大学ラーニングアウトカムに関連付けて作成し，さらに AACSB（the Association to Advance Collegiate Schools in Business, 大学経営学部推進連盟）で要求されている8つの学習スタンダード（表10-3参照）も追加し準備した．指導教員はまた学内の就職サービスオフィスとも相談し，彼のポートフォリオにつき2人のインターンシップ指導者に意見を求めた．4年間の終わりには，ブライアンは卒業で要求される最後の行事の一環として，学部のパネルで彼のポートフォリオのプレゼンテーションを行った．卒業するまでにブライアンはその専門能力と経歴の最終目標に

表10-3　バリュールーブリックに追加された AACSB 学習スタンダード

- グローバル経済のダイナミクス
- 財務理論，財務分析，財務報告，および，市場
- 商品やサービス，情報の統合的な生産と分配を通じた価値の創造
- 組織におけるグループや個人のダイナミクス
- 組織を通じて意思決定過程を支援する統計的データ分析および経営科学
- 組織や経済の構造やプロセスに影響を与え，経営の役割や技術に影響を与える情報技術
- 組織に関する国内経済環境やグローバル経済環境
- 各大学が定めた経営に特化したその他の知識や能力

＊2010年9月30日に http://www.aacsb.edu/accreditation/business_standards.pdf からダウンロード

ついて深く考え抜き，彼の技能と到達について就職先に対して十分に準備することができた。

10.5 教育プログラムにおける学習を評価するためにポートフォリオを利用

クリッパー大学の経営管理学科の主任として，ブルース・マクアリスター教授はSakaiのポートフォリオツールを用いて，学科の教員が学生の学習エビデンスを集めるように教員を組織化した。この情報は，大学の地域認定組織とAACSBから求められている。AACSBは学部活動の専門分野における認定を行う。特に，地域認定組織は，大学がAAC&Uの15領域のバリュールーブリックに則ってラーニングアウトカムの検証を望んでいる。AACSBは，大学がAACSBのスタンダードのみならず，その教育機関のラーニングアウトカムがいかに大学のカリキュラムに適合しているかのエビデンスの検証を要求している。彼らはスタンダードとアウトカムの完全習得を示す課題例を閲覧するとともに，各コース課題に対して，学生の回答および教員による評価について無作為な検証を要求している。

マクアリスター教授は，学科での教育や学習をサポートするポートフォリオを学科として立ち上げるように指導するとともに，スタンダード，アウトカム，カリキュラムと学生の実績の関係をドキュメント化する手段を提供した。教員は，スタンダードとアウトカムを結び付ける課題を出題し，課題の提出を受け付け，学生がスタンダードとアウトカムを習得した学位に関する内省と評価を提出するためにポートフォリオを使うことを奨励した。そして，カスタマイズされた報告書がスプレッドシート形式で出力され，スタンダードとアウトカムがいかに課題と関係付けられているか，また，教員がスタンダードとアウトカムに関連付けて課題をいかに評価しているかが記載される。ポートフォリオプロセスには，別のスタンダードやアウトカム，科目とレベルを示す課題の例を適宜収集できる機能も持たせることができる。

この章の後半では，Sakaiのポートフォリオツールが上述の各シナリオのワークフローをどのように作り上げるかをわかりやすく説明する。

10.6 学生・教員のためのOSP体験

ブライアン・ジェフリーズがクリッパー大学の一般教養課程の1年生になったとき，シャロン・ウェストリー教授は彼にクリッパー大学のSakaiサーバを用いて，ゲートウェイサイトからのログイン方法（図10-1）を，またクリッパー大学ポートフォリオサイトにあるホームページの学生版へのアクセス方法（図10-2）を彼にやって見せた。

ブライアンはリソースツール（第9章のリソースツールの節を参照）を用いて，マルチメディアファイル形式で彼の学習したエビデンスをアップロードしまとめるよう指示を受けた。そしてクリッパー学習ポートフォリオのマトリクスツール

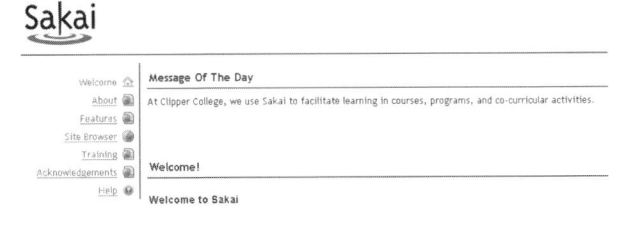

図10-1　クリッパー大学ゲートウェイサイト

図10-2　学生用クリッパー学習ポートフォリオホームページ

を開き，AAC&U バリュールーブリック（上述の表 10-2 参照）から採用した 15 領域の大学ラーニングアウトカムに関連して彼の学習内容をドキュメント化し，内省し始めるように指示を受けた。マトリクスツール（図 10-3）のクリッパー学習マトリクスは，15 領域の大学ラーニングアウトカム（およびそのカテゴリー）を行に，また列には，

- 一般教養課程（図 10-3 では General Education）
- 学生の主専攻学科でのコースワーク（図 10-3 では Major Coursework）
- カリキュラムに関連した，クラブ活動・運動・インターンシップ・海外留学などの課外活動（図 10-3 では Co-Curricular Activities）
- 学生の主専攻学科のキャプストーンコース（図 10-3 では Capstone）

があり，各アウトカムに関した学習内容を学生は書き込み，内省するよう勧められる。

自分の学習に関するドキュメント化と内省を始めるにあたり，ブライアンはマトリクスセルを，一般教養の列と調査・分析のラーニングアウトカムの交差するところに置いた。彼はラーニングアウトカムの定義を表示するために，マウスでその行ラベルをクリックし，用語集ツール（図 10-4）から提供される詳しい定義のポップアップを表示した。

Clipper Learning Matrix	General Education	Major Coursework	Co-Curricular Activities	Capstone
Intellectual and Practical Skills				
Inquiry and Analysis				
Critical Thinking				
Creative Thinking				
Written Communication				
Oral Communication				
Reading				
Quantitative Literacy				
Information Literacy				
Teamwork				
Problem Solving				
Personal and Social Responsibility				
Civic Knowledge and Engagement - Local and Global				
Intercultural Knowledge and Competence				
Ethical Reasoning				
Foundations and Skills for Lifelong Learning				
Integrative Learning				
Integrative Learning				

図 10-3　クリッパー学習マトリクス

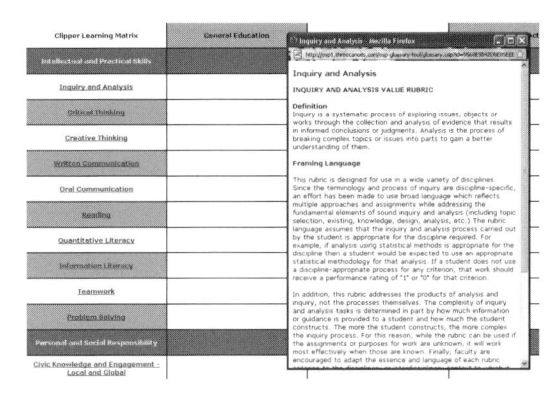

図10-4 マトリクス行ラベルに対する用語集ポップアップ

図10-5 クリッパー学習マトリクスのセル

図10-6 課題提出物を収集するマトリクスセル

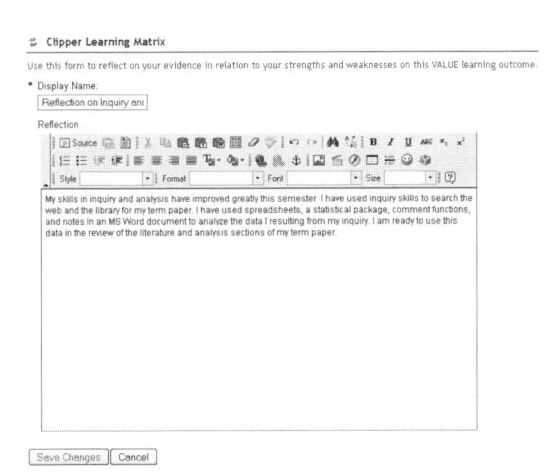

図 10-7　マトリクスセルへ入力された学生の内省

　そして，ブライアンはセルをクリックし，ワークフロー画面を表示した。その画面は，(1) 一般教養課程（図 10-3 の General Education）の探求・分析力（図 10-3 の Inquiry and Analysis）に関する技能の養成に関連したマルチメディアファイルにエビデンスを添付するものであり，(2) 内省フォームを用いて，結果に関連した長所・短所についてのコメントを書くものである（図 10-5 参照）。

　もうひとつの方法として，ウェストリー教授は課題ツールを使用して，ブライアンにこのラーニングアウトカムに関連した特別なタスクをさせることもできた。ブライアンが評価のために課題を提出すると，課題へのリンクが図 10-6 に示すようにマトリクスセルに表示される。

　ブライアンがこのアウトカムに関連した現在のエビデンスおよび添付した追加のエビデンスを見直した後，彼はラーニングアウトカムに関連した長所・短所についてのコメントを内省フォームのセルに書き込むように指示された（図 10-7 参照）。

　ウェストリー教授はまた，ブライアンにラーニングアウトカムについて自己評価をする際は，バリュールーブリックの探求・分析力を参照するように指示した（図 10-8 参照）。

　ウェストリー教授はマトリクスにあるドロップダウンメニューを使って，ブラ

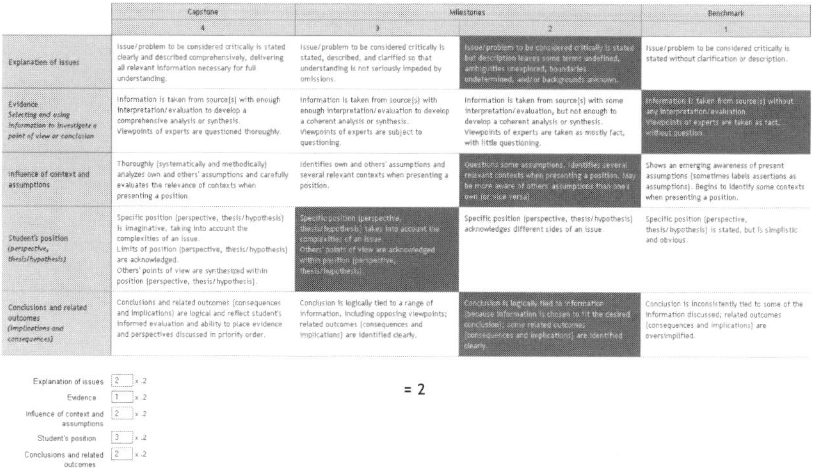

	Capstone	Milestones		Benchmark
	4	3	2	1
Explanation of issues	Issue/problem to be considered critically is stated clearly and described comprehensively, delivering all relevant information necessary for full understanding.	Issue/problem to be considered critically is stated, described, and clarified so that understanding is not seriously impeded by omissions.	Issue/problem to be considered critically is stated but description leaves some terms undefined, ambiguities unexplored, boundaries undetermined, and/or backgrounds unknown.	Issue/problem to be considered critically is stated without clarification or description.
Evidence *Selecting and using information to investigate a point of view or conclusion*	Information is taken from source(s) with enough interpretation/evaluation to develop a comprehensive analysis or synthesis. Viewpoints of experts are questioned thoroughly.	Information is taken from source(s) with enough interpretation/evaluation to develop a coherent analysis or synthesis. Viewpoints of experts are subject to questioning.	Information is taken from source(s) with some interpretation/evaluation, but not enough to develop a coherent analysis or synthesis. Viewpoints of experts are taken as mostly fact, with little questioning.	Information is taken from source(s) without any interpretation/evaluation. Viewpoints of experts are taken as fact, without question.
Influence of context and assumptions	Thoroughly (systematically and methodically) analyzes own and others' assumptions and carefully evaluates the relevance of contexts when presenting a position.	Identifies own and others' assumptions and several relevant contexts when presenting a position.	Questions some assumptions. Identifies several relevant contexts when presenting a position. May be more aware of others' assumptions than one's own (or vice versa).	Shows an emerging awareness of present assumptions (sometimes labels assertions as assumptions). Begins to identify some contexts when presenting a position.
Student's position *(perspective, thesis/hypothesis)*	Specific position (perspective, thesis/hypothesis) is imaginative, taking into account the complexities of an issue. Limits of position (perspective, thesis/hypothesis) are acknowledged. Others' points of view are synthesized within position (perspective, thesis/hypothesis).	Specific position (perspective, thesis/hypothesis) takes into account the complexities of an issue. Others' points of view are acknowledged within position (perspective, thesis/hypothesis).	Specific position (perspective, thesis/hypothesis) acknowledges different sides of an issue.	Specific position (perspective, thesis/hypothesis) is stated, but is simplistic and obvious.
Conclusions and related outcomes *(implications and consequences)*	Conclusions and related outcomes (consequences and implications) are logical and reflect student's informed evaluation and ability to place evidence and perspectives discussed in priority order.	Conclusion is logically tied to a range of information, including opposing viewpoints; related outcomes (consequences and implications) are identified clearly.	Conclusion is logically tied to information (because information is chosen to fit the desired conclusion); some related outcomes (consequences and implications) are identified clearly.	Conclusion is inconsistently tied to some of the information discussed; related outcomes (consequences and implications) are oversimplified.

図 10-8　マトリクスセルの評価用ルーブリック（詳細は第 1 章の表 1-2 を参照）

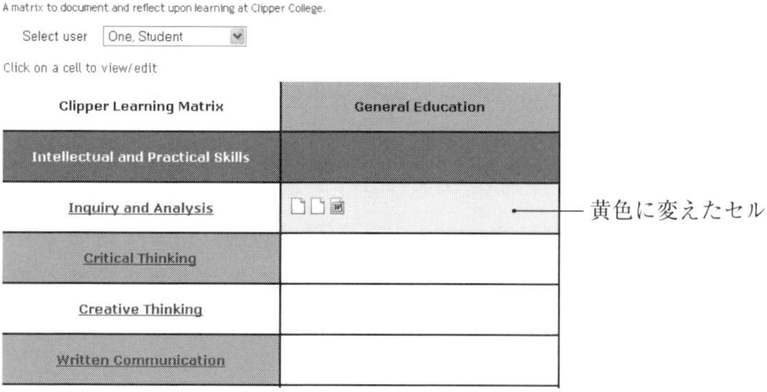

図 10-9　評価のために提出されたマトリクスセルにアクセス

イアンのマトリクスのコピーを取得したりセルの内容を閲覧することができるとともに，激励するためにフィードバックを書いたり彼が行っている作業をガイドすることができる。このマトリクスセルでの作業が完成すると，ブライアンはマトリクスのセルの色を黄色に変え（図 10-9 に示す），そしてその提出物を評価ツールに投入し，ウェストリー教授の評価を受けるためにセルを提出する。

その後すぐに，ウェストリー教授はクリッパー学習のウェブサイト（図 10-

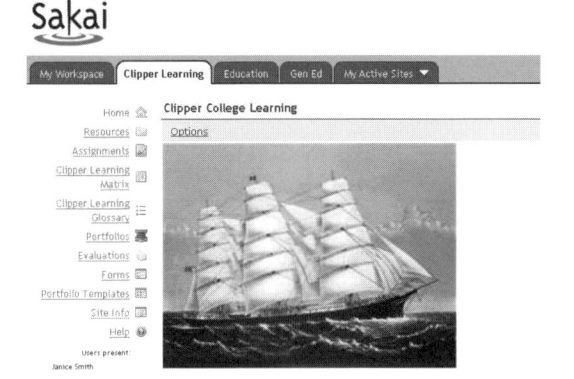

図10-10　教員用クリッパー学習ポートフォリオホームページ

図10-11　評価ツール中のマトリクスセル提出物

10)を開き,クリッパー学習マトリクスセルにある学生の提出物を表示するために評価ツール(図10-11)にアクセスした。評価ツールは,マイワークスペースにある評価ツールの要約版から使用することもできる。このマイワークスペースの要約版からは,評価することが許されているすべてのサイトから,提出されたマトリクスセルやウィザードページを収集することができる。ブライアンの提出物をクリックすることにより,ウェストリー教授はブライアンのエビデンス,内省や自己評価を見ることができ,またブライアンの提出物を評価するために探求・分析力ルーブリックフォーム(図10-8参照)を開くこともできる。

入学後,数年が経過し,ブライアンがビジネスインターンシップを行った際,指導教員のグレース・コノリー教授は,申請書と一緒に提出するキャリアポートフォリオを準備するように指示した。ブライアンはクリッパー大学キャリアサー

図 10-12　ウィザードにアクセス

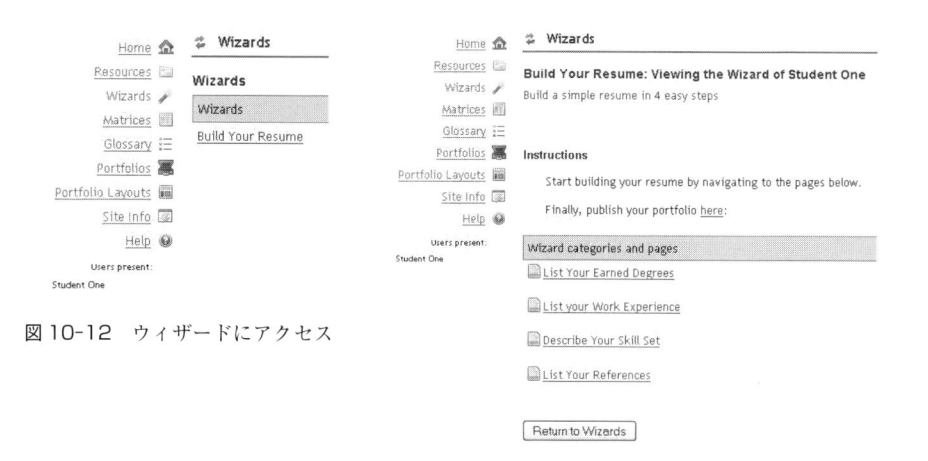

図 10-13　ウィザードを用いて履歴書を作成

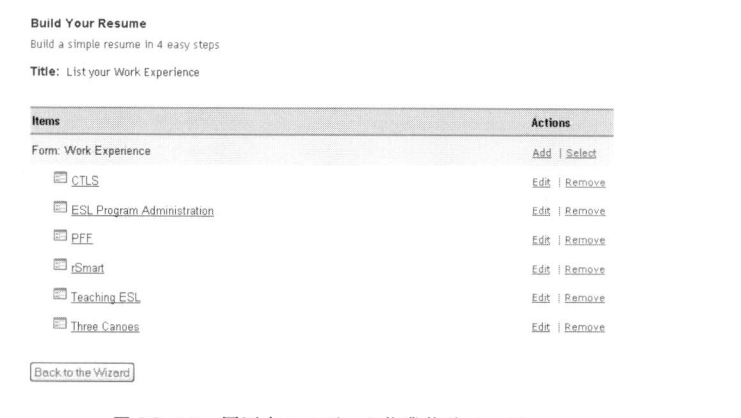

図 10-14　履歴書ウィザード作業体験ページ

図 10-15　ポートフォリオツール

ビスが提供する履歴書ポートフォリオサイトにアクセスし，履歴書作成に使うためのウィザードツール（図10-12）を開いた。

ブライアンは履歴書のコンテンツを整えるためにウィザードページを使用した。図10-13と図10-14は取得した学位や経験，技能および参考情報をさまざまなフォームに記入するプロセスを示したものである。

そしてブライアンは，ポートフォリオツール（図10-15）を開き，履歴書ポートフォリオを作成するウィザードで完成させた作業結果を使用してプロセスを開始し，ポートフォリオサマリページ（図10-16），必須設定ページ（図10-17）へ

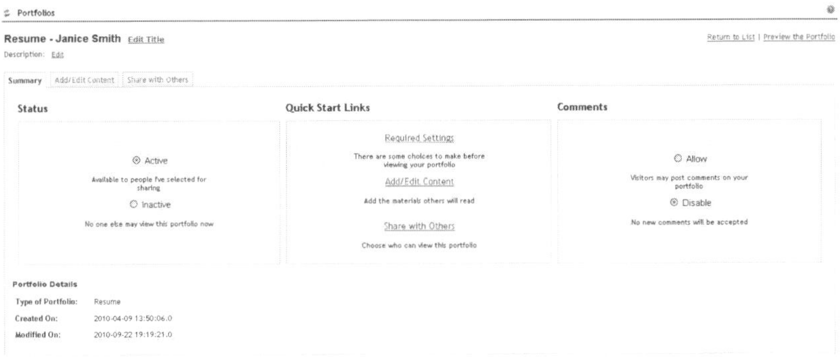

図10-16　ポートフォリオサマリページ

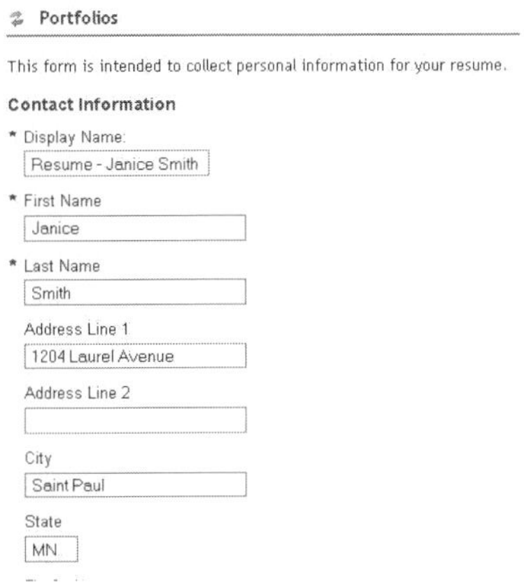

図10-17　ポートフォリオに関する必須設定

10.6　学生・教員のためのOSP体験　　167

図 10-18　ポートフォリオにコンテンツを追加

図 10-19　サンプル履歴書ポートフォリオの教育に関するページ

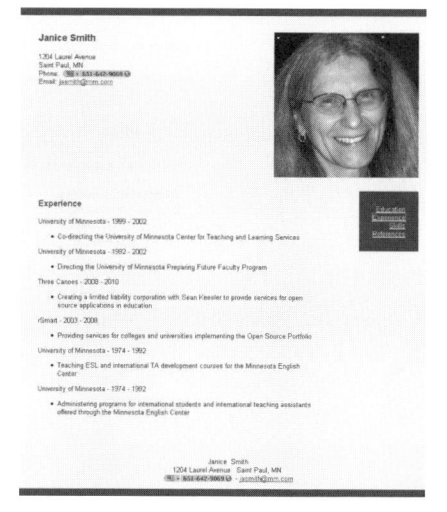

図 10-20　サンプル履歴書ポートフォリオの体験に関するページ

と指示どおりにたどり着いた。ここで彼は名前，連絡先を記入した。そしてさらに進み，コンテンツページの追加・編集（図10-18）にアクセスし，リソースツールに以前アップロードしておいた自分の写真を選ぶとともに，履歴書作成ウィザードで作っておいたフォームの中から適切なものを選び，履歴書ポートフォリオに入れた。

履歴書ポートフォリオの別のユーザのページ見本を図10-19と図10-20に紹介する。ブライアンは自分の履歴書ポートフォリオを，URLを使って公開し，インターンシップに受け入れてくれそうな責任者にメールを送信した。また彼は指導教員のユーザ名を指定してその内容を送信するとともに，電子メールを使って両親にも送信した。

10.7　管理職のためのOSP体験

ブルース・マクアリスター教授は，クリッパー大学の経営管理学科の教育学習活動において，Sakaiのポートフォリオツールを全面的に使用することを学科内の教員に奨励している。彼は学科の予算を使って，大学および専門分野のスタンダードとアウトカムに従って，ドキュメント化・内省・学習評価を行うことをサポートするためのOSPデータ構造を整備した。また，クリッパー大学のキャリアサービスとともに，就職活動に使うための経営管理学科の学生に合った履歴書ポートフォリオの開発にも力を入れた。マクアリスター教授は学科に対して次のように使うよう奨励している：研究論文を執筆するプロセスを構築すること，インターンシップと海外留学での学生の学習をドキュメント化すること，学生とその指導者間で学位取得を目指した学習と進捗状況についてやりとりを行うこと。また彼は，職業能力開発や，昇進，テニュア取得を目的として大学が立ち上げたポートフォリオを全面的に教員が使うように奨励している。

主任として，マクアリスター教授は，全体の，また，特に経営管理学科として，クリッパー大学の認定プロセスをサポートするための学習に関するデータを収集する責任者でもある。2つの認定組織は，どちらも次の形式で学生の学習について学科がデータを提出するように要求している：(1) 大学のラーニングアウトカム基準と専門分野の基準を学生が満たしていることを示すカリキュラムマップと

図 10-21　ポートフォリオ報告書のサンプル

プログラムアクティビティ，(2) 大学のラーニングアウトカムと専門分野の基準に関係する学生のアクティビティの，教員による統計的な評価に基づく報告書，(3) 大学のラーニングアウトカムと専門分野の基準を満たしている範囲を示す学生のアクティビティを例示すること。このような認定データを収集するため，マクアリスター教授は IT スタッフとともに図 10-21 に示すような大学固有のポートフォリオデータからカスタマイズされた報告書を大学として作成できるように活動している。

10.8　IT スタッフのための OSP 体験

Sakai のポートフォリオツールはカスタマイズが必須であるので，全学用の Sakai サーバに OSP を導入する予定の IT チームは，特定のコースやプログラム，大学のポートフォリオニーズにあったツールの準備やカスタマイズのために，ステークホルダーとともに共同作業を行う必要がある。大学におけるステークホル

表 10-4　効果的な OSP 実装のためのステップ

- 全学的な Sakai サーバをインストール・設定し，学内システムと統合した形でサポートする
- ステークホルダーに OSP 機能の可能性や限界を紹介する
- ステークホルダーグループごとに OSP をカスタマイズするための要求仕様を提案するために，ニーズをインタビューする
- 実装プロセスのそれぞれの段階でステークホルダーからのフィードバックや承認を得ることに気を配る
- 要求仕様に基づいて OSP データ構造をカスタマイズするためのトレーニングやサポートをデザインチームや開発チームに対して行うことを確認する
- 各ステークホルダー用に所望のポートフォリオプロセスを表現した一連のワイヤフレームまたは HTML デザインを設計・作成する
- 承認に基づいて，利用可能なインタフェースや XML プログラミングを用いて OSP データ構造をカスタマイズする
- ステークホルダーに対してカスタマイズしたデータ構造用のワークフローのデモを行い，フィードバックに基づいて改訂する
- 各ステークホルダー用のトレーニングやドキュメントを提供する
- 継続的に作業を行い，時間を追ってポートフォリオツールのステークホルダーによる利用をサポートする。リーダーが交代した場合は，新しいリーダーに対するトレーニングを行う

ダーとは，学生，教員，ティーチングアシスタント，学科・学部および大学の管理職，指導教員，キャリアサービス，共通カリキュラム指導者，職員，および保護者である。

　教育学習を支援・高度化し，個人の到達を他人と共有し，機関認定やプログラム評価認定のためのデータを提供するための効果的なワークフローを構築できるかは，Sakai で利用できる機能をいかにうまく知り尽くすかによって決まってくる。効果的な OSP 実装プロセスの概要を表 10-4 に示す。

　ポートフォリオワークフローを設計するにあたって，最初のステップは通常，マトリクス，ウィザード，ポートフォリオテンプレートにおけるフォームを用いるために必要になる構造化データを決定することである。マトリクスやウィザードのフォームは，学習のエビデンスのドキュメント化，必要な情報の収集，内省のガイド，形成的フィードバックの提供，総合評価の実施に用いることができる。ポートフォリオテンプレートのフォームは必要なデータまたは任意のデータを収集することができるとともに，ポートフォリオの個人用ページを構成することも

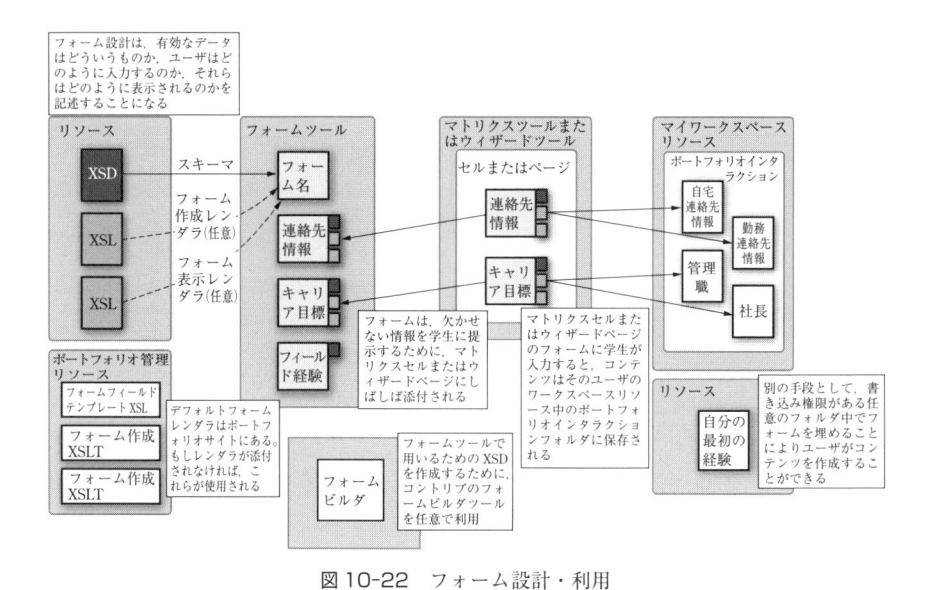

図 10-22　フォーム設計・利用
（スリーカヌーズ社のショーン・キースラーが作成。使用許諾済み）

図 10-23　フォームを作成・編集

できるし，あるいはマトリクスまたはウィザードで収集したデータを提示することもできる。

図10-22はフォームの設計や使い方を図示している。フォームは，XSLTによるフォームレンダー（任意）とともに XSD（XML スキーマ）を使用して，さまざまなタイプのデータを集積するためのポートフォリオデータ構造を作成する。フォームビルダツールが利用できるが，Sakai の最新バージョンではテストされていない。作成されると，XSD ファイルはリソースにアップロードされ，フォ

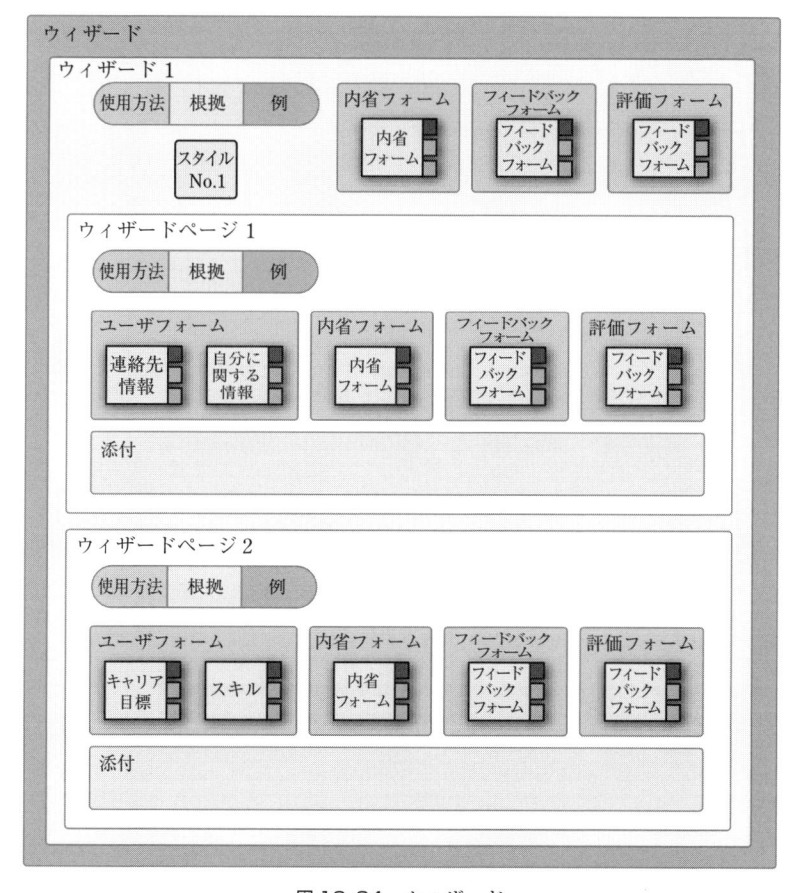

図 10-24　ウィザード
（スリーカヌーズ社のショーン・キースラーが作成。使用許諾済み）

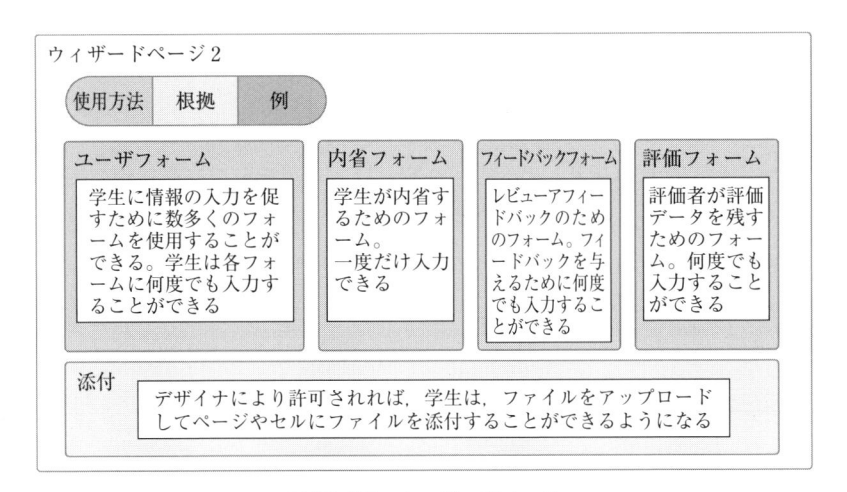

```
┌─────────────────────────────────────────────────────────────────┐
│ ウィザードページ2                                                │
│  ┌──────┬────┬──┐                                              │
│  │使用方法│根拠│例│                                              │
│  └──────┴────┴──┘                                              │
│  ┌──────────┐ ┌──────────┐ ┌──────────┐ ┌──────────┐          │
│  │ユーザフォーム│ │内省フォーム│ │フィードバックフォーム│ │評価フォーム│  │
│  │学生に情報の入力を促│ │学生が内省す│ │レビューアフィー│ │評価者が評価│  │
│  │すために数多くの  │ │るためのフォ│ │ドバックのため │ │データを残す│  │
│  │フォームを使用する│ │ーム。   │ │のフォーム。フィ│ │ためのフォー│  │
│  │ことができる。学生│ │一度だけ入力│ │ードバックを与 │ │ム。何度でも│  │
│  │は各フォームに何度│ │できる   │ │えるために何度 │ │入力すること│  │
│  │でも入力すること │ │        │ │でも入力するこ │ │ができる  │  │
│  │ができる     │ │        │ │とができる   │ │        │  │
│  └──────────┘ └──────────┘ └──────────┘ └──────────┘          │
│  ┌──────────────────────────────────────────────┐              │
│  │添付 デザイナにより許可されれば,学生は,ファイルをアップロード│              │
│  │    してページやセルにファイルを添付することができるようになる│              │
│  └──────────────────────────────────────────────┘              │
└─────────────────────────────────────────────────────────────────┘
```

図10-25　ウィザードページ
(スリーカヌーズ社のショーン・キースラーが作成。使用許諾済み)

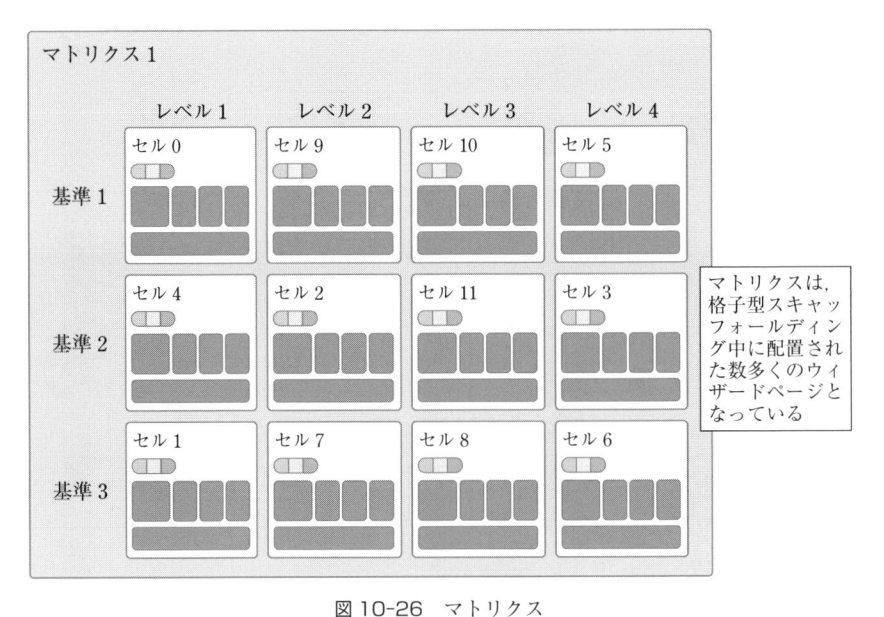

```
┌──────────────────────────────────────────────────┐
│ マトリクス1                                       │
│           レベル1    レベル2    レベル3    レベル4   │
│          ┌────┐   ┌────┐   ┌────┐   ┌────┐       │
│          │セル0│   │セル9│   │セル10│   │セル5│       │
│  基準1    │    │   │    │   │    │   │    │       │
│          └────┘   └────┘   └────┘   └────┘       │
│          ┌────┐   ┌────┐   ┌────┐   ┌────┐       │
│          │セル4│   │セル2│   │セル11│   │セル3│    ┌──────┐
│  基準2    │    │   │    │   │    │   │    │    │マトリクスは,│
│          └────┘   └────┘   └────┘   └────┘    │格子型スキャッ│
│                                                 │フォールディン│
│          ┌────┐   ┌────┐   ┌────┐   ┌────┐    │グ中に配置され│
│          │セル1│   │セル7│   │セル8│   │セル6│    │た数多くのウィ│
│  基準3    │    │   │    │   │    │   │    │    │ザードページと│
│          └────┘   └────┘   └────┘   └────┘    │なっている  │
│                                                 └──────┘
└──────────────────────────────────────────────────┘
```

図10-26　マトリクス
(スリーカヌーズ社のショーン・キースラーが作成。使用許諾済み)

ームツール（図 10-23）を用いてフォームを作成するために使用される。ユーザがマトリクスやウィザードを用いて達成し保存したフォームは，リソースのポートフォリオインタラクションフォルダに保存される（前章図 9-5 のポートフォリオインタラクションリソースフォルダの情報を参照）。

　図 10-24 および図 10-25 はウィザードのデザインを図示している。ウィザードは，順序的あるいは階層的に並べられたページを用いてポートフォリオワークフローを支援する。ウィザードはフォームを用いて，構造化データを収集し，内省をガイドし，フィードバックを提供し，評価を行う。マトリクス（図 10-26）はウィザードのもうひとつの形態である。マトリクスセルはウィザードページに機能的に大変よく似ている。しかし，マトリクスは時系列的な行事あるいは教育プログラム作りに，ラーニングアウトカムを関連付けるための効果的な方法を提供してくれる。用語集ツールを用いた長文・短文による用語の定義は，マトリクスおよびウィザードの鍵となる用語の理解を支援してくれる。

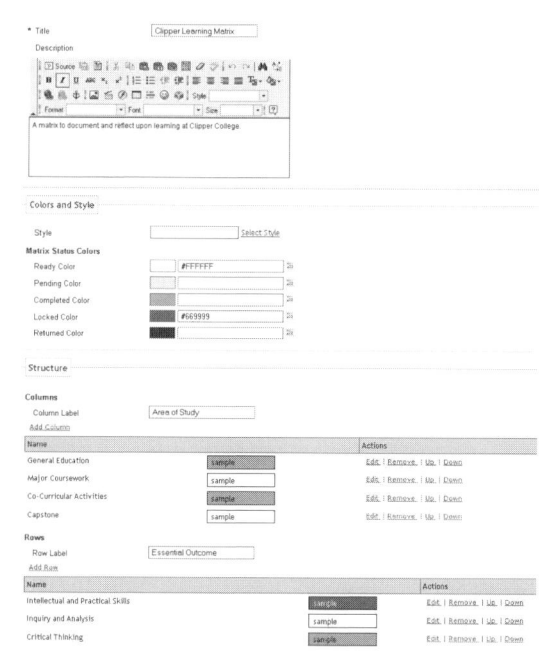

図 10-27　マトリクスを作成・編集

10.8 IT スタッフのための OSP 体験

図 10-28　ウィザードページを作成・編集

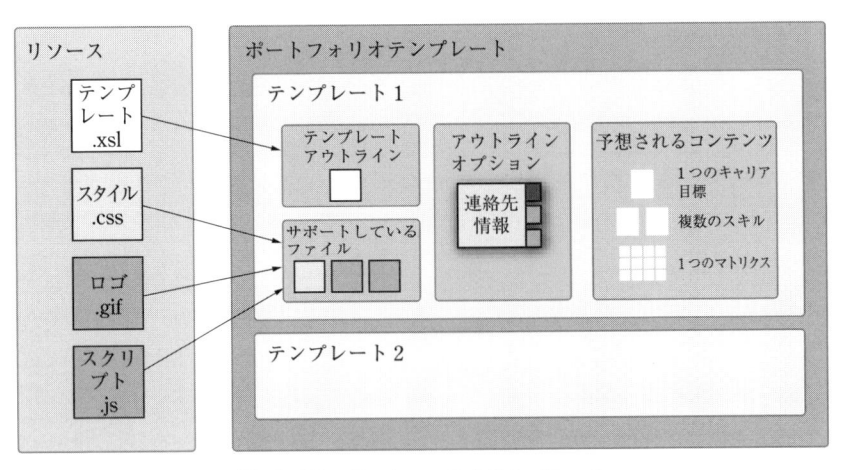

図 10-29　ポートフォリオテンプレート
(スリーカヌーズ社のショーン・キースラーが作成。使用許諾済み)

176　第 10 章 Open Source Portfolio（OSP）の利用シナリオ

ウィザードおよびマトリクスは Sakai のユーザインタフェースを用いて作成される（図 10-27 および図 10-28 を参照）。しかしながら，ウィザードやマトリクスで用いられるフォームは XSD プログラミングを必要としていた。今では，課題ツールをマトリクスに関連付ける場合もある（しかし，ウィザードはそうはなっていない）。同じポートフォリオサイトまたは異なるサイトでのマトリクスセルにリンクされている課題は，学生によって提出される際にマトリクスセルに投入される。

　マトリクスまたはウィザードの作成を計画する際は，利用可能な機能を最も効

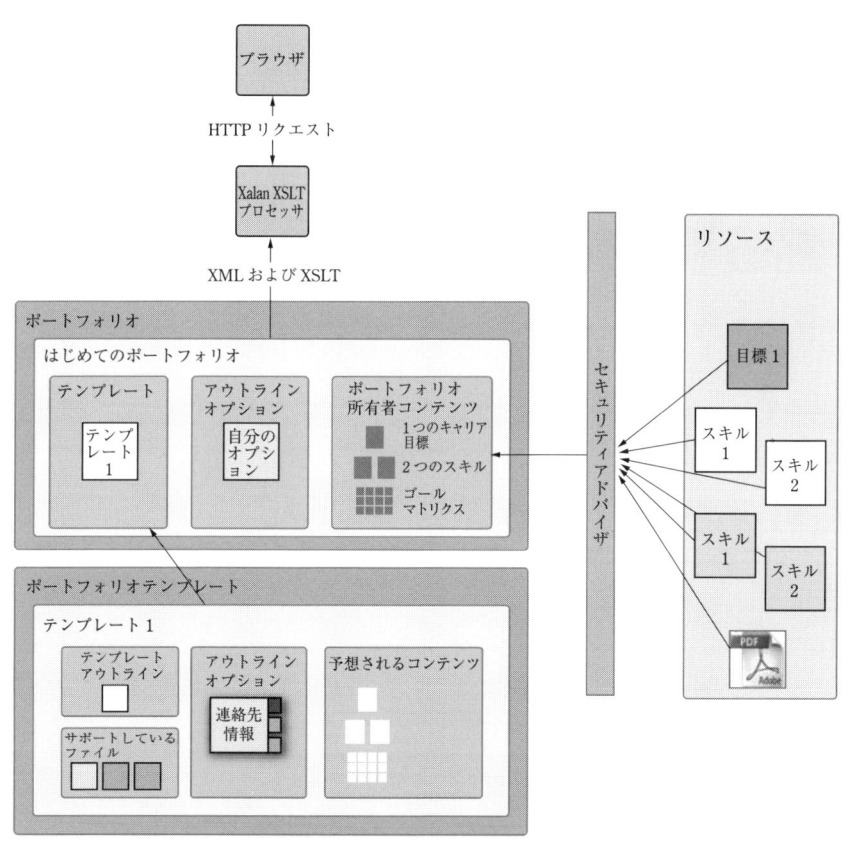

図 10-30　テンプレートベースポートフォリオ
（スリーカヌーズ社のショーン・キースラーが作成。使用許諾済み）

果的かつ経済的にいかにうまく使うかを時間をかけてよく考えることをお勧めする。主に考えなければいけないことは，提出されたウィザードページやマトリクスセルを評価するために，教員にどのぐらいの負担がかかるかという点である。

ポートフォリオテンプレートもまた XML プログラミングを行う必要がある。図 10-29 は XML プログラミングがアウトラインオプションフォーム（現在ではポートフォリツール中では「必須設定」と呼ばれている）およびユーザによって提供される指定されたコンテンツのための任意の XSD プログラミングとどのように連結するかを図示している。

テンプレートベースポートフォリオ（図 10-30）は，ポートフォリオテンプレートツール（図 10-31）を通じてまとめられる。ポートフォリオレイアウト・スタイルツールは，自分のフリーフォームポートフォリオ（図 10-32）をデザインしたい学生のために，レイアウトやスタイルをまとめるためによく使われる。しかしこの機能は最近のバージョンではほとんど使われない。

最後に，IT チームは OSP ワークフローからのデータに基づいてレポートするためのベストなソリューションを決定する必要がある。現在，いろいろな戦略が

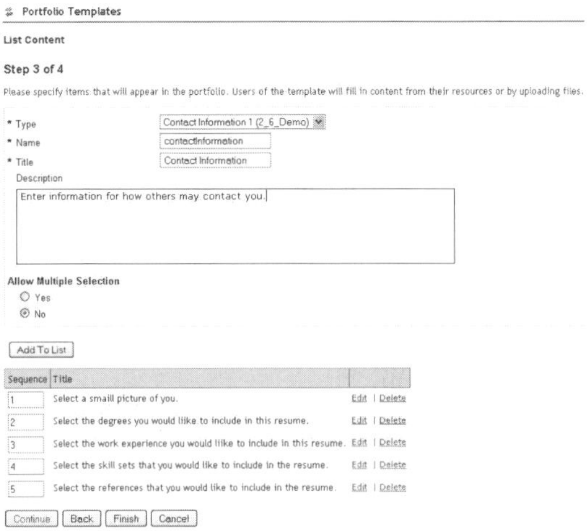

図 10-31　ポートフォリオテンプレートを作成する際の 4 つのステップのうちの 3 番目

ある。レポートツールを使ってカスタマイズされたレポートは，多くの教育機関でうまく使われている。しかし，コミュニティ版のレポートツールには，バグフィクスが必要な部分があり，修正する必要がある。複数のベンダーでつくるグループが，フォームのXMLデータを抽出するためのウィジットを作成するために共同作業を行い，外部のレポーティングエンジンで処理するためのスプレッドシートへエクスポートできるようにしている。その他の方法としては，Sakaiデータベースに直接クエリを発行する方法もある。

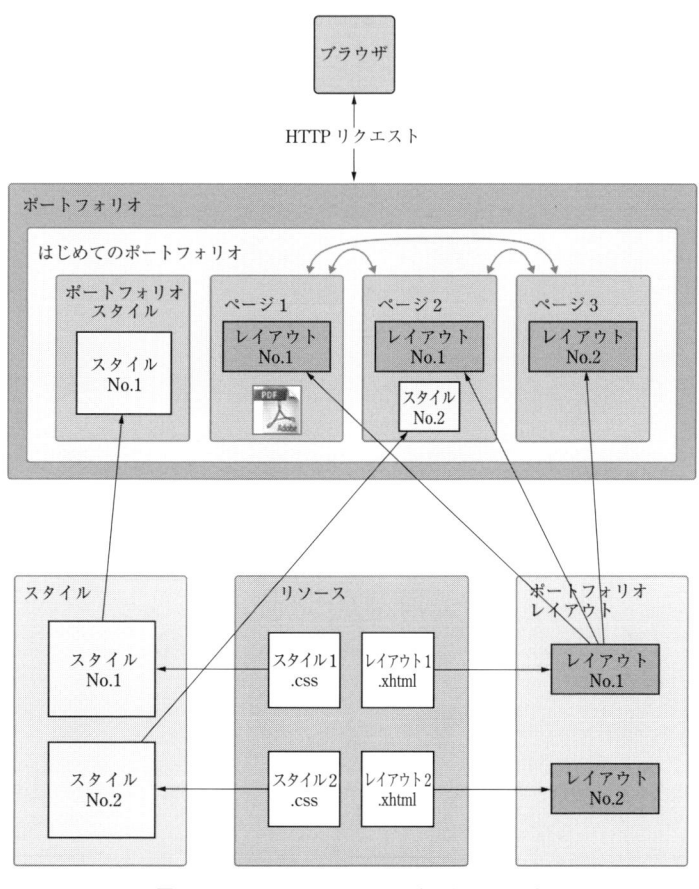

図10-32　フリーフォームポートフォリオ
（スリーカヌーズ社のショーン・キースラーが作成。使用許諾済み）

10.9 まとめ

　本章では，SakaiのOpen Source Portfolioツールの議論のまとめとして，教員・学生・管理職・ITスタッフのアクティビティを詳細化した典型的なポートフォリオシナリオを紹介した。シナリオは4年間の学部教育を受ける学生を想定したもので，教室での教育学習を支援するための典型的なポートフォリオプロセスにおける各ロールのアクティビティや，学習の教育プログラム的評価，個人の達成結果の提示についてわかりやすく紹介した。これにより，どのように学生や教員，スタッフが各々のポートフォリオプロセスを達成するためにSakaiのポートフォリオツールをそれぞれ使用することになるのかをご覧いただけたと思う。

第11章

オープンソース e ポートフォリオシステム Mahara の概要

吉田光宏

11.1 Mahara とは？

　日本語を日常的に使用している私たちにとって耳に聞こえの良いオープンソース（GNU：General Public License）e ポートフォリオシステム Mahara[1]（マハラ）の名称は，ニュージーランドのマオリ語（Te Reo Māori）「MAHARA」（Think＝熟考，Thought＝思索）を起源としている。ユーザである学習者を中心に置く Mahara は，e ポートフォリオ，ブログ，レジュメおよび SNS（ソーシャル・ネットーワキング・サービス）等を構築することのできる柔軟なシステムである。

　LAPP[2] または LAMP[3] 環境で動作する Mahara は，「アーティファクト（Artefact）」「ビュー（View）」「アクセス（Access）」により基本部分が構成される。アーティファクトはユーザが Mahara 上に作成およびアップロードしたあらゆるオリジナルコンテンツ，ビューはユーザによりアーティファクトが配置されたオリジナルウェブページ，そしてアクセスでは自分以外の誰がいつビューを閲覧できるのか指定することができる。

　それでは私たちは「アーティファクト」「ビュー」および「アクセス」で基本構成された e ポートフォリオシステム Mahara を何に使えばよいのであろうか？内省（reflection）のため，教育機関での学生評価のため，就職および組織内での昇進判定のため，資格審査のため，組織のパフォーマンス分析のため，研究会での情報共有のため，地域コミュニケーションのため，CS（Customer Satisfac-

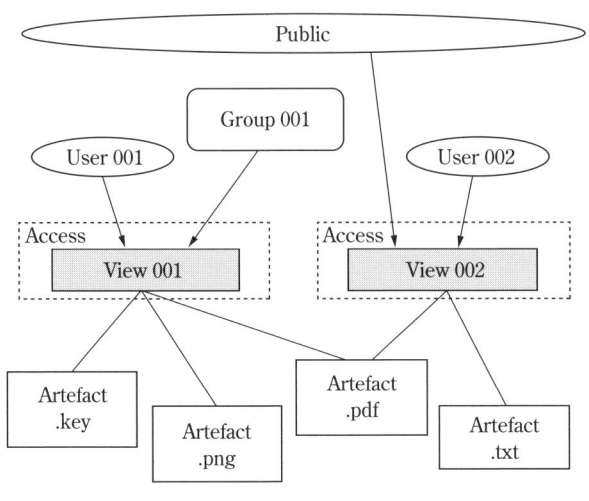

図 11-1　Mahara の基本概念図

tion＝顧客満足）のため。もちろん，最初に利用目的を明確に決定する必要はあるのだが，Mahara 自体には必ずしも決まった使い方があるわけではない。ソースコードが無償で提供されている Mahara は，導入する組織の規模を問わず比較的自由に試行運用することも可能である。

11.2　Mahara プロジェクト

オープンソース LMS（Learning Management System＝学習管理システム）Moodle[4] の開発がプロジェクトリーダー Martin Dougiamas 氏によって開始され，2002 年の初期バージョンリリース後の現在，50 名を超す世界中の主要開発者（Core Developer）を率いて日夜開発が進められているのとは対照的に，Mahara プロジェクトは，マッセー大学，オークランド工科大学，オープン技術大学ニュージーランド，およびビクトリア大学ウェリントンを含むニュージーランド高等教育委員会[5]（New Zealand's Tertiary Education Commission），e ラーニング共同開発ファンド（eCDF：e-learning Collaborative Development Fund）の資金援助を受け 2006 年中頃に産声を上げた。

Mahara プロジェクト発足後はニュージーランド教育省の資金援助および 2007

年にオープン技術大学ニュージーランドが受賞した2007 Mellon Award for Technology Collaboration の適用により，プロジェクトリーダー Flexible Learning Network[6] の Richard Wyles 氏リードの下，開発が継続されている。

11.3　Mahara の開発およびローカライゼーション（L10N）

Mahara の開発は 2006 年，開発リーダーの Nigel McNie 氏[7]（2009 年 11 月 27 日まで），Richard Mansfield 氏，Moodle の主要開発者でもある Penny Leach 氏を中心にニュージーランドの IT 企業 Catalyst IT[8] にて開始された。

Moodle のようなウェブアプリケーションと同じく，Mahara の開発言語には PHP[9] が使用されている。ウェブサーバに Apache[10]，データベースに PostgreSQL[11]，そして開発のバージョン管理システムには Git[12] が採用された。Mahara のコア（Core＝中心部分）は「着脱可能なプラグイン」というコンセプトをベースに設計されている。仮にそれがコアとなる機能であっても，プラグインとしてコードが書かれたうえで Mahara 本体に実装される。徹底的にプラグイン着脱可能な状態にすることで，また開発者が世界中に多数存在する PHP をあえて開発言語に採用することで，私たちが Mahara をカスタマイズしやすいよう配慮されている。

2010 年 10 月現在，Mahara にはバスク語，カタロニア語，中国語（繁体字），オランダ語，フィンランド語，フランス語，ドイツ語，ヘブライ語，イタリア語，日本語，スロベニア語，そしてスペイン語の計 12 言語パックが存在する。

日本語言語パックには，ベースとなる英語言語パックすべてを網羅した 2,995 個の言語ストリング（表示メッセージ）および 192 の HTML 形式のヘルプファイルが含まれる。Mahara には Moodle のような翻訳インタフェースが実装されていないため，言語ファイル構造が類似した Moodle を翻訳ツールとして使用している。Moodle 1.6.6＋の翻訳プログラムをカスタマイズしたうえで，Mahara を最新版に更新して言語ファイル群を 1 箇所に集めるための独自シェルスクリプトと組み合わせて，日本語翻訳作業および翻訳済み言語ストリング，ヘルプファイルのブラッシュアップに当たっている。

11.4 eポートフォリオシステム Mahara を形作る3つの場

それでは e ポートフォリオを作り上げる学習者の視点から Mahara を眺めてみよう。e ポートフォリオシステム Mahara は，プロファイル「内省 (reflection) の場」，マイポートフォリオ「自己アピールの場」，そしてグループ「コミュニケーションの場」からなる3つの「場」により形作られる（図 11-2）。

「プロファイル」には，姓名，学籍番号，自己紹介，連絡先，教育履歴，レジュメ（CV：Curriculum Vitae），自分のスキルおよびゴール等の情報を入力することができる。これらの情報はユーザがビューに配置したうえで，自分以外のユーザによる閲覧を意図的に望まないかぎり外部に漏れることはない。

図 11-2 Mahara を形作る3つの場

図 11-3 マイビュー（My Views）

「マイポートフォリオ」の中には，一般的なブログを複数作成および投稿することのできる「マイブログ」，サイト設定で制限されたファイルアップロード容量上限（Quota＝クオータ）までユーザが自分のファイル等をアップロードすることのできる「マイファイル」，タスク管理のための「マイプラン」，Mahara を特徴付けている「マイビュー」，そして複数のビューをグループ化できる「マイコレクション」がある。

Mahara の中でもユーザが独創性を発揮することのできる機能「マイビュー」は，これまでの自分を振り返り表現するための「場」である（図 11-3）。「誰に」「何を」「いつ」見せるのかという細かなアクセス制限も含めて，ユーザ自ら複数の「私が作り上げるビュー」レイアウトを柔軟にデザインすることができる。作成直後，ビューは単に空白のページでしかない。この空白ページをレジュメ一覧，ブログ一覧，資料ページ，RSS 一覧，フォトアルバムへとユーザが自由に変化させることも可能である。

Mahara の SNS 機能「グループ」では，すべてのユーザが Mahara 内に任意のグループ（例：Mahara 研究グループ）を作成することができる。

11.5　Mahara に入ってみる

今度は一般の Mahara ユーザとして Mahara の中に入ってみよう。Mahara サイトフロントページ右側に表示される「ユーザ名」および「パスワード」入力欄に必要事項を入力した後，「ログイン」ボタンをクリックすることで Mahara の中，ユーザページに入ることができる。Mahara へのログイン直後，ページ上部左側には「ホーム」「プロファイル」「マイポートフォリオ」「グループ」のシンプルなメニューが表示される（図 11-4）。ページ右側には「ログアウト」「設定」メニュー，自分が作成したグループ，属しているグループ，そして自分でアップロードしたユーザ写真（プロファイルアイコン）がサムネイル表示される。

図11-4　Mahara の一般ユーザメニュー

11.6　Mahara プロファイルを編集する

　Maharaへの初回ログイン直後，ユーザが最初に取り組むべきことは自分のプロファイルページの編集である。Maharaユーザページ上部にある「プロファイル」メニューをクリックして，それに続く「プロファイルを編集する」サブメニューをクリックすることでユーザ自身のプロファイルを編集することができる（図11-5）。

　プロファイルページ内の自己紹介および連絡先，サブメニューのプロファイルアイコン，同じくサブメニューのマイレジュメ（イントロダクション，教育＆雇用，業績，ゴール，スキル，興味）は，それぞれのユーザにより随時最新の状態に更新した方がよいであろう。

図11-5　Mahara プロファイル編集ページ

11.7 Mahara ビューを作成する

　Mahara のビュー機能において，サイト管理者はサイトビュー，グループ管理者はグループビュー，そして一般ユーザは自分のビューを作成することができる。それぞれのビューでは他のユーザによるコピーの許可を設定することもできる。例えば，教師によりグループ「コース：管理グループ」内に作成されたテンプレート（雛形）ビュー「Template: Mahara 研究課題」を学生がコピーして，その内容を自分オリジナルのビュー「Mahara 研究課題」として教師に提出するため編集することができる。

　ビュー編集画面内にある「ファイル，イメージおよびビデオ」「ブログ」「プロファイル」「レジュメ」「一般」「外部フィード」タブをクリックした後，使用したいファイルの種類が記載されたアイコンをマウスポインタで掴んでビュー内の希望する場所に移動して離すことで（ドラッグ＆ドロップ），作成直後は単に空白ページでしかないビューに対してさまざまなファイル等のコンテンツを自由に配置することができる（図11-6）。同様にすでに配置したコンテンツであっても，ドラッグ＆ドロップにより移動することも，削除することもできる。

図11-6　ドラッグ＆ドロップによる Mahara ビューの作成

11.8 Mahara ビューを評価のために送信する

評価を目的とするグループ「コース：管理メンバーシップ」および「コース：リクエストメンバーシップ」内に登録されたユーザは，自分が作成したビューをグループ内のチューターおよび管理者に送信（提出）することができる（図11-7）。

ユーザがビューを送信した場合，そのビューは編集ロックされた状態となる。コースグループ内のチューターまたは管理者によりビューが評価された後，リリース（解放）されるまで，ユーザは自分のビューを閲覧することはできても編集することはできない。

仮に RSS 等の常に更新されるデータをビュー内に含む場合，編集ロックされた状態であっても，その部分だけが編集ロックに関係なく更新されることに評価者は留意すべきである。

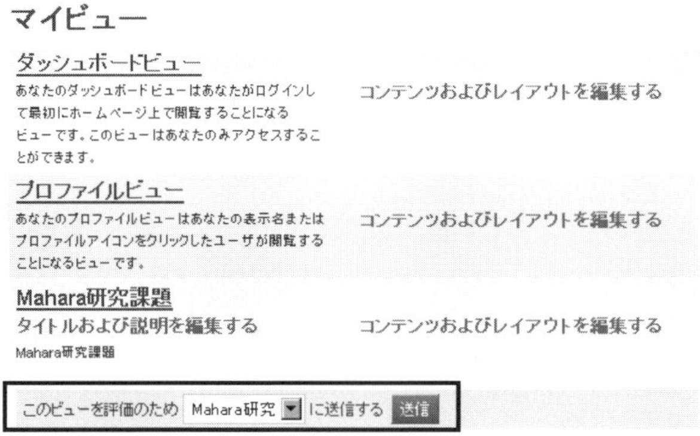

図 11-7　ビューを送信する

11.9 Mahara ビューを評価する

評価されることを目的としてユーザが送信したビューは，コースグループ内の「このグループに送信されたビュー」セクションに一覧表示される。本稿執筆時の Mahara 最新バージョン 1.3.3 には，ユーザが送信したビューの評価を記録す

図11-8 ビューをリリースする

るための評定機能は実装されていない。そのため，ユーザが作成したビューの評価はMahara以外のスプレッドシート等に記録する必要がある。

評価完了したビューはそのページ下部にある「ビューをリリースする」ボタンをクリックすることで，評価を目的とするコースグループ内からリリース（解放）され，ビュー送信者（提出者）が再度編集可能な状態となる（図11-8）。

11.10 Maharaグループを作成する

Maharaユーザページ上部にある「グループ」メニューをクリックして，グループページに表示される「グループを作成する」ボタンをクリックすることで，グループ作成画面が表示される。

インスティテューション管理者およびスタッフはグループ作成時，グループタイプを選択することで，誰でも参加できるグループ「スタンダード：オープンメンバーシップ」，参加するためにはリクエストが必要なグループ「スタンダード：リクエストメンバーシップ」，グループ管理者がユーザを招待できるグループ「スタンダード：招待のみ」，管理者のみ利用できるグループ「スタンダード：管理メンバーシップ」，そしてユーザが提出したビューを評価するためのグループ「コース：管理メンバーシップ」および「コース：リクエストメンバーシップ」を作成することができる（図11-9）。

これに対して，送信されたビューを評価する権限のない一般ユーザは「オープンメンバーシップ」「リクエストメンバーシップ」および「招待のみ」に限定してグループを作成することができる。

グループ作成直後，すべてのタイプのグループ内には「About」「メンバー」「フォーラム」「ビュー」「ファイル」メニューが自動的に設置される（図11-10）。

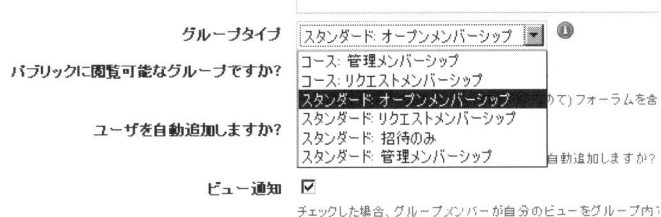

図 11-9　Mahara グループタイプの選択

図 11-10　Mahara グループメニュー

グループ管理者はメンバーのロール（権限）を変更すること，新たなフォーラム（掲示板）を作成すること，グループ内で閲覧するビューを作成すること，そしてグループ内で共有するファイルをアップロードすることができる。

　Mahara サイト管理者が学生を含む一般ユーザに独自グループを自由に作成させたくない場合，新しいグループの作成権限を「サイト管理者のみ」または「サイト管理者およびスタッフ」に制限することもできる。

11.11　e ポートフォリオ Mahara の導入

　Mahara を教育研究機関等に導入する場合，最初に個人情報および知的財産の取り扱い指針，導入目的，e ポートフォリオの評価基準，評価方法等に関して組織内での事前の議論が必要となる。

そして，Maharaを含むeポートフォリオシステムの導入を成功裏に実現するには「私が作らされているeポートフォリオ」「私の情報を保存するためだけのeポートフォリオ」ではなく，「私が作り上げる私のeポートフォリオ」であるという学習者中心のアプローチ（"student-owned, student-centred approach"）[13] および学習者に対するeポートフォリオシステム運営者側のきめ細やかな配慮も必要である。

最後にeポートフォリオシステムMaharaの導入にあたり，最低でも1年以上のテスト導入期間を経て，導入ガイド，実際の運用に耐えうる運用ガイド，問題対応マニュアル等を作成したうえで，組織全体として本格導入および運用すべきか否か十分に検討すべきであろう。

実際のMaharaインストールおよび言語パックの導入等に関してはMaharaオンラインドキュメント「Mahara Wiki」[14] を参考にされたい。

11.12 Maharaコンテンツのエクスポートおよびインポート

ユーザがMahara内に作成したコンテンツは，HTML形式のファイルにエクスポートすることができる（図11-11）。HTML形式でエクスポートされたコンテンツは，標準的なウェブブラウザを使用してオフラインの状態で閲覧すること

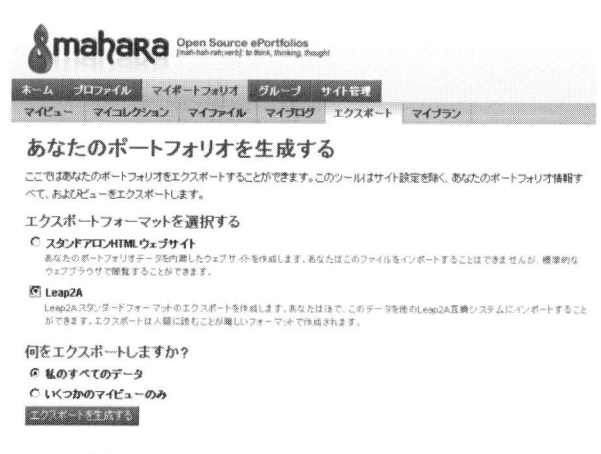

図11-11　Maharaコンテンツのエクスポート

ができる。同様に Atom[15] ベースの Leap2A[16] 形式（ZIP 圧縮）を選択して，Mahara ユーザ情報およびコンテンツをエクスポートすることもできる。

ユーザにより Mahara からエクスポートされた Leap2A 形式のファイルは，Mahara および Leap2A に準拠した e ポートフォリオシステムにインポートすることができる。Leap2A 形式のファイルを Mahara にインポートする場合，エクスポートされたコンテンツを含むユーザ情報を，新しいユーザとして Mahara ユーザ管理ページにて登録することができる。

11.13 Mahara および Moodle の相互運用

Mahara のユーザ認証には，Mahara データベース内のユーザテーブル（usr）を使用した一般的な内部認証，IMAP 認証，LDAP 認証，SAML 認証そして XML-RPC[17] 認証がある。Moodle から Mahara に SSO（Single Sign-On＝シングルサインオン）する場合，Mahara から Moodle に SSO する場合，両者において XML-RPC 認証を使用する。Mahara に存在しないアカウントを使用して Moodle から Mahara に SSO する場合，Mahara ユーザアカウントを自動的に作成するオプションを選択することもできる。

本稿執筆時の Mahara 最新バージョン 1.3.3 および Moodle 最新バージョン 1.9.10＋において，Moodle 非標準課題タイプ「Mahara portfolio」を Moodle にインストールした後，Moodle から Mahara に SSO できるよう設定することで，学習者が作成した Mahara ビューを Moodle の課題として提出することができる。Moodle 非標準課題タイプ「Mahara portfolio」が Moodle の標準的な課題タイプとして正式に実装されるまでは，テスト環境で十分に動作テストしたうえでの慎重な導入が必要である。

Moodle 2.0 RC（Release Candidate）では Portfolio API を使用して，提出課題，フォーラム投稿内容のコンテンツを，ユーザ自身により Mahara 1.3.3 の「マイファイル」フォルダ内にプライベートファイルとして転送することができる。

11.14　Mahara コミュニティ

　Mahara 公式サイト mahara.org には，Mahara のグループ機能を使用して構築された Mahara コミュニティ「Mahara Community」[18] が存在する。ここでは Mahara の使用に関する質問，Mahara 公式ニュース，開発に関する話題等，グループ内に設置された複数のフォーラムに Mahara 関連の数多くのディスカッションが英語で投稿される。Mahara コミュニティは，Mahara の開発者，Mahara に詳しいユーザを中心に Mahara ユーザが互いに助け合う「場」でもある。

　Mahara コミュニティのほかにも日本語を使用する Mahara ユーザのためのコミュニティ「Mahara Japanese」[19] も含め，400 以上のコミュニティ（グループ）が存在する。また，Mahara 公式サイト mahara.org に登録したユーザは，Mahara 内に自由に独自コミュニティを構築することもできる。

11.15　オープンソースとしての Mahara に

　2009 年 11 月まで Mahara 開発リーダーであったニュージーランドの優秀な開発者，Nigel McNie 氏の設計思想のように，私たちが「着脱可能なプラグイン」の一部としてセキュリティ上の問題に十分配慮しながら新たな Mahara プラグイン（独自機能）を開発および公開することも決して不可能なことではない。また，e ポートフォリオシステム Mahara の将来を見据えて，世界中の Mahara ユーザ（Maharan）にとっての有益な機能実装を，これまで Mahara を作り上げてきた Mahara 主要開発者に私たちから直接依頼することも十分な選択肢[20] のひとつでもある。

　日本語を日常的に使用している私たちにとって，Mahara が使いやすくさらに魅力的な e ポートフォリオシステムへと成長できるよう Mahara バグトラッカ（Bug Tracker）[21] でのバグ報告および新機能のリクエスト，そして Mahara コミュニティでのフィードバックを期待したい。

注・参考 URL

1) http://mahara.org/
2) LAPP＝Linux, Apache, PHP（Perl, Python）, PostgreSQL
3) LAMP＝Linux, Apache, MySQL, PHP（Perl, Python）
4) http://moodle.org/
5) http://www.tec.govt.nz/
6) http://www.flexible.co.nz/
7) http://nigel.mcnie.name/
8) http://www.catalyst.net.nz/
9) http://php.net/
10) http://httpd.apache.org/
11) http://www.postgresql.org/
12) http://git-scm.com/
13) Tosh, D., Light, T. P., Fleming, K. and Haywood, J., "Engagement with electronic portfolios: Challenges from the student perspective". Canadian Journal of Learning and Technology, [online], Volume 31 (3) Fall/automne 2005 [retrieved on 2010-10-10]. Retrieved from the Internet: 〈URL: http://www.cjlt.ca/index.php/cjlt/article/view/97/91〉.
14) http://wiki.mahara.org/
15) http://tools.ietf.org/html/rfc4287
16) http://wiki.cetis.ac.uk/Leap2A_specification
17) http://www.xmlrpc.com/
18) http://mahara.org/group/view.php?id=1
19) http://mahara.org/group/view.php?id=11
20) http://mahara.org/interaction/forum/view.php?id=70
21) http://mahara.org/tracker

第12章

KEEP Toolkit

酒井博之

12.1 はじめに

　KEEP Toolkit は，米国のカーネギー教育振興財団（以下「カーネギー財団」と略す）の知識メディア研究所が開発したマルチメディアポートフォリオの作成支援を行うオンラインツールである．KEEP という名称は「Knowledge（知識）」「Exchange（交換）」「Exhibition（展示）」「Presentation（発表）」の頭文字から成る．このツールを利用することで，教授学習に関するさまざまな知識や経験を，教員や学習者がマルチメディアを駆使した電子ポートフォリオとして顕在化し，それらを教員や学習者のコミュニティで共有することで，互いの実践やアイデアから学び合うことが可能となる[1][2]．

　KEEP Toolkit で作成するポートフォリオは「スナップショット」と呼ばれ，ブラウザ上で容易に作成・編集できる．スナップショットでは，一般的なウェブサイトのように，テキスト以外にも画像，映像，音声をはじめ，PDF や Word などのさまざまな電子ファイル形式を扱うことができる．あらかじめ用意されている，利用者の活動目的に合わせた種々のテンプレートは，ウェブサイトやポートフォリオの作成経験がなくても，短時間で見栄えのよいスナップショットを作成できるようデザインされている．また，後述のスティッチ機能やギャラリー機能を使って，複数のスナップショットを相互リンクにより1つのウェブサイトのように構造化したり，同僚教員や他の学習者が作成したスナップショットとともに単一ページ上に一覧表示させることもできる．

KEEP Toolkit の開発は，カーネギー財団の「CASTL（キャッスル）」と呼ばれる大学教員を対象としたフェローシッププログラムへの初期の参加者たちとの協働で 2002 年に始まった。すでに 1998 年に始動していた CASTL プログラムは，「自らの教育実践の改善に積極的に取り組み，組織や学問分野の違いを越えて，その教育実践研究の目的・過程・成果を共有する」[3] ことが目指されたが，この活動プロセスをテクノロジーの面から支援するために KEEP Toolkit が活用されてきたのである。2004 年にはこのオンラインツールをウェブ上で誰もが利用できるよう，知識メディア研究所により KEEP Toolkit のウェブサイトが開設された（図 12-1）。カーネギー財団による本サイトの提供はすでに終了したが，2009 年 9 月時点で，スナップショット数約 16 万件，登録ユーザ数約 4 万 1 千名の巨大な教授学習コミュニティを形成しており，300 カ国以上からのアクセスがあるなど国際的にも広く利用されるオンラインツールに成長した。

　KEEP Toolkit のウェブサイトの開設以降，知識メディア研究所は，登録ユーザが一般公開したスナップショットを学問分野別，教育改善プロジェクト別に閲覧できる「Gallery of Teaching & Learning」[4] およびユーザ間でより効果的に知識や経験を共有，交換するために Web 2.0 の技術を利用した「Teaching & Learning Commons」を発展的に構築し，統合されたウェブサービスとして提供

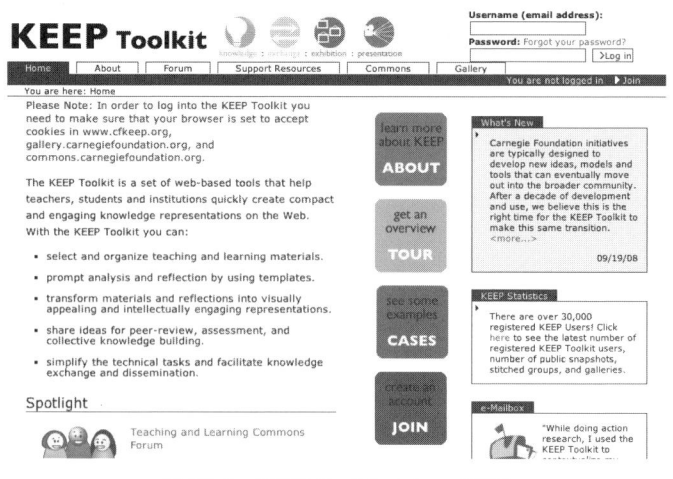

図 12-1　KEEP Toolkit のトップ画面

してきた。前者は現在もオープンな教育リソースとしてアクセス可能である[5][1]。

12.2 KEEP Toolkit のシステムについて

　KEEP Toolkit は，カーネギー財団がウェブサービスとして提供を開始し，2009年10月よりカリフォルニア州立大学システムが中心となって運営するMERLOT にその運用が移管された「ウェブ版」と，オープンソースとして無償提供されている「オープンソース版」が利用できる。2009年1月にリリースされた最新バージョンであるオープンソース版 KEEP Toolkit 2.5.1 は，オープンソースソフトウェアのリポジトリサイトである SourceForge.net[6] から入手できる。この最新バージョンでは，旧バージョンのディレクトリ構造が大幅に整理されたほか，テキストエディタ TinyMCE[7] が新たに採用された。多言語を扱う国際化対応機能も追加されたが，現時点で日本語環境には非対応である。なお，オープンソース版 KEEP Toolkit には，営利・非営利を問わず，その改変，公表，再頒布において自由度の高い開発が可能な Open Source Initiative（OSI）の承認ライセンスである Educational Community License が採用されている[8]。

　残念ながら，オープンソース版は現行バージョンをもって新たな開発を行わないことがカーネギー財団より公式に発表されている。上述のとおり，MERLOT に移管され引き続きウェブ上のサービスとして提供されることになったが，既存のユーザコミュニティを中心に，今後も継続的にオープンソースソフトウェアとしての開発が推進されることが期待される。

　KEEP Toolkit は典型的な LAMP アプリケーションで，プログラミング言語は PHP と一部 JavaScript を使用している。インストールマニュアル記載の動作環境は以下のとおりである。

- PHP が動作するウェブサーバ（Apache 2.2.x 推奨）
- PHP 5.2.x 以上
- PEAR::DB
- ASpell，PSpell
- MySQL 4.1.16 以上
- Sendmail サーバ

- GD 2.0.33
- JPEG-6b
- LibPNG and Zlib（PNG 形式のサポート）
- X-Windows and Mozilla（オプション：画面キャプチャに利用）
- SWISH-e（オプション：索引作成に利用）

　オープンソース版には，学習マネジメントシステム（LMS）である Sakai[9] 上に KEEP Toolkit の操作画面を表示できる「Sakai プラグイン」が含まれる。このプラグインを適用すれば，Sakai 経由でのワンストップ認証が可能となり，Sakai で提供される種々のコミュニケーションツールを使いながら，小グループあるいは組織レベルの教授学習コミュニティに対する教育改善支援環境としても KEEP Toolkit を活用できる。ちなみに，Sakai プラグインは，CASTL プログラムにおいて「カーネギーワークスペース」と呼ばれるプログラム参加者向けの非公開サイトでも利用されてきた[1]。CASTL プログラムにおける 1 年間のフェローシップの活動プロセスの中で，4 種類のテンプレートを段階的に利用し，活動成果を定期的にコミュニティのメンバー間で共有することで，互いの活動を吟味し合いながら，最終的には個人ごとに一般公開版のスナップショットを仕上げるという使い方をしている。

　2009 年に京都大学高等教育研究開発推進センターにおいて，オープンソース版 KEEP Toolkit 2.5.1 の日本語化が行われた（図 12-2）。この KEEP Toolkit 日本語版は，国際化対応も視野に入れて開発され，ユーザ側で日本語，英語の言語選択ができる。オリジナルの KEEP Toolkit で提供される，授業分析，コースポートフォリオ，カーネギー財団が主導する諸プログラムなどのテンプレートの翻訳版が利用できるほか，日本の大学教員向けのテンプレートも新たに追加されている。また，この日本語版の開発に加え，前述の Sakai プラグインを利用し Sakai 2.5.4 上で KEEP Toolkit が稼働する全国の大学教員のための教育研修システム「MOST」を開発し，同年 11 月に全国の大学教員の教育改善活動支援を目的としたウェブサービスとして提供が開始された[10][11]。Sakai に実装されているオンライン上でユーザーが共同作業を行うための諸ツールを活用することで，スナップショットの作成と組み合わせ，これまで個別に行われてきた教育改善に関する諸活動をオンライン上で組織化することが目指されている。なお，KEEP

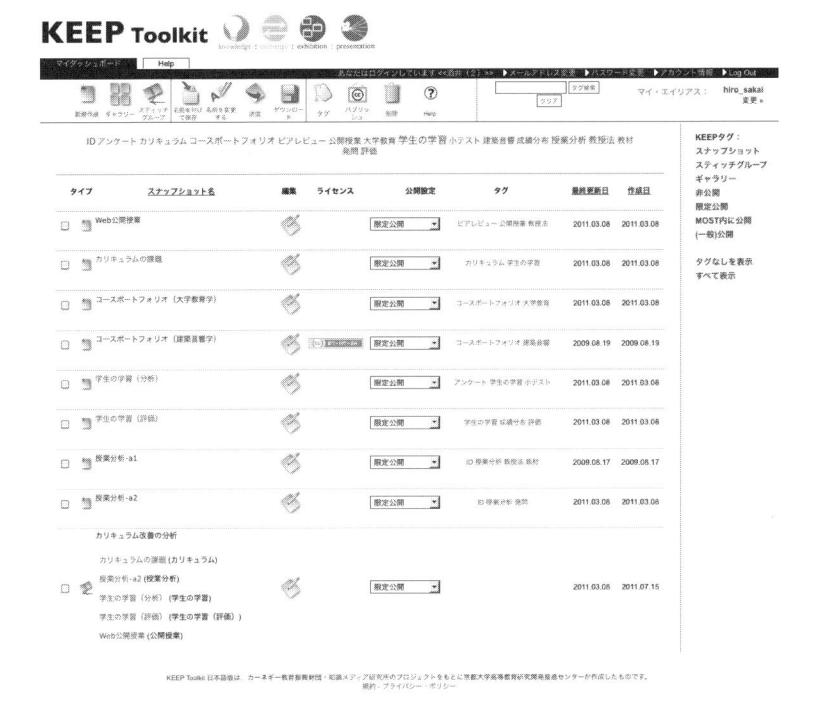

図12-2 KEEP Toolkit 2.5.1 日本語版のダッシュボード画面例

ToolkitとSakai間のアカウントの同期は，SOAP APIにより実現している。KEEP Toolkit日本語版のソースコードは，サービス提供開始後にオープンソースとして提供されている。以下，KEEP Toolkit日本語版の利用方法や諸機能について利用者の観点から見ていこう。

12.3 KEEP Toolkitの機能

12.3.1 ログインとダッシュボード

　KEEP Toolkitを利用するには，まずユーザアカウントを取得する。KEEP Toolkitトップページの「JOIN」より新規アカウントを作成できる（図12-1参照)[2]。ログインID（ユーザ名）として利用される電子メールアドレスなどの必要項目の入力後，登録したメールアドレス宛に登録完了通知が届く。KEEP

Toolkit にログインすると，ログインした本人用の「ダッシュボード」の画面が現れる（図 12-2）。これが KEEP Toolkit を利用してスナップショットを作成する際のメイン画面となる。

12.3.2　スナップショットの作成と編集

　KEEP Toolkit では，スナップショットと呼ばれる 1 枚のウェブページを作成することが作業の単位となる。スナップショットを新規作成する際には，あらかじめ準備された「テンプレート」と呼ばれるスナップショットの雛形をユーザの活動目的に応じて選択できる。このテンプレートは，カーネギー財団の CASTL をはじめとする種々の教育改善プログラムや，授業分析，コースポートフォリオといった典型的な教育改善活動向けにデザインされているため，ユーザが概念的枠組みの構成やそれらのレイアウトなどに時間を割くことなくスナップショットの作成に取りかかることができる。あるいは，「ブランクテンプレート」を選択して，自分の思いどおりに一からスナップショットをデザインしてもよい。テンプレート選択後，ブラウザ上でただちにスナップショットが編集可能となる。

　スナップショットは，複数の「ボックス」と呼ばれる複数の枠で構成されてお

図 12-3　スナップショットの編集画面例

り，各ボックス内にテキストなどを入力してコンテンツを作成する（図12-3, 図12-4）。個々のボックス内には画像や映像の追加もできる。テキストの入力はテキストエディタで行うが，HTMLエディタに切り替えHTMLタグを使って文

図12-4 作成したスナップショットの例

字の書式や配置を詳細に指定することもできる。画像や映像を扱うには，ボックスの編集画面からパソコン上の電子ファイルを直接アップロードするか，電子ファイルをアップロードした外部サーバのURLへリンクを張るかを選択できる。映像ファイルには20MBの容量制限が設けられているが，外部の映像配信サービスの埋め込み機能を利用することで，長時間・大容量の映像を扱うことも可能である。また，「edit links」機能を使って，WordやPDFなどの電子ファイルへのリンクを作成することもできる。

12.3.3 スティッチグループとギャラリー

「縫い合わせる」「綴じる」という意味を持つスティッチ機能を利用すれば，複数のスナップショットを相互にリンクし，単一のウェブサイトのように扱うことができる。このまとまりは「スティッチグループ」と呼ばれる（図12-5 (a)）。登録された個別のスナップショットにはナビゲーションバーで移動できる。また，作成したスティッチグループに後から別のスナップショットを追加したり，表示順を入れ替えることもできる。

ギャラリー機能では，複数のスナップショットやスティッチグループの一覧ページを作成できる（図12-5 (b)）。一覧には，各スナップショット作品の「タイトル」「作成者」「説明」といった情報やサムネイル画像が表示可能である。他のユーザのスナップショットやスティッチグループも，そのURLを登録することでギャラリーに追加することができ，同僚あるいは学習者間で共通して取り組む課題に対する進捗状況の共有・比較・吟味ができる。

12.3.4 その他の機能

〔1〕スナップショットの送信と公開

ダッシュボード上の「送信」機能では，作成したスナップショットやオリジナルテンプレートの複製を，送信したい相手のアカウント（すなわちメールアドレス）を使って他のユーザに送信できる。送信されたスナップショットは受信側のユーザが編集でき，同じ課題に取り組むコミュニティ内で共通のテンプレートを使用したい場合などに有効である。

作成したスナップショットは，それぞれが固有に持つURLを通知することに

(a) スティッチグループ

(b) ギャラリー

図 12-5　スティッチグループとギャラリーの作成例

より他者がアクセスし閲覧できる．これは，ダッシュボード上の「公開設定」の初期設定が「公開」となっているためで，自分の作品を誰にも見られたくない場合には非公開を選択することで，本人のみがコンテンツを閲覧できる状態となる．

〔2〕タグ

　作成した個々のスナップショットに，その内容や特徴を表すキーワードとして「タグ」を登録できる。タグを適切に付与することで，スナップショットの検索や分類が容易になる。付与されたタグは，ダッシュボード上で各スナップショットの「タグ」欄に表示される。

　また，自分のスナップショットに付与したすべてのタグは，ダッシュボード上部の領域（「タグクラウド」と呼ぶ）に表示される。該当するタグ名をクリックすると，そのタグを含むスナップショットを抽出できる。複数のスナップショットに共通のタグが付与された場合，登録数に応じてタグクラウド内の文字サイズが変化する。また，ダッシュボード上部の「タグ検索」機能を使えば，検索されたスナップショットが一覧の上位にハイライト表示される。ユーザ自らが付与するタグとは別に，ダッシュボード右側の「KEEPタグ」には，デフォルトのタグ名称（スナップショット，スティッチグループ，ギャラリー，非公開……）が設定されており，それぞれクリックすると，該当するスナップショットがハイライト表示される。

〔3〕クリエイティブコモンズ

　ダッシュボード上部の「パブリッシュ」メニューから，各スナップショットにクリエイティブコモンズのライセンスを付与することができる[12]。スナップショットはデフォルトで「公開」の状態になっており，該当するURLを知らないかぎり他者がスナップショットにアクセスできない。クリエイティブコモンズの各項目（「非営利」「改変禁止」「継承」）を設定すれば，該当ページは「一般公開」状態となり，スナップショットのフッタに選択したライセンス表示がなされる。従来の著作権を選択することも可能である。

12.4　導入事例と関連情報

12.4.1　他大学での導入事例

　メリーランド大学は，オープンソース版KEEP Toolkitを最も早期に導入した大学のひとつである。導入にあたってはLDAP（Lightweight Directory Access

Protocol）によりパスワードを一元管理し，個人によるアカウント取得を許可しないようカスタマイズを行っている．学内の学生と教員約 500 名が KEEP Toolkit のアカウントを取得しており，受講者数が 200 名を超える微生物学の授業に KEEP Toolkit を学習ポートフォリオとして活用した事例が報告されている[13]．当該授業では，学生に授業内容を提供するため，半期のコースで 3 種類のスナップショットを段階的に使用し，提供する情報を教員が故意に徐々に減らすことで学生たちが自らの知的発達について振り返ることができ，具体的にメカニズムを獲得できるような効果的な学習が促進されたという．また，ツールの扱い方が極めてシンプルであるため，多くの教員が経験がなくても時間をかけずにスナップショットを作成できたと報告されているなど，学生と教員の双方から KEEP Toolkit の導入が好意的に受け入れられている．

このほか，ウォータールー大学（カナダ）やカンザス大学（米国）において学生の学習ポートフォリオのためのツールとして利用されるなど，多くの教育機関でオープンソース版が活用されている．KEEP Toolkit の開発関係者によると，オープンソース版を導入する機関のほとんどが，所属機関のローカルな教育システムとの連携を試みているようである．

12.4.2　KEEP Social Learning Suite（SLS）

KEEP Toolkit SLS は，Sonya Zhang 氏と Steve Curtis 氏がオープンソース版 KEEP Toolkit 1.9.8 をベースに開発したプログラムで，2007 年 5 月に当時の KEEP Toolkit のコミュニティフォーラム上で発表された．カーネギー財団主導のプロジェクトではないが，一般公開されたスナップショットに対する検索機能の強化，ユーザが作成したスナップショットやスティッチグループへのコメント付与機能，外部ブログへのリンク，複数グループ間での共同編集作業の実現といったユーザ間のコミュニケーション強化のための機能が追加されている．ソースコードは KEEP SLS のウェブサイトから入手できる[14]．

12.4.3　日本における KEEP Toolkit の活用

最後に，日本における KEEP Toolkit の活用事例を紹介する．以下に紹介するスナップショットは，MOST のトップページからアクセス可能である（図 12-6）．

図12-6　MOSTのトップページ

　関西地区の半数を超える大学・短期大学が加盟する関西地区FD連絡協議会では，各会員校におけるファカルティ・ディベロップメント（FD）と呼ばれる組織的な教育改善活動の情報交換の場として，2010年度よりポスターセッションを行っている[10]。このポスターの原稿はKEEP Toolkitを利用して作成され，ギャラリー機能を使って発表したすべてのスナップショットが一般公開されている（図12-5（b）参照）。このポスターセッションでは，各発表に対して会員校相互にコメントを交換し合うピアレビューの活動も行われているが，このテンプレートには「取り組みの視点」について記述するボックスが設けられており，スナップショットの閲覧者が各取り組みの特徴や強調点，課題について理解しやすいよう工夫がなされている。

　また，個人教員による授業改善を支援するため，自身が担当する半期のコースについて，コースのデザイン，実施，学生の学習などについて反省的に記述する「コースポートフォリオ」のテンプレートが提供されている。このテンプレートは授業実施期間を含む約半年にわたって作成されるようデザインされており，そ

の作成プロセスにおける気づきや同僚からの助言などを通じてコースの改善が行われる。また，学部・学科の教員とともにコースポートフォリオを作成することで，カリキュラム改善も視野に入れた組織的活動に結び付く潜在性を持つと考えられる。

　このように，日本においても KEEP Toolkit の利用が広がっており，今後，個人教員や高等教育機関によるスナップショットが多く一般に公開され，大学教育コミュニティで広く共有されることが期待される。

注

1) 本稿では，オープンソース版の KEEP Toolkit を扱うため，これらの取り組みに興味のある読者は文献 [1][2][5] を参照されたい。
2) ここでは KEEP Toolkit を単独で設置した場合について述べる。本文中で紹介した MOST は招待制による登録であるなど，若干扱いが異なる。

参考文献・URL

[1] Iiyoshi, T. and Richardson, C. R., "Promoting technology-enabled knowledge building and sharing for sustainable open educational innovations," Iiyoshi, T. and Kumar, M. S. V. (eds.), *Opening Up Education: The Collective Advancement of Education Through Open Technology, Open Content, and Open Knowledge*, Chap. 22, MIT Press, 2008, pp. 337-355.

[2] 飯吉透，"テクノロジー支援による Scholarship of Teaching and Learning の推進"，京都大学高等教育研究開発推進センター編，「大学教育のネットワークを創る—FD の明日へ—」，東信堂，第 5 章，2011，pp. 86-106.

[3] 飯吉透，"カーネギー財団の試み—知的テクノロジーと教育実践の改善（上）—"，アルカディア学報，No. 66, 2002.
http://www.shidaikyo.or.jp/riihe/research/arcadia/0066.html

[4] Gallery of Teaching & Learning, http://gallery.carnegiefoundation.org/

[5] 梅田望夫・飯吉透，"ウェブで学ぶ——オープンエデュケーションと知の革命"，ちくま新書，2010.

[6] SourceForge.net（KEEP Toolkit），http://sourceforge.net/projects/keeptoolkit/

[7] TinyMCE, http://tinymce.moxiecode.com/

[8] Educational Community License, http://www.opensource.org/licenses/ecl1.php

[9] Sakai, http://sakaiproject.org/

[10] 酒井博之，"オンライン上における相互研修の場の構築"，京都大学高等教育研究開発推進センター編，「大学教育のネットワークを創る—FD の明日へ—」，東信堂，第 6 章，2011，pp. 107-125.

[11] MOST, https://online-tl.org

[12] クリエイティブ・コモンズ・ジャパン，http://creativecommons.jp/

[13] Benson, S., "KEEP Toolkit: A free adaptable e-presentation tool for student and faculty work," *Teaching and Learning News, the Center for Teaching Excellence*, University of Maryland, 17 (3), pp. 2-7, 2008.
http://www.cte.umd.edu/teaching/newsletter/2007-08/Feb-March08.pdf
[14] KEEP Social Learning Suite (SLS), http://keep.curtiscomp.com/

第IV部

eポートフォリオの今後の展開

第13章

eポートフォリオを活用した教育改善の可能性

岩井 洋

13.1 はじめに

　近年，文部科学省の「国公私立大学を通じた大学教育改革の支援」事業，とりわけ「大学教育推進プログラム」や「大学生の就業力育成支援事業」に採択された取り組みをみると，eポートフォリオの活用を事業内容として挙げている大学が目立つ。しかし，eポートフォリオを教育改善に活用する具体的な方策については，多くの大学が共通の課題を抱えているようである。
　そこで本章では，eポートフォリオを活用した教育改善の可能性と課題について論じる。手順としては，まず「eポートフォリオ」という言葉によって示される具体的内容の多様性について述べ，eポートフォリオ導入の意義，eポートフォリオの活用方法，そして，eポートフォリオ活用の課題について述べる。

13.2 eポートフォリオの多様性

　年々，eポートフォリオを導入する大学が増加しているが，その活用目的を明確にしないままに導入する例も散見される。また，「eポートフォリオ」の名前で導入されているものの実態も多様である。既存のものを活用するにせよ，新規に開発するにせよ，活用目的によって，eポートフォリオの見栄え，インタフェース，レイアウトや機能設定等が変わることはいうまでもない。これは，後述のeポートフォリオ活用の課題とも密接に関連し，活用目的を明確にしなければ，

eポートフォリオのシステム自体と，その活用方法も明確にならないといえる。

そこで，活用目的との関連で，「eポートフォリオ」として活用されているものを，(1)カルテ型，(2)ブログ型，(3)統合型の3つに分類しておく。ただし，この3つは，相互に重なる部分も多く，あくまでも教員側のイメージから分類したものである。

まず，(1)カルテ型は，学習面を含めた学生生活を把握することを目的とした，いわば「学習カルテ」としてeポートフォリオを活用するものである。カルテ型は近年増加しており，その背景には2つの理由が考えられる。ひとつは，教職課程においては，教育職員免許法施行規則改正に伴い，2010年度入学生から「履修カルテ」を作成することが定められたことである。文部科学省は，eポートフォリオを「履修カルテ」として活用するように指導しているわけではないが，これを機にeポートフォリオを導入する大学も目立っている。もうひとつの理由は，学生の学力・意欲・学習歴の多様化により，さまざまな意味で支援を要する学生の早期把握が必要になったことである。要支援学生の早期把握は，キャリア支援や就職率の向上などにも直結し，大学にとって重要な課題である。

次に，(2)ブログ型は，学生自身が日々の学習や学生生活について継続的に書き込み，まさに「ブログ」としてeポートフォリオを活用するものである。ブログ型は，学生自身が，自分の考えを継続的に言語化・文章化する能力を育成するとともに，文章化されたものを客観的に読み，振り返る能力を育成するのに役立つ。特に，学生の日本語能力低下が問題となっている現在，継続して文章を書くことは，日本語能力の向上に役立つと考えられる。

最後に，(3)統合型は，カルテ型とブログ型の要素を統合したもので，このほかに，学生自身が自分をアピールするための「ショーケース」(showcase)的な機能を加えることも可能である。

13.3　eポートフォリオ導入の意義

前述のように，eポートフォリオ導入の目的によって，システムとしてのeポートフォリオ自体と，その活用方法も異なる。さらに，導入目的によって，当然のことながら，eポートフォリオ導入の意義も異なってくる。しかし，広く共通

する意義としては，以下の5点が挙げられる．
　(1) 学習成果の統合化
　(2) 学生によるPDCAサイクルの確立
　(3) 学びと教育の「見える化」
　(4) 形成的評価のツールとしての活用
　(5) 評価のための定性的データの収集
　(1) と (2) は，主に学生側にとっての意義，(3) は学生と大学の双方に関わるもの，そして (4) と (5) は，主に大学側にとっての意義といえる．

13.3.1　学習成果の統合化

　学習成果の統合化については，さまざまな学習成果を一元化して蓄積することで，学生自身が4年間の成長のプロセスを確認できるということである．これは，(3) 学びと教育の「見える化」とも関連する．例えば，1年次に，レポートと高校までの作文・感想文との違いを理解せずに書いたレポートと，2年次以降に書いたレポートを見比べれば，単純に自分の成長を確認できる．また，良い成績を得たレポート等の学習成果は，学生の学びに対する達成感にもつながる．

13.3.2　学生によるPDCAサイクルの確立

　学生によるPDCAサイクルの確立は，「目標設定→振り返り→目標設定」という，学生自身のサイクルの確立と言い換えてもよい．(1) とも関連し，学習成果の蓄積としてのeポートフォリオは，自分の成長とともに，課題も明らかにしてくれるはずである．したがって，その課題が次に達成すべき目標設定につながる．さらに，半期あるいは1年を経て，当初の目標がどの程度達成できたのか，また達成できなかった原因はどこにあるのか，などの「振り返り」(reflection) が重要となる．この「振り返り」が，さらに次の目標設定につながっていく．組織において，「PDCA（Plan-Do-Check-Action）サイクル」が強調されるように，学生個人においてもPDCAサイクルが重要となる．後述のように，学生個々人の目標設定も重要であるが，大学が学習到達目標を明確に提示し，それとeポートフォリオがうまく連動すれば，より効果的であると考えられる．

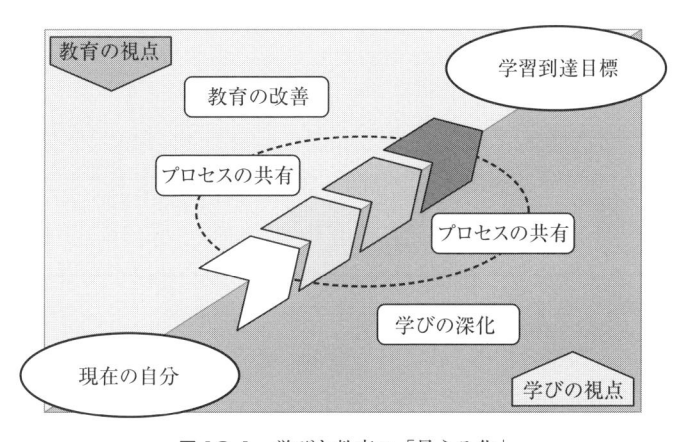

13.3.3 学びと教育の「見える化」

　学びと教育の「見える化」は，学びの視点（学生側の視点）と教育の視点（大学・教員側の視点）から，eポートフォリオを通して，学びと教育のプロセスを可視化することができる，ということである。

　企業経営の世界で使われるようになった，「見える化」という言葉の定義はさまざまである。しかし，最大公約数的にいえば，「現場での出来事を可視化・共有化し，人々の具体的な行動に結び付ける，業務改善の仕組み」ということができる。教育現場における「見える化」とは，「学びと教育のプロセスを可視化・共有化し，学生が学びを深めることや，教職員の教育改善に役立てる仕組み」ということができる。

　eポートフォリオの内容は，学生自身による学びのプロセスを示すと同時に，それを通して，教育プログラムがどの程度の効果を上げているのかが明らかになる。図 13-1 のように，大学が学習到達目標を明確にし，学生と教職員が学びと教育のプロセスを共有するとすれば，それは「学びの深化」と教育改善に結び付くといえる。

図 13-1　学びと教育の「見える化」

13.3.4　形成的評価のツールとしての活用

　eポートフォリオの活用は，記録の継続性を前提としている。その意味では，形成的評価のツールとして役立つ。「形成的評価」（formative assessment）とは，

学習プロセスの途上で，学習者の学習成果や到達度を把握し，その後の学習を促進するための評価である。通常，期末テスト等で行われる評価は「総括的評価」（summative assessment）と呼ばれ，学習の最後に，その成果と到達度を全体的かつ総括的に評価するものである。もちろん，2つの評価は個別に考えるべきではなく，両者を使い分けることで，学習効果が向上すると考えられる。

　eポートフォリオでは，学びの継続的なプロセスを重視するため，学生の学習成果や振り返りに対して，教員が定期的にコメントを付けることで，学生のさらなる学びを促進することができる。

13.3.5　評価のための定性的データの収集

　前述の学びと教育の「見える化」とも関連し，eポートフォリオの内容は，学生に対する評価と教育プログラムに対する評価のための，定性的データとして役立つ。

　本来，eポートフォリオに限らず，（紙ベースのものも含め）ポートフォリオ自体，学生の学習到達度に関して，特に数量化できない部分を評価するためのものである。初等・中等教育において「総合的な学習の時間」が導入された際，従来の科目群とは異なる評価方法が求められ，多くの学校で「ポートフォリオ評価」が導入されたことは，このことと関連する。

　「評価」という言葉は，すぐさま「定量的・数量的」に把握できる成果と結び付きやすいが，すべての評価が「定量的・数量的」に把握できるわけではない。そこで，「定量的・数量的」データを補完する「定性的・質的」データとして，eポートフォリオにおける，学生自身による「振り返り」の文章などが活用できる。また，教育プログラムの有効性を評価する際にも，GPA（Grade Point Average）や成績の点数をはじめとする「定量的・数量的」データとともに，学生の学習成果物や，学生自身による「振り返り」における，肯定的あるいは否定的な表現なども活用できる。さらに，eポートフォリオにおける「定性的・質的」データは，昨今注目されている「IR（Institutional Research）」にとっても重要なデータである。IRとは，「大学内の財務や教育研究活動の全般に関する情報を収集・管理・分析し，大学の意思決定や戦略策定に活用するための調査研究や活動」を指す。IRにおいても，「定量的・数量的」データと「定性的・質的」デー

タをうまく活用することが求められている。

　最後に，eポートフォリオにおける「定性的・質的」データを数量的に分析する可能性についてふれておく。昨今，「データマイニング」（data mining）と呼ばれる分野が急速に発展してきた。これは，さまざまなデータを多角的に統計分析する手法のことであり，その統計ソフトも多く開発されるようになった。このデータマイニング，とりわけ「テキストマイニング」の手法を使い，学生の「振り返り」というテキストデータを分析し，語彙同士の関連性等を数量的に表すことが可能になった。データマイニング自体，大きな可能性を秘めているが，本来，eポートフォリオが定性的評価のためのツールであるということは，認識しておくべきである。

13.4　eポートフォリオの活用方法

　前述のように，eポートフォリオの導入目的によって，その活用方法も異なるが，ここでは学習到達目標と関連させた活用方法に限定して述べたい。

13.4.1　学習到達目標とは

　「学習到達目標」とは，「何を学ぶか」ではなく，「何ができるようになるか」を段階的に明示したものである。そして，その内容には技能や態度特性，専門知識などが含まれる。学習到達目標の作成方法は，通常，図13-2のような段階をふむと考えられる。また，図13-3に示すように，学習到達目標の作成プロセス

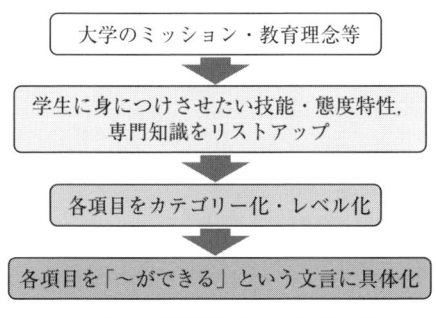

大学のミッション・教育理念等
↓
学生に身につけさせたい技能・態度特性，専門知識をリストアップ
↓
各項目をカテゴリー化・レベル化
↓
各項目を「～ができる」という文言に具体化

図13-2　学習到達目標の作成方法

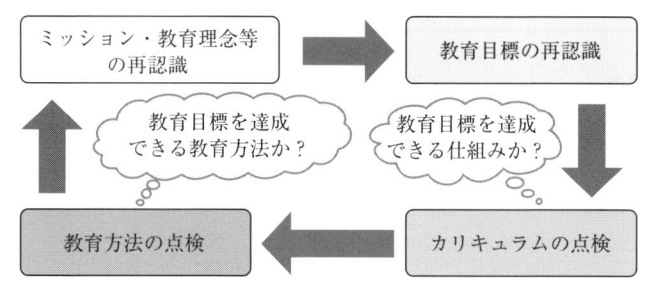

図13-3 学習到達目標とFD

自体がFDの役割を果たすことにもなる。このことは，前述の「学びと教育の『見える化』」とも関連する。

13.4.2 学習到達目標とeポートフォリオ

では，学習到達目標をeポートフォリオと有機的に関連させるには，どうしたらよいのか。例えば，筆者の勤務する帝塚山大学（以下「本学」）では，学習到達目標にあたる，全学と学部ごとの教育目標を設定し，さらにそれをeポートフォリオ上で評価するための「e能力アセスメントの評価項目」に分解している。さらに，全科目のシラバスには，「e能力アセスメントの評価項目」に準拠した到達目標を，必ず2〜3項目明記する。各科目の学習成果物がeポートフォリオに蓄積されるとともに，各科目の到達目標がどの程度達成できたかを，学生自身と教員が評価する仕組みを作っている（図13-4）。

2008年度，本学の取り組み「学生の学力・人間力・社会力の養成：e能力ポー

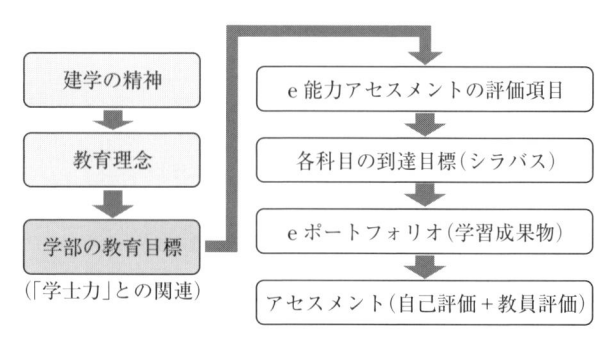

図13-4 学習到達目標とeポートフォリオ（帝塚山大学の事例）

トフォリオとe能力アセスメントを活用して」が文部科学省の「質の高い大学教育推進プログラム」（教育GP）に選定された．これを機に，既存のeラーニング・システムTIES（Tezukayama Internet Educational Service）と連動するeポートフォリオ・システムを構築し09年度から本格的に運用を開始した．TIESは1996年に運用を開始し，現在，国内外80以上の大学で共同利用され，蓄積された授業コンテンツは約35,000にのぼる．

「e能力ポートフォリオ」では，各学生の時間割と連動し，各授業のビデオや教材，課題などが，一連のタイムラインに沿って配列されている．それぞれのコンテンツはアイコンで表示され，それらをクリックすることで，各コンテンツが立ち上がるようになっている．各学生が履修している授業科目に沿って，学習成果が蓄積されるため，学生・教員双方にとって，授業の流れが「見える化」される．またこの仕組みによって，各授業のビデオや教材等を蓄積・共有・公開してきたTIESのシステムと「e能力ポートフォリオ」が接合したことになる（図13-5）．

「eポートフォリオ」に付随して，学習成果に対する「振り返り」と評価のためのシステムとして，「e能力アセスメント」のシステムを導入した．「e能力アセスメント」では，各評価項目の達成度に関して，学生自身がコメントするとともに，「A～C」の3段階で自己評価し，その結果がレーダーチャートで表示され

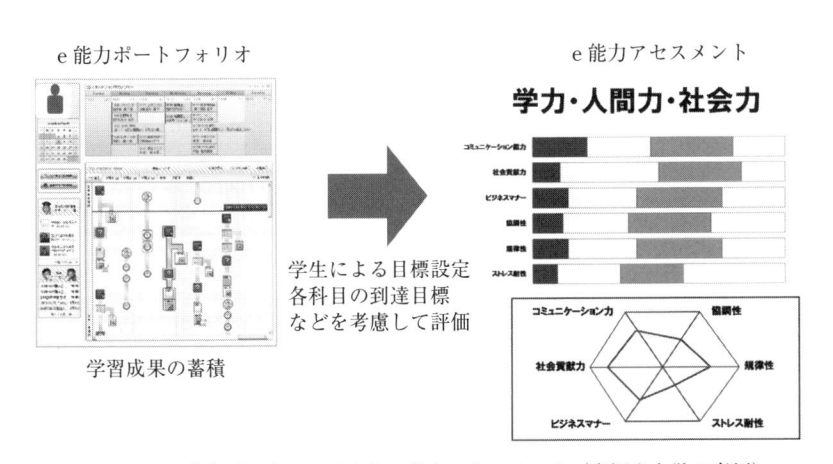

図13-5　e能力ポートフォリオとe能力アセスメント（帝塚山大学の事例）

る（図13-5）。また，教員も各学生の学習成果と「振り返り」に対してコメントするとともに，学生と同様の3段階評価をし，その結果が学生のレーダーチャートに重ねられる。レーダーチャートに見られる，学生による自己評価と教員による評価の誤差が，学生と教員双方の「気づき」を促進することになる。つまり，その誤差の原因を考えることは，学生にとっては学習の改善であるし，教員にとっては教育の改善につながる。

　eポートフォリオを含めた「ポートフォリオ」自体，点数による成績評価では評価できない，学生の能力や学びを評価するためのツールであるといえる。本学の「e能力ポートフォリオ」と「e能力アセスメント」も，そのような思想にもとづいて運営している。「e能力ポートフォリオ」と「e能力アセスメント」は，理想的には，1～4年のゼミ担当教員が各学生を評価することを目指しているが，現時点では，各科目担当者が評価している。

　なお，2010年度，本学の取り組み「卒業生・保護者と大学の協働型キャリア支援」が文部科学省の「大学生の就業力育成支援プログラム」（就業力GP）に採択され，事業の一環として「キャリア・ポートフォリオ」システムを構築中である。これは，前述のシステムのインタフェースが複雑化したこともあり，「キャリア・ポートフォリオ」を単体として運用できるようにしたものである。「キャリア・ポートフォリオ」では，これまでの「e能力ポートフォリオ」や「e能力アセスメント」のコンテンツをインポートできるとともに，就職活動用のエントリーシート作成をサポートするシステムを組み込む予定である。また，求人サイトと接合し，「キャリア・ポートフォリオ」を通して，学生が企業にエントリーできるシステムも開発予定である。これにより，学生の就職活動状況も把握でき，適切なキャリア指導ができるようになると考えられる。

13.4.3　eポートフォリオにおける「マトリックス思考」

　さて，eポートフォリオ上において，学習到達目標と学習成果物を有機的に結び付ける思考法として，「マトリックス思考」が挙げられる。eポートフォリオについて論じる際，しばしば引用されるインディアナ大学・パーデュー大学・インディアナポリス（IUPUI：Indiana University- Purdue University Indianapolis）の事例は，「マトリックス思考」の好例である（図13-6）。

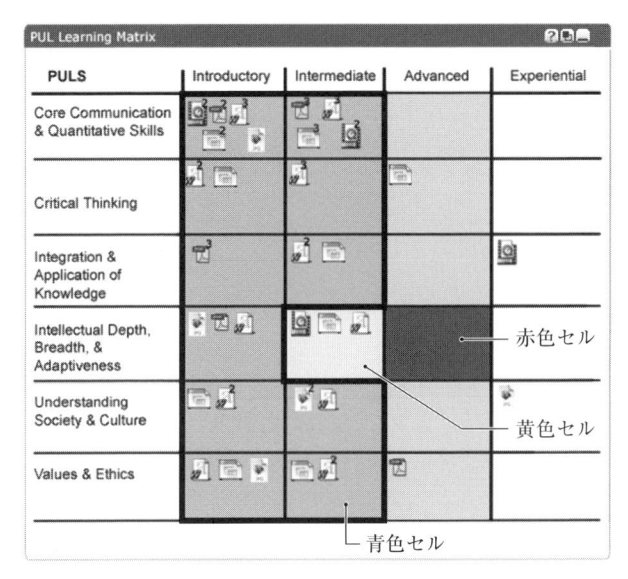

図13-6 マトリックス思考（IUPUIの事例）

	レベル1	レベル2	レベル3
学習到達目標A	成果物①		
学習到達目標B		成果物②	成果物③
学習到達目標C	成果物④	成果物⑤	

学習到達目標 × レベル

図13-7 学習到達目標と「マトリックス思考」

　一番左の列に示された「PULS」とは，Principles of Undergraduate Learning の略で，学部時代に身につけてほしい6つの技能・態度特性・知識等，いわゆる学習到達目標である。一番上の行は，初級・中級・上級・体験的等の段階別カテゴリーを示す。各セル内部のアイコンは，該当する項目・段階における学習成果物を示す。各セル内の色は，青色が承認・評価済，黄色が保留，赤色がその先に進めない状態を示す。このような「マトリックス思考」を簡単に表せば，図

13-7 のようになる。

13.4.4　e ポートフォリオにおける「振り返り」

　学習到達目標を設定して e ポートフォリオを活用する場合，もっとも重要な事柄のひとつが「振り返り」(reflection) である。そもそも，e ポートフォリオをポートフォリオたらしめているものは，「振り返り」であるといってもよい。もし，e ポートフォリオがただの電子ファイルであるならば，別のデータベース等でも代替可能である。

　では，「振り返り」とはどのようなことなのか。これは，英語の reflection の訳語であるが，一般的には「自省」「反省」と訳される。しかし，「自省」「反省」にはネガティヴなニュアンスが含まれるため，教育現場では「振り返り」ということが多い。e ポートフォリオにおける「振り返り」は，ある時点で自分に何ができて，逆に何ができなかったのかを考え，それを言語化・文章化することである。前述のように，この「振り返り」が，課題の発見と目標設定につながっていく。

　しかし，「振り返り」は，心理学等で「メタ認知」と呼ばれる高度な知的活動である。そのプロセスを図に表すと，図 13-8 のようになる。つまり，自分を客観視する，もうひとりの自分を想定することで「振り返り」が可能になる。このような，ある意味で高度な知的活動を定着させるためには，「振り返り」の方法自体を学生に学ばせる必要がある。筆者の経験でも，最初，学生の多くが，何をどのように「振り返る」のかがわからず，言語化・文章化がなかなかうまくいか

図 13-8　「振り返り」のプロセス

ない状況があった。これに関する解決方法のひとつは，図13-8に示したように，まず事実に関する記述をし，それに対して自分が感じたことを記述し，最後にそれらを総合して，何がいえるのかを記述する，という三段階の「型」を徹底的に身につけさせることである。この「型」が身につけば，あとは日本語の表現能力を向上させるのみとなる。

13.4.5　eポートフォリオの「見えざる仕掛け」

　eポートフォリオ導入の意義については，すでに述べた。しかし，導入の意義とは別に，eポートフォリオの活用には，表面的には意識されない，いわば「見えざる仕掛け」があるといってよい。それは，(1) 自己管理能力の育成，(2) リフレクション能力の育成，(3) 自己表現能力の育成，(4) FD効果，の4点である。

　まず，学生が自分のeポートフォリオを継続的に活用するということは，目標に向かって自分を管理する能力を育成することにつながる。ただし，学生がeポートフォリオを継続的に活用するようになるには，何らかの仕掛けが必要となる。例えば，eポートフォリオの活用を科目の評価に組み込むのもひとつの方法である。また，自分のeポートフォリオ自体に愛着をもってもらうために，eポートフォリオの背景や見栄えを，好きなデザインに変えることができるテンプレートを用意するという方法もある。

　リフレクション能力の育成については，前述のとおりであるが，これに関連して，eポートフォリオの活用は，自己表現能力や日本語表現能力の向上にも役立つと考えられる。「振り返り」自体が自己表現であるし，とりわけブログ型のeポートフォリオの場合，(公開設定の問題は別として) 常に他者を意識した文章表現が必要になり，自己表現能力の向上に役立つ。筆者は，かつてブログ型のeポートフォリオの開発に携わったことがあるが，その際，記事を書くエディター部分に，記事に対する複数のキーワード（タグ）を設定する機能を追加した。これは，記事にキーワードを付けることで，検索の利便性を向上させる意味もあったが，裏の意図は，自分の書いた文章をキーワードというかたちで要約させることで，要約力を向上させようとするものであった。冒頭に述べたように，導入する目的によって，eポートフォリオのインタフェースやレイアウトが異なると

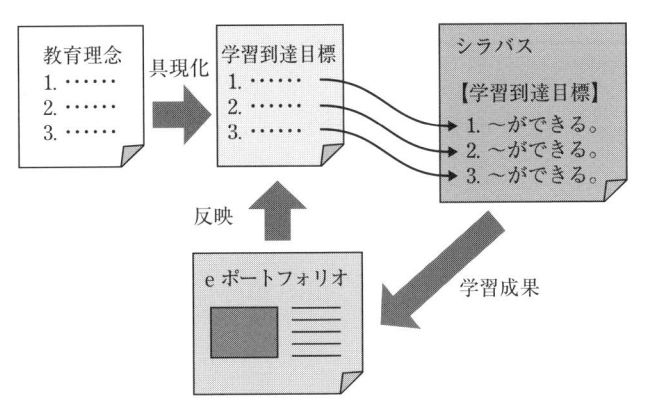

図13-9 学習到達目標・シラバス・eポートフォリオ

いうことは，まさにこのことである。

　最後に，FD効果についてである。すでに，eポートフォリオの導入は，学びと教育の「見える化」をもたらすと述べた。「見える化」によって，教育の効果とプロセスが可視化されることで，各教員は，大学全体の教育プログラムにおける自分の科目や教育の位置づけや，学習到達目標と表裏一体である教育目標についても認識するようになるといえる。このようなFD効果がより機能するためには，学習到達目標，シラバス，eポートフォリオの三者の関係が有機的に連関する必要がある（図13-9）。

13.5　eポートフォリオ活用の課題

　最後に，eポートフォリオを活用する際の課題について述べる。課題としては，次の3つが挙げられる。
（1）コンセンサスの問題
（2）人的・財政的資源の問題
（3）技術的問題
　（1）コンセンサスの問題は，eポートフォリオを導入・活用するにあたって，その目的と必要性について，学内でコンセンサスができているか，という問題である。eポートフォリオを導入する大学が増え，eポートフォリオが一種の「ブ

ーム」になっている感がある。しかし，その目的や必要性が明確になっていない場合，十分な教育効果を期待することはできない。すでに述べたように，「eポートフォリオ」と呼ばれているものの形は多様であり，導入目的によって，その仕様は異なるわけである。したがって，導入目的と必要性について明確化することが必須である。

　また，教職員や学生に対して，eポートフォリオの意義をうまく伝達できなければ，普及率の向上は望めない。筆者の経験では，たとえ中小規模の大学であっても，全学的に一斉に足並みをそろえてeポートフォリオを導入しようとすると，なかなかうまくいかない場合が多い。むしろ，eポートフォリオの意義を理解している教員がいる，学科や複数のゼミなどで試行的に導入し，成功例を積み重ねながら，全学的な普及に向かうのが妥当であると考える。学生に対しても，前述のように，eポートフォリオの活用を促進するようなインセンティブが必要であろう。

　(2) 人的・財政的資源の問題は，eポートフォリオを導入・活用するにあたって，財政的資源があるかどうか，また，実際の運用にあたって，技術的サポートをする人員を配置することができるか，ということである。

　eポートフォリオを導入している大学を見ると，その多くが文部科学省のいわゆるGP事業に選定されたのをきっかけに導入した例が目立つ。GP事業の一環としてeポートフォリオを導入した場合，問題となるのは，補助事業が終了した後の財政的資源の確保である。また，GP事業以外で，独自の大学予算によってeポートフォリオを導入する場合でも，システムを新規開発するのか，オープンソースを利用するのかによって，予算が変わってくる。いずれにせよ，eポートフォリオを導入し，活用するためには，システムの保守だけではなく，教職員・学生のためのヘルプデスクの設置をはじめ，人的資源の確保が必要となる。

　最後に，(3) 技術的問題は，(2) とも重複する部分があるが，技術的サポートの体制づくりが第一に挙げられる。ほかにも，eポートフォリオ・システムと既存のシステムとの整合性，教職員のコンピュータリテラシーの問題が挙げられる。

　前者は，日本の多くの大学で見られる弊害である。つまり，成績管理システム，学生情報管理システムをはじめ，いくつものシステムが学内に併存しており，しかも納入業者がすべて異なる，などという状況もある。ユーザにとって，システ

ムへの入口（ポータル）は，シンプルで使い勝手の良いようにデザインすべきである．もし，複数のシステムに何度もログインする必要が生じると，それだけでeポートフォリオの普及率は低下すると考えられる．したがって，eポートフォリオの導入にあたっては，トータルなシステム構築が必要となる．

　教職員のコンピュータリテラシーの格差は，予想外に大きい問題である．学生にeポートフォリオを使わせ，ただ野放しにしておくだけでは，導入の意義が半減することになる．そこで，当然ながら，教職員にもeポートフォリオの操作に慣れてもらう必要がある．講習会や説明会を開催することは言うに及ばないが，遂行してほしいミニマムの業務内容を設定し，それを明確に伝えることも重要であると考える．eポートフォリオの活用に関して，教職員に必要以上の負荷をかけることによって，逆に教職員をeポートフォリオから遠ざけてしまう可能性があることも，認識しておくべきである．

13.6　むすび

　本章では，eポートフォリオを活用した教育改善の可能性について，eポートフォリオ導入の意義，活用方法，課題等について述べた．

　eポートフォリオの導入においては，課題にも挙げたように，導入目的と必要性を明確にするとともに，学内におけるコンセンサスを得ることが重要である．「eポートフォリオ」の名前で導入されているものの実態が多様であるだけでなく，導入目的よって，インタフェース，レイアウト，機能設定や活用方法も異なる．その意味では，導入目的と必要性の明確化が必須である．

　eポートフォリオ導入の意義については，(1) 学習成果の統合化，(2) 学生によるPDCAサイクルの確立，(3) 学びと教育の「見える化」，(4) 形成的評価のツールとしての活用，(5) 評価のための定性的データの収集などを挙げた．とりわけ，学びと教育の「見える化」は，学生と教職員の双方にとって重要であり，教職員に対してはFD効果をもたらすものといえる．

　eポートフォリオの活用に関しては，学習到達目標とeポートフォリオの有機的な関連について論じた．教職員にとって，学習到達目標の設定プロセス自体がFD効果をもつだけでなく，学生にとっても，学習到達目標に準拠した「目標設

定→振り返り→目標設定」というサイクルの確立は，学びを促進するものといえる。

　最後に強調しておきたいのは，eポートフォリオは教育改善の「万能薬」などではなく，教育改善の「ツール」にすぎないということである。eポートフォリオが「ブーム」であるとの理由から，安易に導入することは，学生だけではなく教職員にも混乱を起こす要因となる。

　しかし，eポートフォリオは強力な「ツール」であり，うまく活用すれば，必ずや学生の学びを促進することができる。また，それだけではなく，教職員のFDにも役立つ「ツール」であるといえる。eポートフォリオが強力な教育改善の「ツール」たりえるためには，繰り返しになるが，導入目的と必要性の明確化と学内的なコンセンサスが必須であるといえる。

第14章 ライフロングなeポートフォリオの実現に向けて

梶田将司

14.1 はじめに

　高等教育機関における情報環境整備は，集約化による費用対効果の改善を目指して，学内に散在してきた計算機資源の統合化・共通化が始まっている[1]。この流れは，現在のクラウドコンピューティングの流れと同期するなかで，IaaS（Infrastructure-as-a-Service）レベルでの学内プライベートクラウドの構築やパブリッククラウドの利用が模索されている。今後，より上位レイヤーのPaaS（Platform-as-a-Service）やSaaS（Software-as-a-Service）レベルへとその流れが拡大するなかで，コース管理システムやeポートフォリオシステム等の教育学習活動を支える情報環境も統合化・共通化を視野に入れながら密な連携が進むと考えられる。その過程で「いかに多様な教育学習現場を支えるものにできるか」は極めて重要なポイントである。

　特に，「eポートフォリオシステムで扱われる学習履歴や学習成果物は学習者のものである」との立場をとれば，eポートフォリオシステムに格納されるさまざまなデータは，20歳前後という人生のある特定の年代やその時期に所属したある特定の教育機関の枠を越えた「ライフロングな形」で取り扱われるべきものである。

　そこで，本章では，年代や機関の枠を越えたライフロングなeポートフォリオの実現に向けて各大学が考えるべきeポートフォリオ戦略について，教育学習支援のための情報環境の現状と今後に絡めながら述べる。

14.2 大学における教育学習支援情報環境の現状

「複数のオンラインコース教材において共通利用可能な機能をツール化する」というMurray Goldberg（ブリティッシュコロンビア大学）のアイディアをもとに1995年から開発が始まったWebCT（Web Course Tools）は，この十数年間で，各大学の教育学習活動を支えるコース管理システムへと進化してきた[2]。また，前章までに述べられているとおり，コース管理システムが普及するなかで課題レポート，試験答案，ノートなど，学習過程で学生が生成した学習に関する記録・成果物を蓄積するeポートフォリオシステムも顕在化してきている。

この節では，まず，コース管理システムおよびeポートフォリオシステムの現状を整理するとともに，教務システムも合わせた大学における教育学習支援情報環境の現状を整理する。

14.2.1 コース管理システム

大学での教育活動は，基本的に15週にわたり実施され，毎週，教員による対面教育を90分，学生自身による90分の予習・復習をそれぞれ行うことが定められている。その間，教員による講義を受講するだけでなく，課題レポートをこなしたり，グループ学習で同じクラスの学生と議論を深めたり，あるいは，実験や実習などを通じてさらに理解度を高めていく場合もある（図14-1参照）。

このような大学で開講される講義やセミナーなどの単位認定を伴う一連の教育活動（=「コース」）を支援することを目的とした大学の基幹情報システムとしてコース管理システムは利用されている。コース管理システム（Course Management System）は略称としてCMSが使われるため，コンテンツ管理システム（Content Management System）と間違われたり，自学自習に重きを置くLMS（Learning Management System）と混同されるケースがあるが，これらとは基本的に異なり，前述のようなコースに関わるさまざまな教育学習活動を教員の視点で支援するための手段（「CMSツール」と言う）が提供される。例えば，講義に必要な資料をあらかじめCMS上に作成されたその講義用のコースサイトにアップしておくことで資料配付の手間を省いたり，メールツールを用いて学生に直接連絡を取ったり，グループ学習をディスカッションツールを使ってオンライン

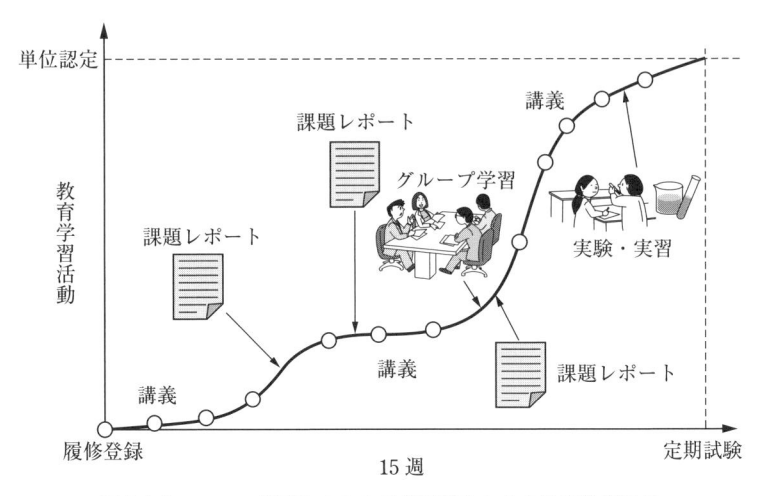

図14-1　コース管理システムが支援対象とする教育学習活動

で行ったりすることが可能になる。ほかにも，課題の提出や採点・返却を行う課題ツールやオンラインで試験を行うためのテストツール，あるいは，オンライン版の教科書として使用できる教材配信ツールなども用意されている。

　キャンパスコンピューティングプロジェクトの調査[3]によると，北米ではすでに9割を越える大学で全学レベルでCMSが導入され，平均で6割弱の講義等でCMSが利用されている。我が国でも，ほぼ10年程度遅れてはいるものの，CMSの導入は進んでおり，メディア教育開発センター（現放送大学ICT活用・遠隔教育センター）の調査によると，全学レベルではないものの，学部や学科レベルで導入している大学は半数を超えるところまで来ている[4]。

　このように大学の教育活動にはなくてはならない基幹情報システムとして普及が進むCMSであるが，ベンダーの淘汰に伴うCMS市場の寡占化やMoodleやSakai（図14-2参照）などのオープンソースCMSの利用の増加[5]など，状況は刻々と変わってきており，キャンパスコンピューティングプロジェクトのグリーン博士は「CMS市場は成熟していないCMSで成熟している」という表現を使って，CMSのさらなる深化の必要性を説いている。

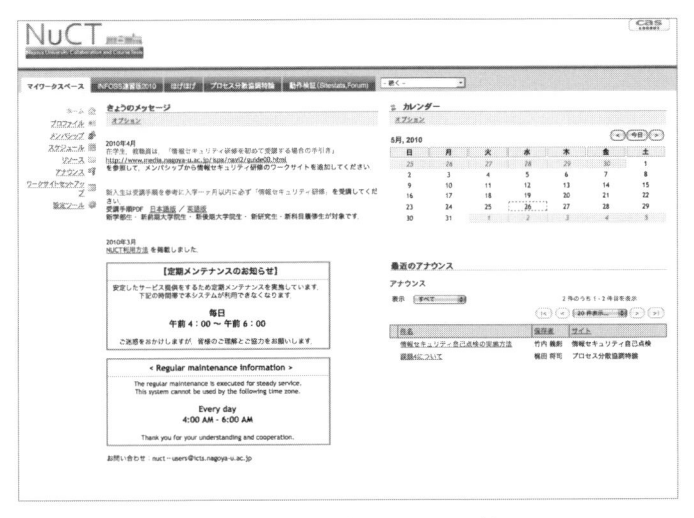

図14-2　Sakai をベースとした名古屋大学コース管理システム NUCT

14.2.2　e ポートフォリオシステム

　一方，e ポートフォリオシステムは，コース管理システムに学生の学習成果物が蓄積されるにつれて注目されるようになってきた。そもそも学習成果物の蓄積としての「ポートフォリオ」は，主に教育学の分野で長年研究・実践されてきたもので，インターネットの普及のなかでコース管理システムが顕在化していった様子と同様に，ポートフォリオの電子化が進められるなかで「e ポートフォリオ」と呼ばれるようになった。特に，2003 年に，ミネソタ大学の学生，教員，職員，卒業生が自分の成績を管理するためのシステムとして7年にわたり開発・使用してきた e ポートフォリオシステムがオープンソース化されたことにより注目度が増し，2010 年には北米の大学の約半分が導入するまでに至っている[3]。

　e ポートフォリオには，次の4つのタイプがあると考えられている[6]。
(1) 教員からのフィードバックを学生に伝え，コメントに基づくフィードバックを得るための基盤
(2) 教員が自身の教材等を蓄積し，再利用を促すための基盤
(3) 学生の授業への課題提出履歴等を通して，授業評価を実施するための基礎的な統計データを得るための基盤

（4）卒業後にも利用しうる自己啓発のための基盤

　我が国においても，コース管理システムよりは遅れることなく，eポートフォリオシステムへの関心が高まり，さまざまな研究プロジェクトや実践プロジェクトが進行している（第II部参照）。例えば，日本女子大学では，長年にわたり蓄積してきた卒業生の学生時の成績情報を利用したロールモデル型eポートフォリオ（RMP）を開発している[7]。具体的には，ポートフォリオの評価指標設定の際に社会で活躍する卒業生の学生時の成績を利用し，学生が目指したい業種・職種別のロールモデルと現在の自分の実践力を比較し，その差を視覚的にとらえられることができるようになっている（第7章参照）。

14.2.3　情報化を通じて「見える化」が進む大学の教育学習環境

　このように，大学における教育学習活動を教員の視点から支援するためのコース管理システム，および，学生の視点から支援するためのeポートフォリオシステムは，機関としての大学による支援業務である教務の電子化・情報化の結果である教務システムと合わせて，大学における教育学習活動を支援する三位一体システムとして明確になってきている。例えば，次のようなデータ連携がなされたり，なされることが想定されている。

- 教務システムは履修情報をコース管理システムに提供し，それに基づいてコース管理システムでは各コース用のサイトを作成し，担当教員・受講学生を登録し利用環境を整える
- コース終了後の成績情報が教務システムやeポートフォリオシステムへ送られる
- eポートフォリオシステムに蓄えられた学習履歴はコース管理システムに提供され，学生の学習状況に合わせた教育の提供がコース管理システムで行われる

　このような連携が進むことにより，コース管理システム・eポートフォリオシステム・教務システムが「仮想世界における教育学習メディア」を形成するようになる。さらに，教室や図書のような「物理世界における教育学習メディア」も，ICカードによる入退室管理や図書貸借の電子化を通じて一部が情報環境に取り込まれていくことになる。このように，情報化を通じて物理世界・仮想世界双方

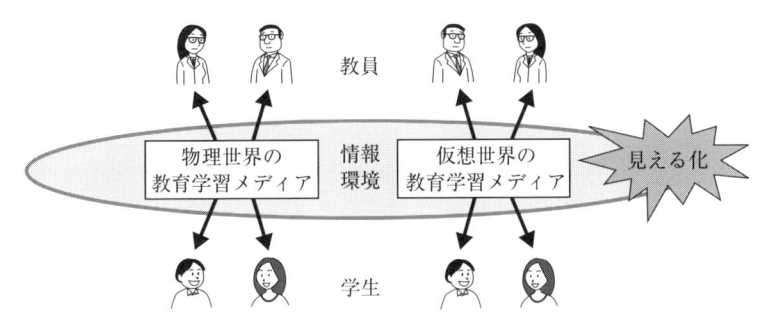

図14-3　情報化を通じた教育学習活動の見える化

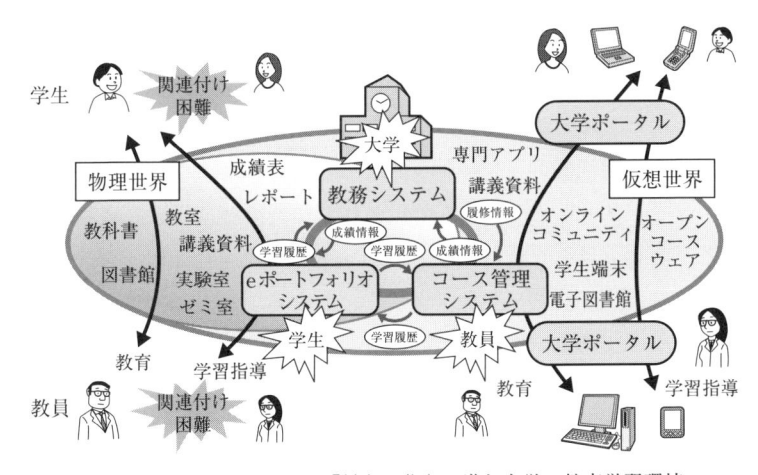

図14-4　情報化を通じて「見える化」が進む大学の教育学習環境

の教育学習活動が徐々に「見える化」しているのが現状である（図14-3参照）。最終的には，大学にあるさまざまな情報システムとの間でデータ連携がなされるにつれて，教育学習環境としての大学が深化していくことになるであろう（図14-4参照）[8]。

14.3　ライフロングなeポートフォリオとしてのパーソナルラーニングレコード

　前節で見てきたように，高等教育機関における教育学習支援情報環境は，教員の視点から支援するためのコース管理システム，学生の視点から支援するための

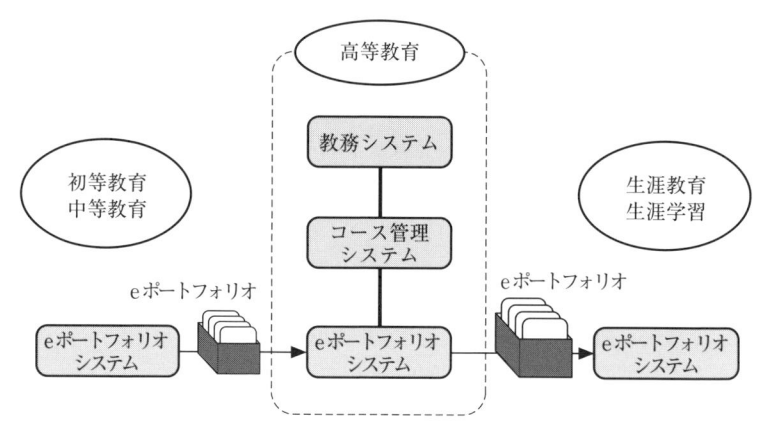

図14-5 ライフロングなeポートフォリオ

eポートフォリオシステム，教務の視点から支援するための教務システムが，大学における教育学習活動の三位一体システムとして明確になってきている。このなかで「eポートフォリオシステムで扱われる学習履歴や学習成果物は学習者のものである」との立場をとれば，学習者のeポートフォリオは，初等中等教育から高等教育を経て生涯教育・生涯学習にまでわたる学習者の人生に長く関わる非常に重要なデータである（図14-5参照）。

本節では，大学として，このようなライフロングでのeポートフォリオデータの取り扱いを年代や機関の枠を越えて支援するためのICT戦略を，パーソナルラーニングレコードの実現を軸に考えてみたい。

14.3.1　ライフロングなeポートフォリオのパーソナルラーニングレコード化

推薦入試やAO入試などの入試制度の多様化や，専門職大学院・留学生30万人計画などの入学対象者の多様化に伴い，今日の大学はこれまで以上に多様な背景をもつ学生を受け入れるようになってきている。中央教育審議会大学分科会において議論されているように，少子高齢化が進む今後は，大学における社会的・職業的自立に関する指導（キャリアガイダンス）や生涯教育・リカレント教育への対応や，転学科・転学部だけでなく転大学もありうる学生のモビリティへの対応も必要になってきている。このため，学生のニーズや学習状況を詳細に把握し，

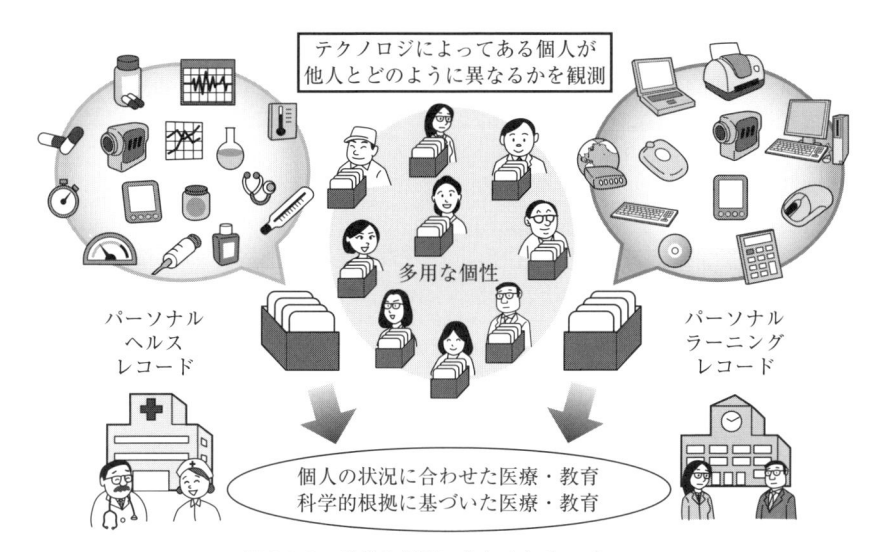

図14-6 多様な個性に合わせたサービスへ

きめの細かい教育・学習指導の実施が求められるようになってきている。

このような状況は，疾患の状態が個々人で千差万別である医療分野ですでに先行しており，治療効果をさまざまな観測手段により精密に観測しながら，個々人に最適な治療方法の提供が検討されている。その中核システムとなるのがパーソナルヘルスレコード（Personal Health Record：PHR）であり，欧米諸国に限らず，我が国においても日本版PHRの検討が経済産業省や厚生労働省を中心に議論がなされている（図14-6参照）。今後，PHRと同様に，大学で行われている教育学習活動を個々の学生の視点で関連付け，多様な要求を満たしつつ個人レベルでの教育効果を高められるようにすることは自然の流れである。その結果，eポートフォリオは，学びの成果を安全に蓄積・追跡・再利用できるパーソナルラーニングレコード（Personal Learning Recoard：PLR）へと収斂していくことになると考えられる。

しかしながら，運営費交付金や私学助成の削減により，各大学が単独でパーソナルラーニングレコードを整備することは困難になってきている。大学の枠を越えた学生のモビリティを保証するためにも，国内に限らず海外の大学もネットワークを介して共有し，データ連携が可能な仕組み（＝プラットフォーム）を共通

利用可能なクラウド型情報基盤として整備する必要があろう．特に，個々の学生のパーソナルラーニングレコードの蓄積には最低でも4年はかかるとともに，団塊の世代がリタイアする2015年以降，少子高齢化は加速化するため，可及的速やかに取り組む必要がある．

14.3.2　クラウド型パーソナルラーニングレコード情報基盤の機能

　まず，各大学の教務システムやコース管理システムなどの既存教育学習支援システムは，それぞれ取り扱うデータの形式が異なるため，共通データとして収集・蓄積するための連携用ゲートウェイデータベースが必要である．また，データ完全性も保証するため，各学生のパーソナルラーニングレコードから各大学のゲートウェイデータベースに対して参照できるようにする．これらは，各大学のセキュリティ基準を満たした形で管理運営されるとともに，その利用に際しても，学生側で制御可能なものとするため，セキュリティ・プライバシー制御機能を有する閲覧手段が必要である．そして，実際の教育現場で利用しながら実証的に構築するとともに，大規模運用にも耐えられるスケーラビリティを確保し，大規模利用を通じたデファクトスタンダード化を目指す必要があろう（図14-7参照）．

14.3.3　パーソナルラーニングレコードの効果

　大規模かつ長期にわたるパーソナルラーニングレコードが整備されると，受講前に教育効果や学習効果を見積もることで適切な教育学習支援を行ったり，入学・進学前の学習履歴に応じた適切な補習教育を提供したりすることにより，講義前後のきめの細かい教育学習支援を行うことができるようになる．また，留学先の受入予定指導教員に提示可能にすることでより的確な判定や入学後の指導を可能にすることにより国際的な学生のモビリティ向上に貢献したり，長期間にわたるパーソナルラーニングレコードの蓄積を通じた学習者に対するライフロングな学習指導を行うことも可能となると考えられる（図14-8参照）．

　パーソナルラーニングレコード情報基盤が整備され，10年から20年にわたり個人の学習記録が蓄積されることにより，医療の分野における疫学に相当する卒業生をロールモデルとしたキャリア設計支援や，多数の学生データを統計的に解析し教育プロセスを評価することで大学教育プログラムを統計的に評価できるよ

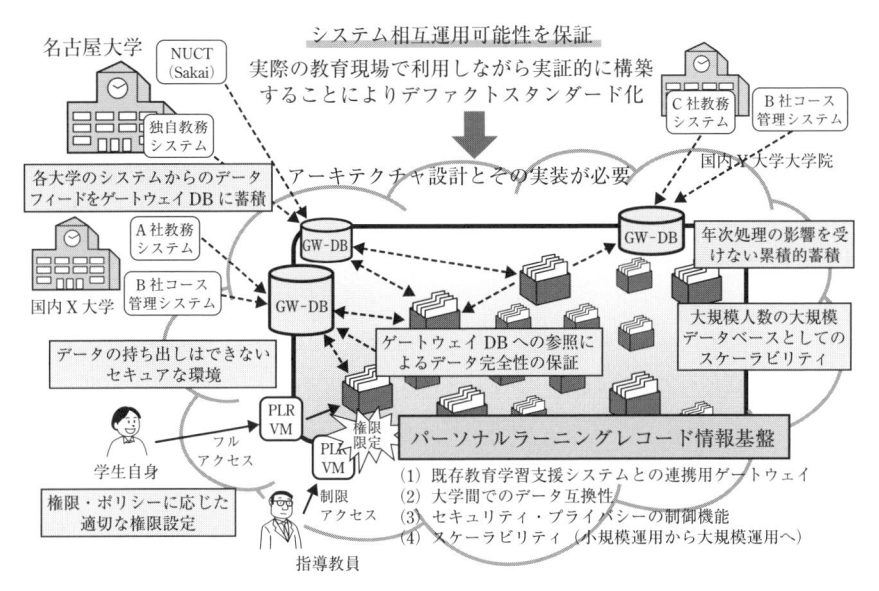

図14-7 クラウド型パーソナルラーニングレコード情報基盤

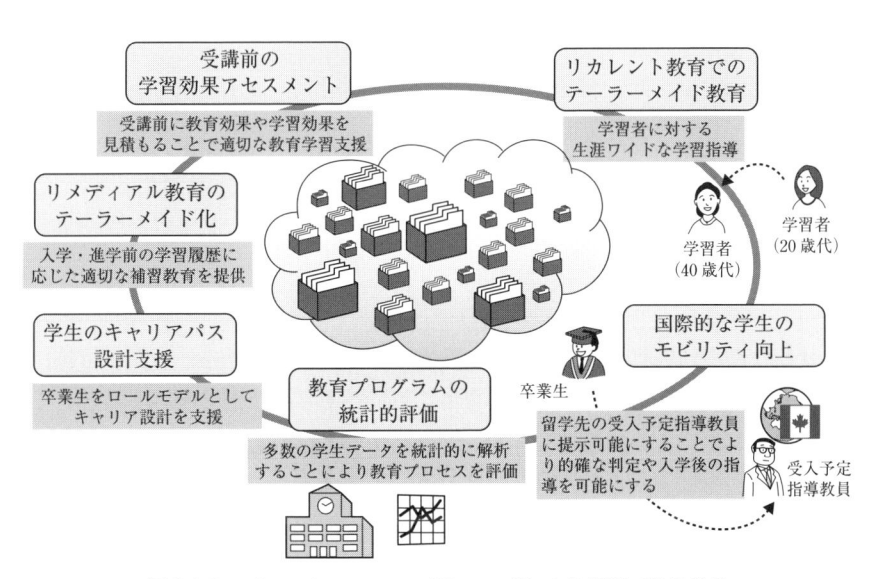

図14-8 パーソナルラーニングレコードにより期待できる効果

14.3 ライフロングなeポートフォリオとしてのパーソナルラーニングレコード

うになろう（図14-8参照）。

14.4 まとめ

　本章では，時間や機関の枠を越えたライフロングなeポートフォリオの実現に向けて各大学が考えるべきICT戦略を，教育学習支援情報環境の現状を整理するとともに，パーソナルラーニングレコードの実現を軸に考察した。このようなライフロングでの学びを保証するための枠組みは，教育学習活動に関わるステークホルダーである大学・教員・学生にとって重要であるし，適切なオープンソースとオープンスタンダード[9]の選択により，各ステークホルダーの短期的投資および長期的投資を意味のあるものにするうえでも重要であろう。

14.4.1　パーソナルデベロプメントとしてのeポートフォリオ

　最後になるが，もう少し広い観点でeポートフォリオの今後について考えてみたい。

　インターネットやパーソナルコンピュータ，携帯電話，スマートフォンなどの情報通信機器が広く普及し，日々の生活のさまざまな場面で利用されるようになったことにより，アナログワールドにおける我々人間の活動の多くがデジタルワールドに反映されるようになってきている。例えば，FacebookやTwitterのようなデジタルワールドにおけるソーシャルメディアにより，アナログワールドにおける日々のさまざまなアクティビティを文字や写真としてデジタルワールドに残すことができるようになってきている。

　しかしながら，アナログワールドからデジタルワールドへの一方向の情報フローは，自己に関する情報がさまざまなところにさまざまな形で散在するという深刻なアイデンティティ問題を引き起こし始めている。もし，アナログワールドにおける自己をデジタルワールドに反映した「仮想的な自己」として長期的かつ継続的に形成することができれば，一貫したより意味ある形で自己を残せる可能性がある。特に，その形成過程において，アナログワールドにおける自己の死後のことを意識しながら，デジタルワールドにおける仮想的な自己を形成することにより，アナログワールドにおける自己の価値や現状に真摯に向き合い，より良き

自己を継続的に追究することができる。このように，リアルワールドで生きる自分自身の分身としてeポートフォリオを形成することは，リアルワールドに生きる本人の能力を高め，生活の質を高めるパーソナルデベロプメントと考えることができよう。我々は，そのような研究開発や教育機関での位置づけも今後重要になると考えている[10]。

謝辞

　本稿で述べたパーソナルラーニングレコードに関する事項は，名古屋大学情報連携統括本部情報戦略室での議論を通じて深めたものである。名古屋大学情報連携統括本部副本部長の阿草清滋先生・伊藤義人先生をはじめ，関係者の皆様に感謝いたします。

参考文献

[1] 梶田将司，"アカデミッククラウド環境：大学の情報化における新たなパラダイム"，放送大学「メディア教育研究」，Vol. 7, No. 1, pp. S9-S18, 2010.
[2] エミットジャパン編，"WebCT：大学を変えるeラーニングコミュニティ"，東京電機大学出版局，2005.
[3] Kenneth C. Green, "Campus Computing 2010", The 21th National Survey of Computing and Information Technology in American Higher Education, 2010.
[4] 独立行政法人メディア教育開発センター，"eラーニング等のICTを活用した教育に関する調査報告書（2008年度）"，http://www.code.ouj.ac.jp/wpcontent/uploads/eLearning2008-jp.pdf
[5] 梶田将司，"コミュニティソースによる教育現場の多様性を育むオープンプラットフォームの実現に向けて"，情報処理学会「情報処理」，特集eラーニングの広がりと連携，Vol. 49, No. 9, 2008, pp. 1039-1043.
[6] ePort Consortium, "Electronic Portfolio White Paper Version 1.0", http://www.eportconsortium.org/Uploads/whitepaperV1 0.pdf （2003）.
[7] 小川賀代・小村道昭・梶田将司・小舘香椎子，"実践力重視の理系人材育成を目指したロールモデル型eポートフォリオ活用"，日本教育工学会論文誌，Vol. 31, No. 1, 2007, pp. 51-59.
[8] 梶田将司，"大学における教育学習活動の見える化"，可視化情報学会誌，Vol. 31, No. 121, 2011, pp. 25-30.
[9] IMS Global Learning Consortium, "IMS ePortfolio Specification", http://www.imsglobal.org/ep/14
[10] Shoji Kajita, Janice A. Smith and Michiaki Omura, "Digital Myself: A Mirror Image Model of Identity and Its Implementation Through a Second Culture", the 9th international ePortfolio & Identity Conference（ePIC 2011），11-13 July 2011, London, UK.

結びにかえて

　高等教育の分野では，ここ1，2年「eポートフォリオ」という言葉を非常に多く目にするようになったように思います。本書の最初の構想からは随分と時間が経ちましたが，eポートフォリオに対する皆さんの関心の高まっているこのような時期に本書を出版することができたことを大変嬉しく思います。

文化の違いを痛感したeポートフォリオとの出会い

　本書で述べられているとおり，eポートフォリオの考え方は決して新しいものではありませんが，私自身，最初にeポートフォリオに関心を持ち始めたのは2004年頃だったかと思います。本書の著者でもある梶田先生（当時名古屋大学准教授・現京都大学教授）から「これからeポートフォリオが流行るらしい」とのこと。しかし，その当時はeポートフォリオがどのようなものなのかもわからず，ミネソタ大学のウェブサイトを見て，「ちょっと詳しいプロフィールのようなもの？」と，おぼろげながらイメージしていたのを思い出します。まだ，その頃の日本の教育関連の学会などでは，eポートフォリオに関する発表などはほとんどなく，翌年情報収集のためOrlandoで開催されたEDUCAUSE 2005 Annual Conferenceに参加し，北米でのeポートフォリオ活用について発表を聞いてきました。学会に参加されていたスタンフォード大学の方に「eポートフォリオをどうやって使っているのですか？」と尋ねたところ，逆に私自身のキャリア（出身大学や専攻，仕事やスキルなど）についていろいろと質問され，それらについてひとつひとつ答えたところ，「なるほど。では，あなたは，それら（自身の専攻やスキル）のことをどこでどうやって示すのですか？」と質問され，答えに詰まったことを記憶しています。つまり，スタンフォード大学の方からすると「自分は何者なのか？（どんな経験をして，どんなスキルを身につけてきたのか？）」を示すものがないことが信じられない，それらの情報がどこかにあって当然ではないか，ということだったのだと思います。そして，これこそがeポートフォリオなのだと教えられました。と同時に，米国のような多民族国家では「自分は何者なのか」を周囲に対してきちんと示す必要があり，eポートフォリオのような

仕組みがとても文化的に自然なものなのだろうと痛感しました。翻って，日本では北米のように自分自身についての詳細な情報を一般公開する習慣はないため，eポートフォリオが日本で普及していくには文化的な背景も考慮しなくてはいけないなと感じながら帰国の途に着きました。

今までは不要だったものが，これからは必要な時代に

スタンフォード大学の方との話をきっかけに，日本でもeポートフォリオは必要なのか？を考えるようになりました。北米では，eポートフォリオを使って，自分は何者なのかを示す，では，日本ではどうなのか？

例えば，就職の際，従来は大学の偏差値がそのままその学生の評価としてみなされ，「ブランド大学を出れば大手企業に入れる」という安直な図式が成り立っていたように思います。企業側も，いかにも面接のための訓練を受けてきましたという学生の紋切り型の回答だけでは個々の学生の特徴はわからず，大学名くらいしかその人を判断する術がなかったのではないかと思います。したがって，学生は中身よりも肩書きをいかに整えるかに重きが置かれ，新卒という肩書きのために，単位は揃っているのに1年余計に大学に留まったり，学歴ロンダリングといったことが必要になってきたのではないかと想像します。

このような事情に関して，日本経済新聞2011年3月7日の潮木守一・名古屋大学名誉教授の「若者のバイタリティー高めるには」という記事に大変感銘を受けましたので，ご紹介させていただきたいと思います。前半では，オバマ米大統領の若い頃の苦労話，いかにして米大統領になったのかについて触れ，若い頃にさまざまな経験をすることの重要性について述べておられます。後半部分，少々長いですが以下に抜粋させていただきます。

> "日本企業が「新卒者」にこだわるのは，ブランド大学のピカピカの新卒者を採用しておけば当たり外れが少ないからだろう。こうした採用の仕組みを大学から企業への「赤ちゃん渡し」と表現した人がいる。終身雇用制や年功序列制があった時代はそれで済んだが，いまやそれは神話になろうとしている。これからの企業に必要となるのは，若い時期にさまざまな現場を経験し，そのなかで自分の才能を発見し，鍛え上げた人材なのではなかろうか。
>
> 今年からは既卒者でも卒業後3年までは新卒者並みに扱うことにしたという。

そういうことができるなら「留年者 OK，既卒者 OK。ただし留年期間，卒業後に何を身につけたか，それを具体的に見せろ」と，一人ひとりの体験，そのなかで身に付けた才能に着目したらどうだろうか。"

　最後の一文，「どこの大学を卒業したのか，既卒なのか新卒かは問題ではない。もっと一人ひとりの経験と才能に注目すべき」というのは大変重要な示唆であり，まさにこの考え方こそが e ポートフォリオの根本ではないかと思います。つまり，学歴や肩書きを超え，「自分の経験と才能」に着目するために必要となってくる道具こそが e ポートフォリオなのではないかと思います。

　ここの数年，「まさか，あの大企業が……」という経営破綻や不祥事が相次いでいます。右肩上がりの経済，終身雇用が崩壊し，もはや大企業に入って一生安泰という時代ではなくなってきた今，ブランド大学を出た，大企業の社員だというアイデンティティは捨て，自分は何ができるのかを真摯に追求し，絶えず自分磨きをすることが求められる時代になってきたのではないでしょうか。e ポートフォリオは，偏差値・肩書き偏重を覆し，もっと個々の経験や才能に着目するための大きな道具のひとつになる可能性を持っているのだと確信しています。

e ポートフォリオの明確な定義とは？

　さて，2005 年頃から e ポートフォリオなるものに関わり 6 年が経ちますが，「e ポートフォリオって何ですか？」と聞かれると，いまだになかなかスッキリとした回答ができないというのが正直なところです（そんな人が編者なのと読者の皆様からお叱りを受けそうですが）。e ポートフォリオサイクルの相互評価という部分を抜き出せば，「SNS のようなもの」という解釈で間違ってはいないと思いますし，自分の紹介という点だけに着目すれば，e ポートフォリオ＝詳細なプロフィールという理解もできると思いますし，そうなれば e ポートフォリオと仰々しく呼ばなくても Wiki を使えば十分だねということになるかと思います。

　e ポートフォリオに関わりながら，その明確な定義について私自身ずっとモヤモヤしているところがあったのですが，2009 年 3 月に名古屋大学で開催されたジャニスさん（本書著者，スリー・カヌーズ LLC）の OSP ワークショップで話をうかがった際，そのモヤモヤがすっきりと晴れた気がしました。ジャニスさんは，そのワークショップの最初に，"An ePortfolio Is a..." ということで，e ポー

トフォリオについて3つの定義を述べられました（"1. Digital collection of artifacts and reflections", "2. Representation of an individual's learning and accomplishments", "3. Set of items to be shared with others"）。ここで重要なのは、この定義自体の内容ではなく、ジャニスさんが「これはeポートフォリオの自分なりの定義であって、定義は人によって異なります。だから、eポートフォリオについて説明する際は、最初に自分の中でのeポートフォリオの定義について説明するようにしています」とおっしゃったことです。「そうか！」と、自分の中でeポートフォリオへのモヤモヤが晴れた気がしました。私なりの解釈としては、「これこそがeポートフォリオです」という明確な定義は必要なく、利用する人もしくは機関が、それぞれの目的に応じて、それぞれのeポートフォリオを定義し、それが有効に機能さえすれば、それでよいのかなと今では思っています。ただ、だからといって、定義さえすれば何でもeポートフォリオと呼べるというわけではないと思いますので、本書の総論や実践例を通じて、「eポートフォリオって大体こういうものなのか」ということをおぼろげながらわかってもらえれば編者として冥利に尽きます。

幅広い分野での利用が期待されるeポートフォリオ

今回、本書では高等教育機関でのeポートフォリオ活用を中心に構成しましたが、eポートフォリオは高等教育の分野だけではなく、医学教育や看護教育の分野でも広く用いられているとうかがっています。私も、ダンディー大学の医学部の先生のお話を、日本で拝聴できる機会に二度恵まれました。一度目は2007年、三重大学で開催された国際シンポジウム、二度目は2009年、大阪医科大学で開催された3日間の教育講演・ワークショップだったかと記憶しています。ここで、その詳細については触れませんが、医学部での評価において12の評価項目が定義されており、その中に「コミュニケーション」や「態度と倫理観」という評価項目が含まれています。医学的な知識だけではなく、医師としての態度や倫理観もeポートフォリオ評価によって評価している点に大変感心させられたのをよく覚えています。

また、看護教育の分野でも、eポートフォリオの考え方は広く普及しており、2011年2月に厚生労働省から発表された「看護教育の内容と方法に関する検討

会報告書」でも，「体験した内容や獲得した能力を記載したもの（ポートフォリオなど）を活用することが効果的である」とeポートフォリオの重要性について触れられています。また，弊社としても実際にいくつかの病院において，クリニカルラダーの管理にeポートフォリオを活用するといった試みにご協力させていただいております。

このように，eポートフォリオは高等教育に限らず，医学教育や看護教育など多くの分野で活用されており，今後はより広く一般的に就職・転職，企業内での人材育成の場でも活用が進んでいくものと期待しています。本書がそのような"人財"に関わる方々にとっての入門書となれば，編者としては望外の喜びです。

本書の出版のお話を最初に東京電機大学出版局の坂元氏にご相談させていただいたのは，2008年の5月頃だったかと記憶しております。構成段階において，第Ⅱ部の実践例および第Ⅲ部のシステムについてはすんなりと決まったものの，第Ⅰ部と第Ⅳ部の内容と構成については，大変苦労しました。その間，実践例やシステムを早い時期に執筆いただいた方々については，その後本書で述べられている以上のさらなる進展があったのではないかと想像します。また，本書ではご紹介しきれなかったeポートフォリオに関する数多くの素晴らしい実践を耳にするにつれ，本書の続編として，eポートフォリオ事例を皆様にご紹介させていただきたい衝動を禁じ得ません。

eポートフォリオは，システムを導入することで，すぐに効果が得られる類のものではないと思います。実際，弊社が関わらせていただいている多くの事例において，導入後のさらなる機能改善，利用促進や効果的な活用に関し今でも継続的に議論させていただいております。この点については，eラーニングの場合と同様，現場の先生方の実践知の共有がきわめて重要であると痛感しており，本書をきっかけに，eポートフォリオの実践に関するノウハウを共有できるコミュニティが形成され，これが各機関におけるeポートフォリオのさらなる発展へと繋がっていくことを願ってやみません。

文末ではありますが，本書執筆にあたり，坂元氏にはとても長い期間大変根気強くお付き合い頂きましたことに，この場を借りて心より感謝の意を表します。

株式会社エミットジャパン 代表取締役 小村道昭
（初春・出雲の地にて）

索引

英数字

AAC&U (Association of American Colleges and Universities)　8, 10, 157
AACSB (the Association to Advance Collegiate Schools in Business)　158
accreditation　12
ACROKNOWL PROGRAM　130, 132
assessment portfolio　13
authentic learning　4

CAS (Central Authentication Service)　81
CASTL　196
CIG コーディネータ　146, 152
curriculum map　9

data mining　215
deep learning　5

Educational Community License　197
evidence　5
e 能力アセスメント　217
e 能力ポートフォリオ　217
e ポートフォリオ　2, 24, 25, 28, 49
　——チェックリスト　35, 36
　——学習モデル　36, 37
　——活動　28, 30
　——活動モデル　36
　——公開モデル　36, 37
　——システム　3, 18, 24, 229
　——の導入　18
　——の普及　24, 38
　——の役割　26, 32
　——の利点　32
e ラーニング　79

FD (Faculty Development)　48, 49, 80, 206, 216
　——効果　221, 222
formative assessment　213

Gallery of Teaching & Learning　196
goal setting　28
GP (Good Practice)　45, 49
GPA (Grade Point Average)　127

IMS ePortfolio　3
integrative learinig　6
IR (Institutional Research)　214
IUPUI (Indiana University- Purdue University Indianapolis)　218

KEEP Toolkit　195, 197, 198, 199, 204, 205
KIT ポートフォリオシステム　111, 122, 126, 130, 133

Leap2A　192
learning outcomes　8
learning portfolio　14
life-long learning　4
LMS (Learning Management System)　48, 79, 85

Mahara　134, 136, 181, 192
　――コミュニティ　193
Matrices ツール　83, 85
MERLOT　197
Moodle　56, 183, 192, 228
MOST　198, 205
multiple owner portfolio　14

OSP (Open Source Portfolio)　83, 140
　――コミュニティ　153
　――ツール　142, 155
　――ワークフロー　143
OSPI (Open Source Portfolio Initiative)　141

PBL (Problem-based Learning)　55, 118
PDCA サイクル　121, 130, 212
PDP (personal development portfolio)　14, 48
peer assessment　29
PHP　197
portfolio assessment　34
portfolio culture　2
Portfolio ツール　90
presentation portfolio　14
PULS (Principes of Undergraduate Learning)　219

QPA (Quality Point Average)　127, 129, 133

reflection　6, 184, 212, 220
reflective learning　6
Resources ツール　86, 90
RMP (Role Model based e-Portfolio)　97
rubric　9, 28

Sakai　198, 228
　――CLE (Collaboration and Learning Environment)　81, 140
　――プラグイン　198
selection　28
self-assessment　29
SNS　48
social learning　6
SSO (Single Sign-On)　81, 192
summative assessment　214

Templates ツール　90
tenure　4
TIES (Tezukayama Internet Educational Service)　217

WebCT (Web Course Tools)　227
working portfolio　14

1 週間の行動履歴　111

あ

アウトカム　25
アカウンタビリティ　25, 26
アカウントツール　149
アクレディテーション　12
アクロノール・プログラム　133
アセスメント　8
　――・ポートフォリオ　13, 47, 48
アドミッション・ポリシー　45, 49

医学教育　52
一元化　103
インストラクショナル・デザイン　83
インターンシップ　158

インディアナ大学・パーデュー大学・インディアナポリス　218
インテグレイティブラーニング　6
インテグレーション　6

ウィザード　144, 171, 175

エビデンス　5, 25, 29, 36

お知らせツール　148

か

カーネギー教育振興財団　195
カーネギーワークスペース　198
学習カルテ　211
学習観転換　54
学習管理システム　79, 85
学習者レスポンス分析　75
学習成果　8, 25
　──の統合化　212
学習到達目標　215, 216
学習と評価の一体化　30
学習の記録　65
学習の証拠　5, 29, 36
学習評価の氷山モデル　31
学習ポートフォリオ　205
学士力　95
可視化　103
カスタマイズ　170
型　221
課題ツール　145, 163
紙ベースのポートフォリオの限界　31
カリキュラム・ポリシー　45, 49
カリキュラムマップ　9
カルテ型　211

キーワード　221
効き能診断　105
企業マッチング診断　101
技術的問題　223
気づき　218
キャプストーンコース　158
キャリア　115
　──形成支援　47, 108
　──支援　100, 102
　──デザイン　95, 114, 127
　──ポートフォリオ　111, 112, 114, 115
教育学習メディア　230
教育のパラダイム変換　26, 27, 28
教師の役割　30
教師評価　29
教授システム学　83
教職員のコンピュータリテラシー　224
教職実践演習　45
教職大学院　67
京都大学高等教育研究開発推進センター　198
教務システム　230
共有ポートフォリオ　14, 47, 48

クラウド型情報基盤　234
クリエイティブコモンズ　204
グループ　152, 185, 189

形成的評価　95, 213

構成主義　26, 54
行動主義　26
コース管理システム　227
コースポートフォリオ　206
ゴール設定　28, 29, 96
個別授業　52

索引　245

コミュニケーション支援　72
コミュニティ　33, 36
コンセンサスの問題　222
コンピテンシー　79
　──自己評価　91

さ

再就職支援　95

視覚化　98
自己管理能力　221
自己成長型教育プログラム　130, 132, 133
自己評価　29
　──レポートポートフォリオ　112
自己表現能力　221
自己分析　101
質的保証　95
社会的学習　6
社会的構成主義　26
修学アドバイザー　111, 121, 123, 125, 127, 130, 131
修学ポートフォリオ　111, 122, 124, 126, 133
修学履歴情報システム　111, 129, 133
終身雇用権　4
生涯学習　4, 13
　──パスポート　44, 49
生涯サポート　108
情報リテラシー　54
ショーケース　15, 38
　──・ポートフォリオ　38, 39, 80
女性研究者支援モデル育成　95
自律的　101
真正　101
　──な学習　4, 26

　──な評価　28
人的・財政的資源の問題　223

スケジュールツール　148
スタディノート　44, 49
ステークホルダー　170
スナップショット　195, 200, 202

精選　28
説明責任　25, 26
セルフ・アセスメント　29
セレクション　28, 29
専門職養成　47

総括的評価　214
総合的な学習の時間　44, 49
相互評価　29
ソーシャルラーニング　6, 7

た

大学教育推進プログラム　210
大学教育の充実─Good Practice　45, 49
大学生の就業力育成支援事業　210
タグ　204, 221
他者評価　29
達成度自己評価　112, 113, 116
達成度の数値化　98
達成度評価ポートフォリオ　112, 119, 121, 122, 127

知識メディア研究所　195

提出ノート　135, 136
定性的・質的データ　214
定性的データ　214

ディプロマ・ポリシー　45, 49
定量的・数量的データ　214
データマイニング　215
データ連携　230
テキストマイニング　75, 215
帝塚山大学　216
テニュア　4, 12
電子ポートフォリオ　195
電子メールとの連携　73
テンプレートベースポートフォリオ　178

統合　6
　——型　211
統合的学習　6
導入目的　223
　——と必要性の明確化　224
飛ぶノート　134, 136

な

内省　184
　——的学習　6

認証評価　12
認知主義　26

は

パーソナルデベロップメント　237
パーソナルヘルスレコード　233
パーソナルラーニングレコード　232
バリュールーブリック　9, 10, 157, 161, 163

ピア・アセスメント　29
必要性　223
評価基準　28

ファカルティ・ディベロップメント　48, 206
ファシリテーター　30
フォーム　144, 163, 173
フォリオシンキング　5
深い学習　5
振り返り　5, 62, 65, 85, 101, 212, 220
　——支援　70
プレゼンテーション・ポートフォリオ　14, 47, 48
ブログ型　211
プロジェクトデザインポートフォリオ　112, 118
プロファイル　184, 186
プロフィールツール　148
文書解析　100
文書間類似度　101

ポートフォリオ　2
　——インタラクションフォルダ　150
　——カルチャー　2, 16
　——管理ワークサイト　152
　——サイクル　97
　——サイト　143, 145
　——サイトオーガナイザ　144
　——シナリオ　155
　——テンプレート　145, 178
　——評価　214
　——評価法　34
　——プロセス　5, 15, 155
　——ワークフロー　143
ボトムアップ・アプローチ　33

ま

マイビュー　185

マイポートフォリオ　185
マイワークスペース　147
マトリクス　144, 171, 175
　――セル　164
　――ツール　160
マトリックス思考　218
学びと教育の見える化　213
学び直し　95
学びの共同体　33, 36
学びの蓄積　70

見えざる仕掛け　221
見える化　230
ミネソタ大学　141

メタ認知　220

目標設定　28, 212

問題中心型の学習　55

ら

ラーニング・ポートフォリオ　14, 47, 48

ラーニングアウトカム　8, 25
ライフイベント　95
ライフロング　226, 232
酪農学園大学　134

履修カルテ　211
リソースツール　144, 149, 160
リフレクション　5, 6, 29, 30, 32
　――能力　221
リフレクティブラーニング　6
履歴書ポートフォリオ　167

ルーブリック　9, 28, 29, 99

レポートツール　145

ロールモデル　96
　――型eポートフォリオ　97

わ

ワーキング・ポートフォリオ　14
ワークスペース・ポートフォリオ　80, 88

執筆者紹介

編著者

小川 賀代（おがわ・かよ）［はじめに・第3章・第7章］
　日本女子大学理学部数物科学科 准教授
　略歴　早稲田大学大学院理工学研究科物理学及び応用物理学専攻博士後期課程単位取得満期退学（1999年）。博士（工学）。
　　　　早稲田大学理工学部助手（1999年），日本女子大学理学部助手（2001年），日本女子大学理学部専任講師（2005年）を経て，2008年より現職。
　　　　2007年日本eラーニング大賞にて文部科学大臣賞を受賞（株式会社エミットジャパンと連名）。
　専門　光情報処理，光無線通信，情報システム（eポートフォリオ，eラーニング）
　読者へのメッセージ　「eポートフォリオ」に出会ったのは2005年の春でした。一目惚れしたかのように，eポートフォリオの潜在能力に惹かれ，近づいたり，離れたりしながらeポートフォリオと向き合ってきました。日本におけるeポートフォリオ活用は，まだ始まったばかりです。意味ある形で根付くかどうかは，これからの活用次第だと思っています。この書を手に取られた皆さんと一緒に，日本の高等教育・生涯教育におけるeポートフォリオの可能性を探っていきたいと思っています。

小村 道昭（おむら・みちあき）［あとがき］
　株式会社エミットジャパン 代表取締役
　略歴　名古屋大学大学院工学研究科博士課程前期電子情報専攻修了（1998年），工学修士。
　　　　日本電気株式会社入社（1998年），株式会社エミットジャパン代表取締役COO（2004年）を経て，2005年より現職。
　専門　eラーニング，eポートフォリオ
　読者へのメッセージ　2007年頃からポートフォリオに取り組んできましたが，最近になってやっとポートフォリオとは何かがおぼろげながらわかってきたような気がします。これからポートフォリオに取り組まれる方や，システムは導入したけれど効果的に利用できていないという方々にとって，本書が少しでもお役に立てば幸いです。

著者

ジャニス・A・スミス（Janice A. Smith）［先駆者からのメッセージ・第1章・第9章・第10章］
　スリー・カヌーズLLC コンサルタント兼共同経営者
　略歴　ミネソタ大学において English as a Second Language 修士号（1980年），言語学

博士号（1992 年）をそれぞれ取得。ミネソタ大学では，教員教育の大学院コースにおける教鞭や，教授スキルを開発するための複数のプログラム運営を通じて，教育学習の改善に 30 年間にわたり携わった。その間，講演やコンサルティングのため，米国だけでなく世界の数多くの大学から招聘を受けている。その後，rSmart 社上級教育コンサルタント（2003 年～2008 年）を経て，2008 年から現職。自ら所有・経営するスリー・カヌーズでは，ポートフォリオや学習アセスメントに関するコンサルティングを行うとともに，ポートフォリオ要求仕様のドキュメント化や，Sakai ポートフォリオ機能のカスタマイズ，および，Sakai および Sakai Open Source Portfolio（OSP）の利用に関するトレーニングや教材の提供を行っている。

読者へのメッセージ　ミネソタ大学やそれ以降の Open Source Portfolio（OSP）との歩みの中で，学生や教員が「学び」を真剣に考えることにより変わっていく姿を見続けてきました。e ポートフォリオの実装を通じて，あなたの大学でもそのような変化をご覧になると確信しています。

梶田　将司（かじた・しょうじ）［先駆者からのメッセージ翻訳・第 9 章翻訳・第 10 章翻訳・第 14 章］

京都大学情報環境機構 IT 企画室　教授

略歴　名古屋大学工学部情報工学科卒業（1990 年）。同大学院工学研究科情報工学専攻博士課程満了（1995 年）。博士（工学）。

名古屋大学情報連携基盤センター助教授（2002 年），同准教授（2007 年），情報連携統括本部情報戦略室准教授（2009 年）を経て，2011 年 10 月より現職。

平成 10 年日本音響学会第 15 回粟屋潔学術奨励賞，平成 13 年電子情報通信学会第 57 回論文賞，平成 21 年 IBM Shared University Research（SUR）Award 受賞。情報処理学会，電子情報通信学会，日本音響学会，日本教育工学会，教育システム情報学会，日本高等教育学会，IEEE，ACM 各会員。

専門　情報基盤工学・教育工学・メディア情報学・フィールド情報学

読者へのメッセージ　知識社会に生きる人々が身につけるべき能力の一つとしての「学びの管理能力」は非常に重要なものとなっていくと思います。その意味で，e ポートフォリオシステムの研究開発は，個人を対象にした生涯ワイドな e ポートフォリオが本丸だと思っています。ともに頑張りましょう。

森本　康彦（もりもと・やすひこ）［第 1 章翻訳・第 2 章］

東京学芸大学情報処理センター　准教授

略歴　学習院大学理学部数学科卒業（1991 年），東京学芸大学大学院教育学研究科数学教育専攻情報科学分野修了（2004 年），長岡技術科学大学大学院工学研究科後期博士課程情報制御工学専攻修了，博士（工学）（2007 年）。

三菱電機株式会社情報技術総合研究所（1991 年），広島市立牛田中学校教諭（数学）（1996 年），千葉学芸高等学校教諭（情報）（2004 年），富士常葉大学環境防災

学部准教授（2004 年）を経て，2009 年より現職。

専門　教育工学（教育システム：e ラーニング，e ポートフォリオ），情報教育

読者へのメッセージ　e ポートフォリオの良さを引き出すためのポイントは，「e ポートフォリオの心」です。なぜ e ポートフォリオが求められているのか，e ポートフォリオ活用で何を実現したいのか，限界はどこにあるのか，をコミュニティ内でしっかり議論し運用を工夫することで，単なるデジタルファイルである e ポートフォリオに"命"を吹き込んでください。

e ポートフォリオについて一緒に研究したいという意欲のある大学院生，現職の先生を募集しています。【連絡先（森本研究室）：morimoto@u-gakugei.ac.jp】

中島　英博（なかじま・ひでひろ）[第 4 章]

名城大学大学院大学・学校づくり研究科　准教授

略歴　名古屋大学大学院経済学研究科博士後期課程修了（2003 年），博士（経済学）。名古屋大学高等教育研究センター助手（2002 年），三重大学高等教育創造開発センター助教授（2005 年）を経て，2008 年より現職。

専門　教育経営学

読者へのメッセージ　"Technology as Lever"これは，American Association for Higher Education の Bulletin（1996 年 10 月）に掲載された "Implementing the Seven Principles" という記事の副題です。「誰でも使える必要最小限の技術で，教育は大きく動かせる」というこの考え方は，ICT 活用による教育の質向上の中核的コンセプトを，システムではなくアイディアに求めよと訴えています。

永田　智子（ながた・ともこ）[第 5 章]

兵庫教育大学学校教育研究科　准教授

略歴　大阪大学大学院人間科学研究科博士前期課程修了（1995 年），大阪大学大学院人間科学研究科博士後期課程退学（1996 年）。
兵庫教育大学学校教育学部助手（1996 年），兵庫教育大学学校教育学部講師（2000 年）を経て，2006 年より現職。

専門　教育工学，家庭科教育学

読者へのメッセージ　大人数で使う e ポートフォリオシステムを開発する際には，コンピュータに不慣れな人も活用する，ということを念頭にいれ，実際の運用場面と活用の効果をできるだけ具体的にイメージすることが大切です。また e ポートフォリオは，短期間の運用では効果が現れにくいものです。地道な運用を重ねて効果を検証していくことや効果を実感してもらうことが，継続的な活用につながっていくと思います。

森山　潤（もりやま・じゅん）[第 5 章]
　　兵庫教育大学大学院学校教育研究科 教授
　　略歴　京都教育大学大学院教育学研究科（修士課程）修了（1995 年）。
　　　　　信州大学教育学部助教授（1998 年），博士（学校教育学）（兵庫教育大学連合大学院）（2002 年），兵庫教育大学学校教育学部助教授（2003 年）を経て，2011 年より現職。
　　専門　技術教育，情報教育，ICT 活用

吉水　裕也（よしみず・ひろや）[第 5 章]
　　兵庫教育大学大学院学校教育研究科 教授
　　略歴　大阪教育大学大学院教育学研究科（修士課程）修了（1988 年），兵庫教育大学大学院連合学校教育学研究科（博士課程）修了，博士（学校教育学）取得（2003 年）。岐阜聖徳学園大学教育学部助教授（2003 年），兵庫教育大学大学院学校教育研究科准教授（2007 年）を経て，2010 年より現職。
　　専門　社会科教育学（地理教育論）

中野　裕司（なかの・ひろし）[第 6 章]
　　熊本大学総合情報基盤センター／同大学大学院社会文化科学研究科教授システム学専攻　教授
　　略歴　九州大学大学院総合理工学研究科情報システム学専攻博士後期課程修了。理学博士。名古屋大学教養部助手（1987 年），同大学情報文化学部助教授（1996 年）を経て，2002 年より熊本大学総合情報基盤センター教授。2006 年より同大学大学院社会文化科学研究科教授システム学専攻を併任。
　　専門　インターネットを活用した，学習支援システム，遠隔実験，仮想実験など
　　読者へのメッセージ　e ポートフォリオがさらに一般化し，学習成果を生涯継続して活用できるような世界が来るとよいと思います。

宮崎　誠（みやざき・まこと）[第 6 章]
　　法政大学情報メディア教育研究センター　助手
　　略歴　熊本大学大学院自然科学研究科電気システム専攻修士課程修了。熊本大学大学院社会文化科学研究科教授システム学専攻博士後期課程在学。工学修士。
　　　　　熊本大学大学院社会文化科学研究科教授システム学専攻特定事業（大学院 GP）研究員（2008 年），熊本大学大学教育機能開発総合研究センター特定事業（学士課程 GP）研究員（2010 年）を経て，2011 年度より現職。
　　専門　e ポートフォリオ
　　読者へのメッセージ　学習における e ポートフォリオの導入は，当然のことながらシステムだけでなく，利用するための方略が重要です。本書が少しでもそのヒントになればと願っております。

松葉 龍一（まつば・りゅういち）［第6章］
 熊本大学eラーニング推進機構／同大学大学院社会文化科学研究科教授システム学専攻准教授
 略歴 熊本大学大学院自然科学研究科物質・生命科学専攻後期博士課程中退。博士（理学）。
  熊本大学総合情報処理センター助手（2001年），総合情報基盤センター助手（2002年）を経て，2007年より熊本大学eラーニング推進機構准教授。2006年より同大学大学院社会文化科学研究科教授システム学専攻を併任。
 専門 情報教育，ICTを活用した教育改善など
 読者へのメッセージ eポートフォリオが皆さんの学習の深化に役立つことを期待しています。

柳 綾香（やなぎ・あやか）［第7章］
 日本女子大学理学部数物科学科 学術研究員
 略歴 日本女子大学理学部数物科学科卒業（2007年），同大大学院理学研究科数理・物性構造科学専攻博士課程前期終了（2009年）。
  2009年より現職。
 専門 eポートフォリオシステムの開発
 読者へのメッセージ 私は卒業研究から約6年eポートフォリオに関する研究に携わってきました。学生時代からの研究を通し，自らeポートフォリオを活用したことで，自身を振り返り，考察，評価を繰り返すことで，自分自身を深く見つめることができました。今の自分があるのは，eポートフォリオと出会ったからと言っても過言ではないと思っています。高等教育機関やさまざまな機関へeポートフォリオが導入され，学生，職員，より多くの方々に有効活用されることを願っています。

藤本 元啓（ふじもと・もとひろ）［第8章］
 金沢工業大学 教授
 同大学 入試部長，基礎教育部修学基礎教育課程主任，ライティングセンター長
 略歴 1955年12月生まれ，熊本県出身。奈良大学文学部史学科卒業（1979年），皇學館大学大学院文学研究科国史学専攻博士後期課程満期退学（1985年），皇學館大学大学院研究生（1986年）。博士（文学）。
  皇學館大学史料編纂所嘱託研究員，熱田神宮文化研究員，熱田神宮学院講師（1986年），以降，皇學館大学非常勤講師，金沢工業大学非常勤講師・専任講師・助教授を経て，2002年より金沢工業大学教授，放送大学客員教授（現在に至る），学生副部長（2003年まで），文部科学省大学評価学位授与機構評価員（2004年まで）。2004年より学生部長（2011年まで），基礎教育部修学基礎教育課程主任（現在に至る），ライティングセンター長（現在に至る）。2006年より日本工学教育協会特別教育士（工学・技術）（現在に至る）。2008年より文部科学省放送大学における放

送メディアの在り方に関する有識者会議委員（2009 年まで）。2011 年より入試部長・入試センター長（現在に至る）。

専門　日本中世政治史，神社史，初年次教育

読者へのメッセージ　多様な機能を持つポートフォリオを導入している大学は数多くありますが，システムだけが先行し，うまくいかないとの声をよく聞きます。成功の鍵はただ一つ，学生へのフィードバックを継続する教員の意志と熱意です。

遠藤 大二（えんどう・だいじ）［補足事例］

酪農学園大学 教授

略歴　北海道大学大学院獣医学研究科博士課程中退（1984 年）。博士（獣医学）。
北海道大学獣医学部助手（1984 年），酪農学園大学助教授（1999 年）を経て，2006 年より現職。

専門　放射線生物学，ウイルス学，キャリア教育

読者へのメッセージ　「飛ぶノート」は便利で，基本的に無料です。Mahara の導入の際にはぜひ一緒に導入してください。

吉田 光宏（よしだ・みつひろ）［第 11 章］

Mahara Partner

略歴　熊本大学文学部史学科（文化史学）卒業。
Moodle 日本語翻訳者，Moodle Partner，Mahara 日本語翻訳者，Mahara Partner。

専門　オープンソースを含むソフトウェアのローカライゼーション（Japanese L10N）

読者へのメッセージ　ポートフォリオシステム Mahara（マハラ）は，e ラーニングシステム Moodle（ムードル）と同じく，導入に関して費用の制約が大きくはない無償の「オープンソースソフトウェア（Open Source Software）」です。また，3 つの「場」により形作られる Mahara は，日々少しずつ蓄積された自らの「学び」を振り返り，内省することにより，さらなる「学び」へと繋がる可能性を秘めた「空間」です。そして，可視化された「学び」「歩み」を学習者自身が明確に認識することにより，「ここにいることができて良かった」「ここに属していて良かった」との思いを感じるための手助けとなる「道具」でもあります。今回の Mahara ご紹介が，皆様におかれまして，e ポートフォリオ導入検討の一助となれば幸いです。

酒井 博之（さかい・ひろゆき）［第 12 章］

京都大学高等教育研究開発推進センター 特定准教授

略歴　神戸大学工学部卒業。博士（学術）。
旭硝子防音システム株式会社，神戸大学大学院自然科学研究科助手，京都大学高等教育研究開発推進センター教務補佐員，同助手，同助教を経て，2008 年より現職。主著に『音の百科事典』（共編著，丸善，2006），『京都大学における ICT を活用した FD 実践の取り組み──「遠隔連携ゼミ」と「Web 公開授業」』（単著，メディ

ア教育研究，4（1），2007），『大学教育のネットワークを創る――FD の明日へ』（共著，東信堂，2011）などがある。

専門　建築音響心理学，教育工学

読者へのメッセージ　あらゆる教育リソースをウェブ上で公開することによって，誰もが無償でそれらにアクセスし利用できる環境構築を目指す「オープンエデュケーション」と呼ばれるムーブメントが世界的に広まりつつあります。e ポートフォリオは，教員や学習者を問わず，このような知や教育のオープン化・共有化に貢献するための強力なツールの一つでもあります。第 12 章で紹介した MOST は，日々の授業実践や教育改善の活動のプロセスや成果を，KEEP Toolkit で作成したマルチメディアポートフォリオとして公開・共有することを目指しています。大学教職員や大学院生を対象としたシステムですが，興味・関心のある方は，ぜひ MOST のコミュニティにご参加ください。

岩井　洋（いわい・ひろし）［第 13 章］

帝塚山大学　学長・教授

略歴　1962 年，奈良県生まれ。上智大学大学院博士後期課程単位取得退学。
2012 年より帝塚山大学学長。
主著に『初年次教育』（共著，丸善），『キャリアデザイン』（共著，弘文堂），『アジア企業の経営理念』（共著，文眞堂）ほかがある。

専門　社会学，経営人類学，キャリア教育，初年次教育

読者へのメッセージ　e ポートフォリオは，学びと教育のための強力なツールです。重要なのは，e ポートフォリオを導入すること自体ではなく，それをツールとしていかに有効活用するかです。e ポートフォリオは，あくまでも「ツール」であることをご認識ください。

大学力を高める e ポートフォリオ
エビデンスに基づく教育の質保証をめざして

2012 年 3 月 10 日　第 1 版 1 刷発行	ISBN 978-4-501-62740-9 C3037
2015 年 2 月 20 日　第 1 版 3 刷発行	

編著者　小川賀代・小村道昭
　　　　Ⓒ Ogawa Kayo, Omura Michiaki et al. 2012

発行所　学校法人 東京電機大学　〒120-8551　東京都足立区千住旭町 5 番
　　　　東京電機大学出版局　　　〒101-0047　東京都千代田区内神田 1-14-8
　　　　　　　　　　　　　　　　Tel. 03-5280-3433(営業)　03-5280-3422(編集)
　　　　　　　　　　　　　　　　Fax. 03-5280-3563　振替口座 00160-5-71715
　　　　　　　　　　　　　　　　http://www.tdupress.jp/

JCOPY <(社)出版者著作権管理機構　委託出版物>
本書の全部または一部を無断で複写複製（コピーおよび電子化を含む）することは，著作権法上での例外を除いて禁じられています。本書からの複写を希望される場合は，そのつど事前に，(社)出版者著作権管理機構の許諾を得てください。また，本書を代行業者等の第三者に依頼してスキャンやデジタル化をすることはたとえ個人や家庭内での利用であっても，いっさい認められておりません。
[連絡先] Tel. 03-3513-6969, Fax. 03-3513-6979, E-mail: info@jcopy.or.jp

印刷：(株)精興社　　製本：渡辺製本(株)　　装丁：福田和雄（FUKUDA DESIGN）
落丁・乱丁本はお取り替えいたします。　　　　　　　　　　Printed in Japan